U0918581

剩余收益模型的理论与运用研究

王立夏 著

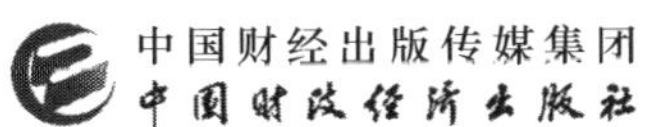

国家社科基金后期资助项目
出版说明

后期资助项目是国家社科基金设立的一类重要项目，旨在鼓励广大社科研究者潜心治学，支持基础研究多出优秀成果。它是经过严格评审，从接近完成的科研成果中遴选立项的。为扩大后期资助项目的影响，更好地推动学术发展，促进成果转化，全国哲学社会科学工作办公室按照“统一设计、统一标识、统一版式、形成系列”的总体要求，组织出版国家社科基金后期资助项目成果。

全国哲学社会科学工作办公室

前　言

随着资本市场的发展，我国资源得到优化配置，经济体制改革也进一步深入推进。然而，我国资本市场在发展过程中也暴露出一系列问题，比如资本市场的结构不够完善、市场机制不够健全以及上市公司的可持续盈利能力不强等。从投资者的角度来分析，资本市场需要个人投资者摒弃追涨杀跌、机构投资者抛弃羊群效应的投机心理，充分重视权益价值投资的重要性，这样才有利于降低金融风险，减少股市波动。同时，价值投资理念的意义日益显现出来，越来越多的投资者据此做出投资决策。因此，权益价值估值有利于股市投资的成功和资本市场的稳定。

如何客观并准确地评估公司的权益内在价值，对各个资本市场上的利益相关者来说就显得尤为重要。国外学者提出了许多关于公司权益价值评估的模型。经典的公司权益估值模型有股利折现估值模型（DDM）、现金流折现估值模型（DCF）、高登模型、基于实物期权定价视角的 B－S 模型（Black－Seholes Model）、剩余收益模型，以及基于剩余收益思想发展起来的新型价值评估，如经济增加值模型（EVA Model）。1961 年，爱德华兹（Edwards）和贝尔（Bell）最早提出了剩余收益估值模型，然而该模型被提出的初期并没有引起学者们的重视。直到 1995 年，美国学者奥尔森（Ohlson）建立了公司权益价值与会计信息变量之间的关系，对剩余收益模型及其应用进行了详细系统的阐述，该模型才成为近几十年来各国投资学、财务学、会计理论以及实务界的研究重点之一。

奥尔森剩余收益模型是否适合中国资本市场？还存在哪些不足之处？如何进行拓展与优化？本书以经典的奥尔森系列剩余收益模型为基础，结合中国实际情况和企业资产的风险属性特征，对剩余收益模型进行了系列理论拓展，并将其运用从微观的项目决策、企业估值，拓展至宏观的产业经济、营商环境优化等方面。

本书首先分析三种不同线性信息动态剩余收益模型，并用中国资本市场数据检验其适用性；然后基于中国市场特有市场风险因子，构建单风险因子调整的剩余收益模型（RIM－σ^2），在将其与 DHS 模型和 TSSV－θ 模型进行理论比较的基础上，进一步运用中国资本市场进行适用性检验比较；接着，鉴于公司净资产根据其投资属性可以分为净经营性资产和净金融性资产，而这两种净资产所面临的风险属性是不同的，净经营性资产承担的是经营性风险，净金融性资产承担的是金融性风险，本书进一步从理论上构建出双风险因子调整的剩余收益经营与投资决策模型（OIDM－DRRIM），由此将剩余收益模型的运用从估值拓展到了企业资产配置的投资决策。

在企业项目投资决策过程中，根据产品生命周期理论，项目处于产品生命周期的不同阶段，其净资产收益率不同：增长期的净资产收益率持续上升，衰退期的净资产收益率持续下降，而成熟期的净资产收益率围绕行业平均水平波动。本书从理论上就项目投资价值的评估构建了多阶段剩余收益项目决策模型，并进行参数赋值检验。

根据前面的研究结论，本书在 OIDM－DRRIM 的基础上，基于微观视角，以企业价值最大化为目标，进一步构建我国实体企业“脱实向虚”的双风险因子测评模型，并运用我国上市实体企业的样本进行测评检验，进一步研究分析我国实体企业“脱实向虚”的现状及其特征，并提出相应的对策建议。

本书的完成得益于许多老师和同学的支持和帮助。感谢上海交通大学张天西教授的指导意见；感谢上海大学悉尼工商学院研究生徐潇同学参与本书第 1 章、第 2 章、第 10 章等章节的编写；感谢孙露霞同学、黄一文同学参与本书的数据收集与整理；感谢刘艺同学、王婷婷同学、陈娅同学对本书的仔细校对。

在本书写作和出版的过程中，上海大学校领导以及悉尼工商学院院领导和老师们给予了大力支持。在此感谢上海大学龚思怡党委副书记、副校长，悉尼工商学院吕康娟院长、胡笑寒副院长、方慧副院长和卞亦文副院长。同时感谢我的家人，特别是妻子姚蓓馨女士的默默支持。最后感谢全国哲学社会科学工作办公室的资助（2019 年国家社科基金后期资助，编号：19FGLB046）。

目　录

1 绪　　论

1.1 研究背景

1.1.1 我国资本市场的发展历程

美国是最早设立资本交易市场的国家之一，相比之下，我国的资本市场起步晚。我国于 1990 年先后设立上海证券交易所、深圳证券交易所（以下分别简称上交所、深交所），至今已逐步形成了沪深主板、中小板、创业板、科创板、新三板等多层级的资本市场。我国资本市场的产生是中国经济改革的内在要求和必然产物，其发展引领了中国经济和社会诸多重要体制和机制的变革，对中国经济建设和社会发展的贡献和影响日益显著，并逐步成长为金融体系中最富有活力的组成部分，而且市场化、规范化和国际化程度不断提高。我国资本市场的发展可以分为以下四个阶段。

（1）第一阶段：1978—1992 年，我国资本市场的萌生阶段

走上经济改革之路是中国资本市场产生的先决条件。从 1978 年 12 月中国共产党十一届三中全会召开起，经济建设成为我国的基本任务，改革开放成为我国的基本国策。改革开放之前，我国实行计划经济体制，资金通过行政手段逐级下拨到生产企业。随着经济体制改革的推进，作为微观经济主体的企业对资金的需求日益多样化，成为中国资本市场萌生的经济和社会土壤。

1978 年开始，中国农村出现了家庭联产承包责任制，部分地区的农民自发采用“以资带劳、以劳带资”的方式集资，兴办了一批合股经营的股份制乡镇企业，成为改革开放后股份制经济的雏形。随后，城市中的一些小型国有企业和集体企业也开始进行多种多样的股份制尝试，最初的股票由此出现。1984 年 11 月 18 日，上海飞乐音响股份有限公司向社会发行

1 万股（每股票面 50 元），成为新中国第一只公开发行的股票，揭开了中国资本市场发展的序幕。1986 年后，随着国家政策进一步开放，越来越多的企业进行股份制试点，半公开或公开发行股票，股票一级市场逐步形成。这一时期股票一般按面值发行，且保本、保息、保分红，到期偿还，具有一定债券的特性；发行对象多为内部职工和地方公众，发行方式多为自办发行，没有承销商。

随着证券发行的增多和投资者队伍的逐步扩大，证券流通的需求日益强烈，股票和债券的柜台交易陆续在全国各地出现。1986 年 8 月，沈阳市信托投资公司率先开办了代客买卖股票和债券及企业债券抵押融资业务。同年 9 月，中国工商银行上海市信托投资公司静安证券业务部率先对其代理发行的飞乐音响公司的股票开展柜台挂牌交易，这标志着股票二级市场雏形的出现。1990 年，中国政府允许在有条件的大城市建立证券交易所，上交所、深交所于当年 12 月先后开始营业。为了综合反映证券交易所内上市股票价格的变动情况，1991 年 4 月 4 日，深交所以前一天为基期 100 点，开始发布深证综合指数。1991 年 7 月 15 日，上交所以 1990 年 12 月 19 日为基期 100 点，开始发布上证综合指数。

股份制改革起步初期，股票发行缺乏全国统一的法律法规，也缺乏统一的监管。为扩大发行，有些企业甚至采用各种“优惠”措施来促销其股票，例如，允许认购者参加抽奖、所持有的股票能保本付息等。这些做法使得股票发行市场变得非常混乱。自 1990 年 3 月中国政府允许上海、深圳两地试点公开发行股票后，两地分别颁布了有关股票发行和交易的管理办法。由于一些股票的分红派息方案优于银行存款，加上当时股份制企业数量较少，股票发行数量有限，供求关系由冷转热，大量的投资者涌向深圳和上海购买股票。地方政府虽然采取措施试图缓解过热现象，但仍不能改变股票供不应求的局面。1992 年，限量发售的认购证出现严重的供不应求，以至于催生了内部交易和私自截留等舞弊行为，继而引发了投资者抗议的“8 · 10”事件，沪深两地的股市因此遭受重创。同年，“原野”事件发生，原野公司财务报表存在多处严重违规，其证券欺诈行为严重损害了投资者利益。该公司的股票遭停牌处理，成为我国证券市场上第一个被停牌的股票。这两起严重违规违纪事件的接连发生在社会各界引起巨大轰动，不仅损害了投资者利益，更动摇了投资者信心。

在这个阶段，源于中国经济转轨过程中企业的内生需求，中国资本市场开始萌生。在发展初期，市场处于一种自我演进、缺乏规范和监管的状态，并且以分隔的区域性试点为主。“8 · 10”事件和“原野”事件的爆发，是这种发展模式弊端的直接体现，也表明资本市场的发展迫切需要规范的管理和集中统一的监管。

（2）第二阶段：1993—1998 年，我国全国性资本市场形成和初步发展阶段

1992 年 5 月成立的中国人民银行证券管理办公室，是最早对证券市场实施统一监管的机构。1992 年 7 月，国务院建立国务院证券管理办公会议制度，代表国务院对证券业行使管理职能。但是，“8・10”事件的发生表明中国证券市场仍需要按国际惯例设立专门的监管机构。因此，国务院于 1992 年 10 月设立国务院证券委和中国证监会，并于同年 12 月发布《关于进一步加强证券市场宏观管理的通知》，确立了中央政府对证券市场统一管理的体制。1997 年 11 月，中国金融体系进一步确定了银行业、证券业、保险业分业经营、分业管理的原则。1998 年 4 月，国务院证券委被撤销，其全部职能及中国人民银行对证券经营机构的监管职能同时划归中国证监会。中国证监会成为全国证券期货市场的监管部门，吸收全国各省、自治区、直辖市和计划单列市的证券管理办公室和期货管理办公室，实行跨区域监管体制，在全国范围内设立了 36 个派出机构。我国建立起集中统一的证券期货市场监管体制。

中国证监会成立后，推动了一系列证券期货市场法规和规章制度的建设。1993 年 4 月颁布的《股票发行与交易管理暂行条例》，对股票发行、交易及上市公司收购等活动予以规范；1993 年 6 月颁布的《公开发行股票公司信息披露实施细则》，规定了上市公司信息披露的内容和标准；1993 年 8 月发布的《禁止证券欺诈行为暂行办法》和 1996 年 10 月颁布的《关于严禁操纵证券市场行为的通知》，对禁止性的交易行为做了较为详细的规定，以打击违法交易活动；1994 年 7 月实施的《公司法》对公司的设立条件、组织机构、股份的发行和转让、公司债券、破产清算程序及法律责任等方面做了较为具体的规定，规范了有限责任公司和股份有限公司法人治理结构，为股份制企业和资本市场的发展奠定了制度性基础。国务院证券委员会还陆续出台了一系列规范证券公司业务的管理办法，主要包括《证券经营机构股票承销业务管理办法》和《证券经营机构证券自营业务管理办法》，对证券公司业务的开展具有重要的引导和规范作用，有效保障了投资者的合法权益以及证券公司的稳健经营。1997 年 11 月，国务院证券委发布《证券投资基金管理暂行办法》，旨在推动证券投资基金的规范发展。上述法律法规和规章的颁布实施使资本市场的发展走上了规范化轨道，为相关制度的进一步完善奠定了基础。

国务院证券委、中国证监会成立后，股票发行试点走向全国。在市场创建初期，各方对资本市场的规则、市场参与者的权利和义务的认识不全面。为防止投资者一哄而上以及因股票发行引起投资过热，监管机构采取了额度指标管理的股票发行审批制度，即根据各地区或行业在整体国民经济发展中的地位和需要，将额度指标下达至省级政府或行业主管部门，由其在指标限度内推荐企业，再由中国证监会对企业的申报材料进行审批。关于发行方式，我国证监会吸取“8·10”事件的教训，为了充分体现公开、公平、公正的原则，自1993年开始相继采用了无限量发售申请表、与银行储蓄存款挂钩、“上网定价”等方式向公众公开发行股票。关于发行定价，在交易所市场形成以前，大部分股票按照面值发行，定价没有制度可循。交易所市场形成以后，由于当时发行人、投资者和中介机构等市场参与者尚不成熟，以及机构投资者缺失，基本上根据每股税后利润和相对固定的市盈率来确定发行价格。

1990年成立的上交所、深交所逐步采用了无纸化交易平台，按照价格优先、时间优先的原则，实行集中竞价交易、电脑配对、集中过户，在市场透明度和信息披露方面远远优于以往的黑市和区域性柜台交易，交易成本和风险大大降低。相应地，两地交易所的登记结算公司分别建立了无纸化存托管制度以及高度自动化的电子运行系统。为了降低价格波动，交易涨跌的幅度限制经过了多次调整，从1996年12月开始上交所、深交所实行10%的涨跌停板制度。随着市场的发展，上交所、深交所陆续增加了国债、权证、企业债、可转债、封闭式基金等交易品种。

随着集中监管体系和上海、深圳两个全国性证券交易所市场的建立，上市公司数量、总市值和流通市值、股票发行筹资额、投资者开户数、交易量等都进入一个较快发展的阶段。在这个阶段，统一监管体系的初步确立，使得中国资本市场从早期的区域性市场迅速变成全国性统一市场。随后，一系列相关的法律法规和规章制度在监管部门的推动下出台，资本市场得到了较为快速的发展，但与此同时，体制和机制缺陷带来的问题也在逐步显现，迫切需要进一步规范和完善。

（3）第三阶段：1999年至今，我国资本市场进一步规范和快速发展的阶段

1999年实施的《证券法》，是中国第一部调整证券发行与交易行为的法律。为了适应经济和金融体制改革不断深化及资本市场不断发展变化的需要，从2003年起，全国人大着手对《证券法》《公司法》进行修订。2006年，修订后的《证券法》和《公司法》同时实施。随着1998年《证

券法》的颁布，相关法规体系和会计规则日益完善，上市公司数量快速增长，交易所交易和登记结算体系效率逐步提高，二级市场交易日趋活跃，中国资本市场得到较快发展。但是，资本市场发展过程中由于制度性缺陷和结构性矛盾所积累的历史遗留问题也开始显现。从 2001 年开始，市场步入持续四年的调整阶段：股票指数大幅下挫；新股发行和上市公司再融资难度加大、周期变长；证券公司遇到了严重的经营困难，到 2005 年，全行业已经连续四年总体亏损。

这些问题产生的根源在于，中国资本市场是在向市场经济转轨过程中从试点开始而逐步发展起来的新兴市场，早期的制度设计同实际的市场情况及未来发展脱节，其后的改革措施同真实市场环境也不完全配套。一些在市场发展初期并不突出的问题，随着市场的发展壮大，逐步演变成市场进一步发展的障碍。存在的问题主要包括：股权分置；上市公司改制不彻底，治理结构不完善；证券公司实力较弱，运作不规范；机构投资者规模小，类型少；市场产品结构不合理，缺乏适合大规模资金投资的优质蓝筹股、固定收益类产品和金融衍生产品；交易制度单一，缺乏适合机构投资者避险的交易制度；等等。在充分认识到大力发展资本市场的重要意义后，国务院于 2004 年 1 月发布了《关于推进资本市场改革开放和稳定发展的若干意见》。此后，中国资本市场进行了一系列的改革，完善各项基础性制度，主要包括实施股权分置改革、提高上市公司质量、加强证券期货公司建设、大力发展机构投资者、改革发行制度等。经过这些改革，投资者信心得到恢复，资本市场出现转折性变化，呈现出向好发展的态势。

1999 年至今，资本市场除了进一步加强规范管理之外，也得到了快速发展。首先是中小板市场的建立。2004 年 5 月，中国证监会正式批准深交所设立中小企业板块，发布了《关于同意在深圳证券交易所设立中小企业板块的批复》和《中小企业为板块实施方案》等文件。中小企业板的建立成为主板市场与创业板市场之间的过渡。

其次是创业板市场的建立。2000 年 5 月，国务院原则上同意了中国证监会设立二板市场的请示，并将二板市场定名为创业板市场。经过近十年的努力，到 2009 年 10 月，我国的创业板市场正式启动，同年 10 月 30 日，特瑞德等 28 家公司在深圳证券交易所创业板上市。数据显示，首批上市的 28 家创业板公司，平均市盈率为 56.7 倍，而市盈率最高的宝德股份达到 81.67 倍，远高于全部 A 股市盈率以及中小板的市盈率。创业板主要服务于暂时无法在主板上市的中小型新型企业，特别是具有高成长性的科技公司，为其提供门槛较低的融资途径和成长空间。

再次是以“新三板”为代表的场外交易市场的建立。为了解决STAQS和NETS法人股和内部职工股流通的问题，经证监会同意，2001年6月中国证券业协会发布《证券公司代办股份转让服务业务试点办法》，并于7月建立了股份转让系统，即所谓的“三板”市场。相对于后来的“新三板”，这时建立的“三板”被称为“旧三板”。“旧三板”由于运营状况不太好，慢慢被2006年1月启动的中关村非上市股权转让系统所取代。该系统由于挂牌企业都是高科技企业，和原转让系统内的退市企业及“两网”系统挂牌公司不同，所以被称为“新三板”。为了扩大新三板的试点，2012年，国家首批新增上海张江高新技术开发区、天津滨海高新区和武汉东湖新技术产业开发区等国家高新技术产业开发区试点。到2013年底，新三板方案试点突破国家高新区限制，所有符合新三板条件的企业都可以进入新三板。2019年12月，新三板市场启动全面深化改革，其中，投资者门槛全面下调，并针对不同市场层次设置了差异化的准入条件，市场增量资金将大幅提升新三板市场的流动性。

随后是区域股权市场的建立。自2008年以来，为了解决中小企业融资难的问题，各地陆续成立了区域性的股权交易市场。2012年后，区域股权市场成为多个地方金融改革的重点，区域股权市场呈现出地方政府大力推动、证券公司深度参与、中小企业踊跃挂牌的局面，并快速发展。2013年8月，国务院办公厅出台《关于金融支持小微企业发展的实施意见》，首次明确将区域性股权市场纳入多层次资本市场体系，促进小微企业改制、挂牌、定向转让股份和融资。2015年6月，在总结各地实践经验的基础上，中国证监会起草了《区域性股权市场监督管理试行办法（征求意见稿）》，对区域性股权市场的基本定位、监管底线、市场规则和支持措施等做出了规定。2017年1月26日国务院办公厅出台了《关于规范发展区域性管权市场的通知》，目的是进一步健全我国多层次资本市场体系，促进区域性股权市场规范、健康、稳步发展。

最后是科创板的成立。科创板由习近平主席于2018年11月5日在首届中国国际博览会开幕式上宣布设立，是独立于现有主板市场的新设板块。2019年1月30日，证监会发布《关于在上海证券交易所设立科创板并试点注册制的实施意见》。2019年3月1日，证监会发布《科创板首次公开发行股票注册管理办法（试行）》和《科创板上市公司持续监管办法（试行）》。设立科创板并试点注册制是一项提升服务科技创新企业能力、增强市场包容性、强化市场功能的资本市场重大改革举措。与此同时，国家通过发行、交易、退市、投资者适当性、证券公司资本约束等新制度以及引入中长期资金等配套措施，增量试点、循序渐进，新增资金与试点进展同步匹配，力争在科创板实现投融资平衡、一二级市场平衡、新老股东利益平衡，并促进现有市场达到良好预期。2019 年 6 月 13 日，科创板正式开板；7 月 22 日，科创板首批公司上市；8 月 8 日，第二批科创板公司挂牌上市。

在这一阶段，1999 年《证券法》的实施及 2006 年《证券法》和《公司法》的修订，使中国资本市场在法制化建设方面迈出了重要的步伐；一批大案的及时查处对防范和化解市场风险、规范市场参与者行为起了重要作用；国务院《关于推进资本市场改革开放和稳定发展的若干意见》的出台标志着中央政府对资本市场发展的高度重视；我国逐步建立了中小板、创业板、新三板等多层级的资本市场，中国经济进入深度转型发展期，产业结构乃至经济结构调整的重要性日益提升。国务院办公厅《关于进一步加强资本市场中小投资者合法权益保护工作的意见》（国办发〔2013〕110 号）和国务院《关于进一步促进资本市场健康发展的若干意见》（国发〔2014〕17 号）的先后颁布，对规范资本市场，营造良好的市场氛围，打造具有大国创新和融资能力的平台，具有较强的指导意义。

1.1.2　我国资本市场的功能

（1）融资功能

资本市场就是资金融通意义上的市场，它和货币市场相对应，是长期资金融通关系的总和。因此，资金融通是资本市场的本源职能。

随着我国统一的资本市场体系建成并逐渐成为国有企业融资渠道，证券市场发展初期国有企业在市场上的筹资困境被极大地缓解，这对我国改革开放的发展和深入起着非常重要的作用。我们从表 1－1 可以明显地发现，在市场早期的自发形成阶段，即 1984—1989 年，中国证券市场仅筹资 19.33 亿元，平均每年 3.22 亿元；两个证交所成立后，股票发行审核进入“额度管理”阶段，在当时的溢价发行条件下，实际筹资额远大于计划额度，1990—1996 年，筹资总额达到 1163.73 亿元，平均每年达 166.25 亿元（相比 1990 年之前增幅达 50.63 倍）；1997 年证券市场的主导权被中央政府接管，至 2007 年，筹资总额高达 17454.11 亿元，平均每年高达 1586.74 亿元（相当于 1990—1996 年的 9.54 倍）；2008 年受金融危机的影响，筹资总额同比下降 54.26%；2008 年之后开始回升，2008—2018 年筹资总额高达 106067.51 亿元，平均每年高达 9642.50 亿元（相当于 1997—2007 年的 6.08 倍），上市公司融资规模不断增大。1984—2018 年我国证券市场的筹资情况如表 1－1 所示。

表 1－1　　中国证券市场历年筹资总额　　单位：亿元

年份	筹资总额	年份	筹资总额	年份	筹资总额
1984	0.20	1996	356.01	2008	3534.95
1985	0.55	1997	998.95	2009	4834.34
1986	1.36	1998	771.80	2010	9799.80
1987	2.12	1999	885.12	2011	7154.43
1988	8.23	2000	1596.53	2012	4542.40
1989	6.87	2001	1105.39	2013	4131.46
1990	17.70	2002	773.01	2014	8498.26
1991	11.80	2003	831.51	2015	16361.62
1992	151.23	2004	861.51	2016	20297.39
1993	364.87	2005	330.05	2017	15534.98
1994	150.01	2006	1572.24	2018	11377.88
1995	112.11	2007	7728.00		

资料来源：《2019 中国证券期货统计年鉴》。

2004 年以前，在我国的企业融资比例中，间接融资比例大大高于直接融资比例，两者比例非常不协调。然而到 2006 年，随着“中国奇迹”的出现，在 GDP 首次突破 20 万亿元的情况下，两者比例（直接融资与间接融资的比例）出现了跨越式发展，由以前的 1∶99 增加到了近 10∶90。2019 年最新数据显示两者比例是 33∶67。由此可见，资本市场一定程度上发挥了直接融资功能。图 1－1 列出了截至 2019 年我国社会融资规模中直接融资比重的变化。

（2）配置功能

资本市场是现代金融市场的重要组成部分，其原本的意义是指长期资金的融通关系所形成的市场。但市场经济发展到今天，资本市场的意义已经远远地超出了其原始内涵，成为社会资源配置和各种经济交易的多层次的市场体系，其资源配置功能逐步得到发挥。资本市场的配置功能表现在三个方面：资源配置、财富再分配和风险再分配。

首先是资源配置功能。资本市场通过将资源从低效率利用的部门转移

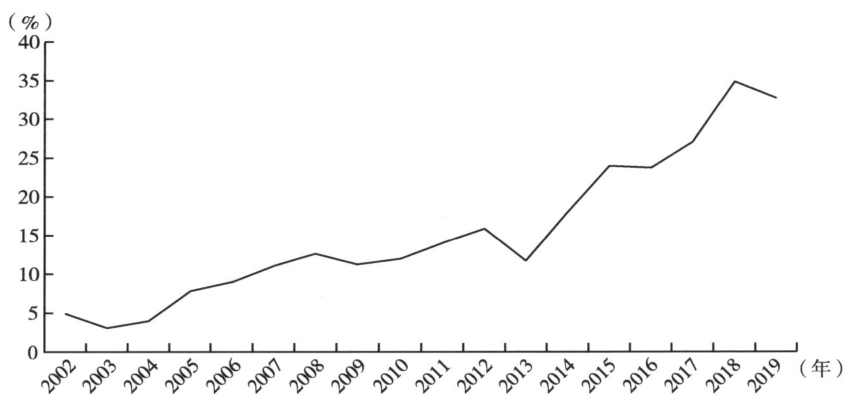

图1－1　我国社会融资规模中直接融资比重变化

资料来源：《中国统计摘要2020》。

到高效率利用的部门，使一个社会的经济资源能最有效地配置在效率最高或效用最大的地区或产业上，实现稀缺资源的合理配置和有效利用。一般来说，资金总是流向最有发展潜力、能够为投资者带来最大利益的企业。通过资本市场，有限的资源就能够得到合理的利用。其次是财富再分配。财富是社会各经济单位持有的全部资产的总价值。政府、企业及个人通过持有金融资产的方式来持有财富，当资本市场上的金融资产价格发生波动时，其持有的财富价值也会发生变化，一部分人的财富量随着金融资产价格的升高而增加，另一部分人的财富量随着金融资产价格的下跌而减少。社会财富通过资本市场产品价格的波动实现了再分配。最后是风险再分配。利用远期、期货、期权、互换以及其他更复杂的资本工具，金融风险厌恶程度较高的人可以把风险转嫁给风险厌恶程度较低的人，从而实现风险的再分配。

（3）调节功能

调节功能是指资本市场对宏观经济的调节作用。在计划经济年代，国家主要通过行政手段来配置资源，导致经济运行效率低下。随着中国经济开始走向市场化，证券市场逐渐成为配置中国经济资源的重要平台。至2019年底，上市公司的市值占当年GDP的比重达62.22%；计算机、通信、电子器械、设备制造、房地产等行业的龙头企业日益成为证券市场的中坚力量；行业布局也日趋多样化，上市公司已经基本覆盖整个国民经济产业，证券市场对中国国民经济的支柱作用日益突出。图1－2反映了2019年我国上市公司行业分布；图1－3反映了上市公司市价总值与证券化率的变化。

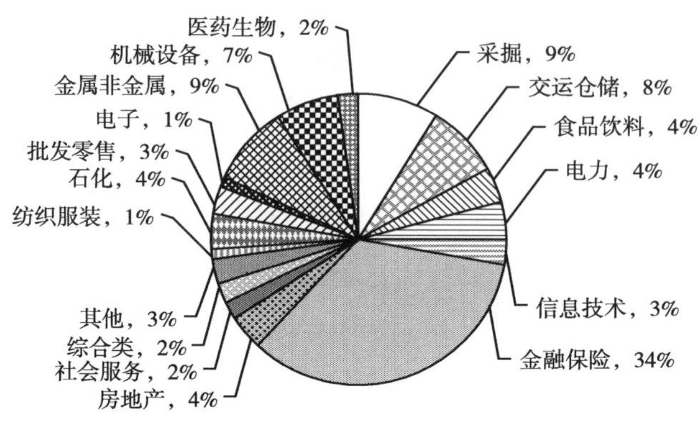

图1-2　上市公司行业分布

资料来源：《中国证券期货统计年鉴2019》。

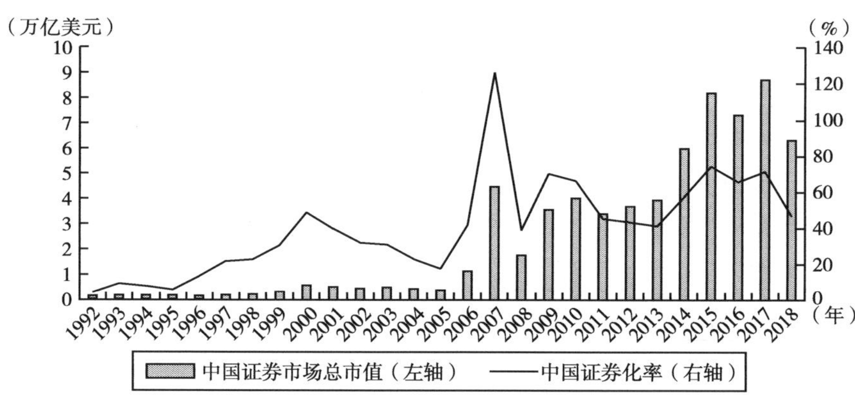

图1-3　市价总值与证券化率变化

资料来源：《中国证券期货统计年鉴2019》。

中国证券市场自身建设和发展的过程也是中国经济体制和企业改革的过程。国有企业通过上市，推动了现代企业治理制度的建立，对其他民营企业的发展起了先导、示范和促进作用。在企业建立现代公司治理机制的过程中，公司制度日益完善，决策机构和体制日益科学有效，这又促进了企业的良性发展。已经上市的企业，普遍按照现代科学治理机制的要求建立了股东大会、董事会和监事会等决策和监督机构。由此，股东大会制度不断完善，中小股东参与监督和维权的意识也不断提升；董事会结构的决策独立性和有效性不断增强，完善了决策议事机制；监事会的监督作用得以发挥。此外，独立董事制度、信息披露制度的引入和完善，使得资本市场上的外部监督机制开始发挥监督监管作用。所有这些在证券市场的要求下建立起来的现代治理制度和监督机制，均有利于促进我国经济体制改革的不断深化。

（4）反映功能

资本市场历来被称为国民经济的“晴雨表”和“气象台”，是公认的国民经济信号系统，这实际上就是资本市场反映功能的体现。随着资本市场的不断发展，其作为经济晴雨表的功能也逐步显现。宏观层面上，据有关统计，2019 年我国股票的市值高达 61.6 万亿元，占 2019 年 GDP 总量的 62.22%，这反映了我国良好的国民经济发展势头；而在微观层面上，资本市场无疑是反映微观经济运行的指示器，证券的大部分交易都发生在交易所中，投资者可以很容易地在市场中获取到各类型商业的发展状况，以便判断更佳的投资机会。另外，近年来机构投资者不断涌入，他们对行业发展的精准把握以及长期的研究分析经验使得资本市场能够更加细致和准确地反映企业的发展动态。

1.1.3 我国资本市场的不足

我国资本市场自 20 世纪 90 年代初建立以来，发展十分迅速，在短短的 30 年间走过了国外许多成熟市场历经几十年甚至上百年才走过的道路，成果斐然，并在整体国民经济发展中日益起核心枢纽作用。股权分置改革的顺利进行，更为资本市场未来持续稳定发展奠定了坚实的制度基础。

我国的资本市场是伴随着经济体制改革的进程逐步发展起来的，由于建立初期改革不配套和制度设计同实际情况脱节，资本市场还存在一些深层次问题和结构性矛盾制约着市场功能的有效发挥。目前，我国资本市场主要存在以下几个方面的问题。

（1）投资主体结构不合理

在我国资本市场中，投资者的主体还是以中小散户及个人投资者为主，机构投资者所占比重不大，这种投资主体的结构不够合理。由于个人投资者受知识能力等的限制，其行为往往以投机为主。中小投资者缺乏价值投资导向，其投资行为往往取决于个人对证券产品的投资偏好，投资行为不够理性，由此增强了市场的不稳定性；而机构投资者有相对全面的专业知识，他们更加注重对上市公司的基本面分析，可以对上市公司的资质进行合理分析和估值，从而做出相对理性的投资决策和进行合理的价值投资，这些机构投资者是稳定我国资本市场的重要力量。但是我国目前市场上机构投资者比较少，难以适应投资的需要，不利于其稳定资本市场功能的发挥。

（2）资本市场的结构不够完善

和国外成熟的资本市场体系相比，中国资本市场体系具有市场结构不完善的显著特点。中国资本市场是伴随着经济体制改革的进程逐步发展起来的，在发展思路上还存在一些深层次问题和结构性矛盾，主要有：重间接融资，轻直接融资；重银行融资，轻证券市场融投资；重股市，轻债市；重国债，轻企债；等等。这些发展思路不仅导致了整个社会资金分配运用的结构畸形和低效率，而且严重影响了市场风险的有效分散和金融资源的合理配置。具体来说表现在三个方面：①主板市场，包括上海证券交易所和深圳证券交易所。沪深证券交易所在组织体系、上市标准、交易方式和监管结构方面几乎完全一致，主要为成熟的国有大中型企业提供上市服务，股票发行采取核准制，上市“门槛”较高。②二板市场（创业板市场）。2009 年 9 月 17 日，为中小企业特别是高新技术企业服务的创业板市场刚刚推出，它附属于深交所，基本上延续了主板的规则。除能接受流通盘在 5000 万股以下的中小企业上市这点不同以外，其他上市的条件和运行规则几乎与主板一样，所以上市的“门槛”依旧较高。③三板市场（场外交易市场），包括“代办股份转让系统”和地方产权交易市场。由于试点较少、各中介机构缺乏积极性等，新“三板”市场存在规模小、流动性差的问题。总体来说，中国的场外市场主要由各级政府部门主办，市场定位不明确，分布不合理，缺乏统一规则且结构层次单一，还有待进一步发展。

（3）多层次资本市场资本分配不均衡

与发达国家相比，我国资本市场的多层次资本市场分配不均衡。以美国为例，美国资本市场构成为“正金字塔”型（见图 1－4），企业数量从主板市场至区域市场逐渐增多，资本需求也显著增加，但是我国资本市场构成为“倒金字塔”型（见图 1－5）。从融资的角度看，越下层的企业融资难度越大，这是长期市场经验不足导致的。我国资本市场资本与企业数量分布不均匀，主板市场占有大量流动资本，而下层市场企业无法获得足够的资本，企业发展受到极大的制约。

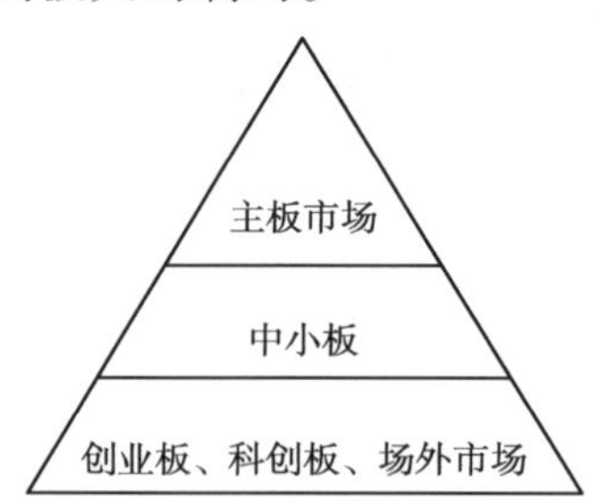

图 1－4　美国资本市场资本分布“正金字塔”型

资料来源：笔者整理。

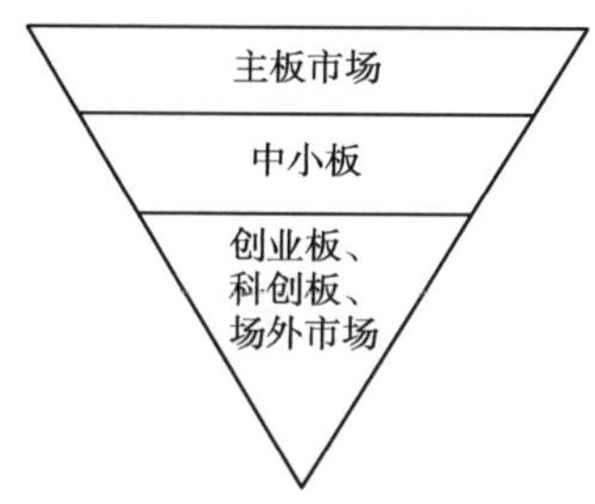

图1－5　我国资本市场资本分布“倒金字塔”型

资料来源：笔者整理。

（4）资本市场企业财务风险程度高

我国企业融资途径基本分为直接融资和间接融资。直接融资是企业通过股票市场和债券市场直接向投资者获取资金，间接融资是企业通过银行贷款途径获取资金。根据中国人民银行数据统计，2014 年至 2020 年 7 月，银行对实体经济发放的贷款占社会融资规模存量比值平均为 65.24%，具体数值如表 1－2 所示，我国企业间接融资比例明显高于直接融资比例。企业在股权市场和债券市场的融资规模有限，又受到间接融资产生的巨大运营成本、经济下行趋势等因素影响，上市公司债券违约现象频发，股价波动幅度大，财务风险较高。

表1－2　2014 年至 2020 年 7 月我国企业社会融资规模存量　单位：万亿元

年度	社会融资规模存量①	对实体经济发放的人民币贷款余额②	②/①（%）
2014 年	122.86	81.43	66.3
2015 年	138.14	92.75	67.1
2016 年	155.99	105.19	67.4
2017 年	174.64	119.03	68.2
2018 年	200.75	134.69	67.1
2019 年	251.31	151.57	60.3
2020 年 7 月	273.33	164.92	60.3

资料来源：中国人民银行。

（5）资本市场监管不完善

首先，资本市场监管体制建设不完善，证监会效能不足。在中国资本市场管理体系中，还存在多头管理、政出多门等不少问题。尤其是证监会的人员编制不足且缺少足够权威，导致实际监管效果大打折扣。很显然，在证监会和地方监管部门之间也存在着重复监管的现象，监管职责在证监会和人民银行之间的分割，又导致某些监管领域落入夹缝之中。对于市场的某些部分，尤其是针对证券商和机构投资者，事实上缺少有效的监管。

其次，资本市场监管理论创新不够，市场管理者不能有效进行理论建设。我国资本市场监管理论研究主要局限在对资本市场现行问题的补救上。由于市场发展太快，政府监管部门忙于应付大量的日常事务性工作，没有充分发挥机构投资者的中坚作用，证券市场的基本建设在某种程度上被忽略了，对资本市场结构、运行问题缺乏理论研究，比如上市公司股权结构不合理、风险预警体系不健全、信息披露不透明等问题。为了解决一些短期内凸显的紧急问题，我国证券监管机构往往采取不顾长远的急救方法，虽暂时解决了问题，但是为今后的监管工作带来了隐患。参考证券市场发达国家的经验，我们看到几乎所有国家的证券监管机构都有由一个明确的行动宗旨和一系列行动细则组成的纲领性监管框架，这种框架是其监管部门长期行动的准则。在缺乏长远规划的情况下，监管难免长期处于被动的救火状态。

再次，资本市场自律性监管不足，市场自律性监管机制功能没有充分发挥。我国目前的自律组织分为两个层次：一是沪深两地交易所自律组织；二是证券业协会。两个层次在行业自律中都存在问题。首先是两地交易所存在明显的地方利益，其对市场交易的监管受所在地政府的干预，因而难以真正贯彻公平、公正的指导原则；其次是中国证券业协会作为一家行业性质的民间协会不能发挥自律作用，这与目前证券市场多头管理格局有关。因此，证券市场发展至今，监管与自律仍然处于严重不平衡的状态。

最后，资本市场监管法制建设不健全，市场主体法律意识不强。国家对上市公司退市问题存在法律盲点，难以准确把握执法尺度，体现在退市标准不统一、尺度难以把握、证券监管部门的监督主体不够明确等方面。对地方人大如何监督，中央驻各地的管理部门没有明确规定，省人大及人大财经委难以对各证管办实施监督。实际上，《证券法》等法律没有明确对证券监管部门进行监管的主体和监管方式。目前，我国依据 2019 年修订的《证券法》对资本市场进行法制规范化管理，但是还存在以下问题：①证券业和银行业、信托业、保险业实行分业经营、分业管理，如今企业混合业务经营，容易产生监管真空或重复监管现象。②证券上市交易申请由证券交易所依法审核同意，审核周期长，要求高，容易滋生腐败行为。③针对上市公司“壳”交易，应加强监管。对“新公司”无独立考察与监管的现状为“壳公司”交易提供了便利。

1.1.4 我国对资本市场的监管体系

我国现行的资本市场监管体制是集中型监管体制，在分业集中监管的基础上，财政部、中国人民银行实行适度的统一监管。

证监会是国务院直属事业单位。证监会是对证券业和证券市场进行监督管理的执行机构，而中国人民银行履行审批职能，对证券中介机构的监管权限就这样被两个部门分割开来。

1992 年以后，人民银行不再是证券市场的主管机关，但它仍然负责审批金融机构。这意味着证券机构在审批和经营管理上受人民银行和证监会的双重领导。此外，中国人民银行还负责管理债券交易、投资基金。

财政部负责国债的发行以及归口管理注册会计师和会计师事务所。

在我国资本市场监管体制中，地方政府在本地区证券管理中占有重要的地位，尤其是上海、深圳市政府和证监会一起管理沪、深证券交易所，其对证券市场的影响是巨大的，在公司上市、股票交易流程上都有可能影响其正常操作。

中国现行金融市场监管体系的最突出特点就是分业监管。中国金融体系分别由证监会、银保监会监管，但在资本市场上是多头管理、政出多门。中央和地方各管一块，不同品种证券的市场管理者不同，甚至一种证券的二级市场之间就有不同的管理者，主要表现：证监会是中央主管机构；各级人民银行在市场监管上颇有影响；财政部、中国人民银行介入市场管理；地方政府在交易场所的管理上拥有很大的权力。

1.1.5 我国资本市场的综合评价以及发展方向

朱从玖于 2011 年 3 月在《中国证券报》指出：我国资本市场近 20 年来呈现出“新兴 + 转轨”的特点。新兴和转轨是从两个不同的维度来描述我国资本市场的现状。新兴市场好比是一张白纸，可以画出最新、最美的图画；转轨市场好比是一张写满字的纸，要把计划要素转化成市场元素，是一个很艰难、很复杂的过程。

伴随着我国资本市场近年来的不断发展与完善，投资者越来越重视价值投资。我们应该用价值投资管理的理念来指引他们做出投资决策，充分关注公司权益的内在价值。在具体的应用过程中，我们主要对权益价值与股票价格，即股票市值进行比较。如果公司的权益内在价值高于股票价格，买入股票；反之，卖出股票。近年来，国家坚持以深化“放管服”改革优化营商环境，市场活力和创造力明显增强，投资决策的复杂程度大幅增加。因此，如何客观并准确地评估公司的权益内在价值，对于各个资本市场上的利益相关者而言就显得尤为重要。国外学者设计了许多关于公司权益价值评估的模型，但由于我国的证券市场的发展与欧美国家不同，这些模型在我国的适用性问题一直是我国学者们研究的重要方向与课题。

纵观我国证券市场近 30 年来的发展变化，在肯定成绩的同时，我们必须正视一些问题的存在。在一定程度上来说，我国的资本市场并不是一个很成熟的市场，表现之一就是股票价格与公司权益内在价值的过分偏离。很多学者认为我国的资本市场是典型的投机市场，也有许多投资者认为我国的股票市场是政策市场，并不是价值规律在其中起作用。我们知道，资本市场很重要的一个功能就是积聚资金，为公司融资，这样的渠道本身是一种直接融资的方式，直接将散户以及机构投资者手中的钱吸收进来给优质的、有投资价值的公司，实现社会闲散资金的充分有效利用，促进有发展有前景的行业或企业实现良性发展，从而为社会创造财富，为我国的社会主义经济建设服务，资本市场也因此指引了产业方向。在这个过程中，公司使投资者获得相应的投资回报。然而在现实中，我们不难看到我国股市中不成熟的一面。有许多投资者指出，我国股市是上市公司圈钱的场所和工具，资本市场资源配置的功能并没有得到充分的发挥，违背了我国建立资本市场的初衷。

随着股市规模的不断增大、上市公司及投资者数量的日益增多，市场需要更符合法治精神且更为科学的监管手段，这就要求在技术层面上运用合理有效的评估模型及评估方法对股票价值进行更加科学合理的评估，从而对现有证券资本市场的制度进行合理安排及有效改革，构建符合我国“新兴 + 转轨”特征的社会主义特色的证券市场制度。

1.2 研究依据与研究范畴

1.2.1 会计理论与资本市场的关系

一直以来，如何评估权益价值是证券市场以及各利益相关方所关注的重要问题。投资者是证券市场的重要组成部分，在实际操作中通过判断公司内在价值的高低做出卖出或者买入的投资决策；上市公司的中高层职业经理人拥有尚未实现的公司股票期权，在未来的一段时间内，他们也是公司权益价值的关注者；监管机构以及资本市场上其他利益相关者同样希望得到公司权益价值的真实数据，由此来制定相应的监管政策，以期对证券市场的良性发展起促进作用。20 世纪 80 年代，伴随着世界经济的快速发展以及全球资本市场的飞速扩张，经济全球化已经成为一种必然趋势。目前金融市场在全球范围内不断延伸扩张，其风险逐渐增加。在这样的背景下，资产泡沫问题油然而生，世界上许多国家不得不面对这一棘手的问题。资产是否真的存在泡沫？公司的股价是否反映了资产的真实价值？如果已经偏离了真实价值，那么其偏离程度是多少？对这些问题的解答已成为许多国家研究者研究的重要内容。可以说金融的发展方向在一定程度上决定了全球经济发展的方向，所以要研究股价的泡沫问题，前提就是要知道资产的真实价值。那么通过何种方法以及运用何种模型对资产的真实价值进行评估呢？对这个问题的解答是本书立论的基础。

在 19 世纪后期至 20 世纪初期，会计理论研究者研究的重点集中于描述已观察到的会计现象，并寻找这些会计现象发生的原因，逐渐形成了教学式的“分类研究”规则。然而这些早期的会计理论工作者并未建立一套能够在总体上解释资产价值的原则。我们已经知道，会计理论就是事先假定会计目标，而后进行逻辑推理。到 20 世纪 60 年代中期，出现了有效市场假说，人们基于该假说进行了大量经验验证，验证结果对规范会计研究带来了很多的冲击。这些经验验证的结果表明，在规范会计中所设定的假设前提有相当一部分是不完善甚至不存在的。例如，在规范会计中，人们一般都认为会计收益会影响股票价格，而我们知道会计收益会受所选择的会计方法或会计政策的影响，因此，股票价格理应受所选择的会计方法或会计政策的影响；但事实上，研究结果表明，股票价格并不会受会计方法或会计政策的系统性干扰。这就促使会计理论研究者重新讨论并评估规范会计理论的合理性和适用性，从而导致实证会计理论特别是实证会计研究方法成为 20 世纪 70 年代以来会计理论发展的主要方向，继而引发了对会计信息与公司估值之间关系的深入研究，实证会计研究逐渐兴起和发展。这也为实证会计研究提供了必要的依据，很好地补充了对规范会计的理论研究，并提供了非常好的方法论武器，使会计理论向合理化、系统化和科学化的方向发展。有关会计信息对公司价值的估值是否具有相关性和解释力，以及这种相关性和解释力高低方面的实证研究就变得非常必要，这也是其他绝大多数会计学术研究的前提。

在投资需求的引导下，以及在众多投资者、中介结构、政府监管部门的要求下，上市公司的财务信息以及披露问题得到了较好的解决。由于会计信息在公司价值评估方面具有重要作用，如何将会计信息与公司价值联系起来，通过会计信息来反映公司权益的真实价值就成了学术界研究的重要课题。这充分体现出会计理论和会计信息的学术价值，对于完善会计理论研究，更好地指导投资者进行投资决策具有非常重要的作用。在这样一种需求下，国内外的学者就会计信息与公司价值之间的关系做了大量的实证研究。

早在20世纪60年代，美国的学者们开始了专门针对资本市场的会计研究，旨在解释和预测会计对资本市场价值评估的作用；到90年代后期，各国学者们都开展了对会计理论及其实证的研究，会计研究日趋国际化。在针对会计对“决策有用”的指导以及对会计盈余质量内涵的解读的研究上，先后形成了信息观（information perspective）、计价观（valuation perspective）和契约观（contract perspective）这三种主要的理论框架，它们支撑着不同的会计盈余公用理论，形成了近年来会计研究领域的主流理论。信息观的理论将会计信息与公司价值有机联系起来。Ball 和 Brown（1968）以及 Beaver（1968）在《会计研究杂志》（Journal of Accounting Research）发表的“An Empirical of Accounting Income Numbers”是信息观研究的主要代表作之一。

会计的信息观认为，财务会计报告的一个重要作用就是向财务报告使用者提供相关信息，向其传递有助于评估和判断公司价值的信号，以达到减少交易双方信息不对称的目的。信息观主要着眼于研究会计信息与股票价格的关系，但忽略了两者之间相互作用的具体方式。在信息观下，人们对财务人员的评价重点是看其提供的财务会计信息对需求者而言是不是有价值，以及有多大的价值。信息观之后，股票价值研究等相关问题的重要性日益凸显，越来越多的学者开始探索资本市场是怎样消化会计信息，并反映到股票价格当中去的。学者们试图设计一个可以表示会计信息和股票价格相关关系的模型，由此产生了计价观，即用会计指标来反映公司的价值。Feltham - Ohlson（1995）模型的出现，进一步奠定了计价观的重要地位。该模型是在 Ohlson（1995）模型的基础上予以一般化的结果。模型以清洁盈余假设、公司价值等于未来股利的净现值为假设条件，揭示了涉及经营活动和金融活动的会计数据与公司权益价值之间的相关关系。此后，该模型不仅推动了计价观的发展，而且成为后来学者们研究的重要参考基础，是计价观中最经典的模型之一。契约观是在信息观和计价观之后出现的，认为会计信息除了可以指导投资者的投资决策，还可以作为股东评价职业经理人的依据。契约观作为信息观和计价观的补充，将企业视为一系列契约的集合，说明了会计信息的重要作用。信息观、计价观以及契约观三种不同的会计盈余理论从不同角度对会计盈余质量内涵进行分析，三种理论观点与占主导地位的经济收益观相辅相成，客观地对会计盈余质量进行评价。

1.2.2 估值方法发展

西方发达国家的资本市场成立时间比我国要早许多，有很多关于企业价值评估的研究理论，并且这些理论广泛地运用于对企业的价值评估。到目前为止，应用非常广泛的企业价值评估方法主要有现金流量贴现法、基于资产的价值评估方法、相对价值评估法和实物期权评估法四种。

现金流量贴现法包括股利贴现模型（DDM 模型）和自由现金流量贴现（DCF）法。现金流量贴现法就是把企业未来特定期间内的预期现金流量还原为现值。由于企业价值的真髓是它未来盈利的能力，只有企业具备这种能力，它的价值才会被市场认同，因此在资本市场比较活跃和发达的国家，很长时间以来，该方法是企业价值评估的主要方法，是一种主流方法。但是，现金流量贴现法仍存在一些不足：首先，从折现率的角度看，这种方法不能反映企业灵活性所带来的收益，这个缺陷也决定了它不能适用于企业的战略领域；其次，这种方法没有考虑企业项目之间的相互依赖性，也没有考虑到企业投资项目之间的时间依赖性；最后，使用这种方法，结果的正确性完全取决于所使用的假设条件的正确性，在应用时切不可脱离实际。如果遇到企业未来现金流量很不稳定、企业亏损等情况，现金流量贴现法就无能为力了。

基于资产的价值评估方法，也称作重置成本法、成本加和法。其理论基础是“替代原则”，即任何一个精明的潜在投资者，在购置一个企业时所愿意支付的价格不会高于重新建造一个与所购置企业具有相同功能的企业所需的成本。因此，企业价值可由企业各单项资产的评估值加总得到。在企业清算假设下，例如合资企业经营到期而发生清算时，使用基于资产的评估方法是合适的，这时候可能需要单独评估企业单项资产的价值并分别进行拍卖处理。在清算假设下，如果清算面临时间的限制，如破产清算，还要在资产市场价格的基础上进行变现折价处理，同时扣减清算成本。在企业持续经营假设下，评估的是企业各项资产的在用价值。一般是从会计核算的角度调整企业的资产负债表，将会计核算的资产账面价值调整为市场价值，包括在资产负债表上加减一些项目。例如一些无形资产中自创的商标、软件著作权、专利等按照会计原则不记账，这时需妥善评估入账。在持续经营假设下，使用基于资产的评估方法往往会导致评估结果出现较大偏差，甚至是错误，错误的根源在于把评估和会计两个不同的学科混同化。基于资产的评估方法把企业价值评估视为会计资产负债表中各项资产评估值的加总，它忽略了企业作为一个系统存在的整合效应。例如在资产构成方面完全相同的两个企业，管理等软因素的差异可能会导致两个企业的盈利能力相差很大，显然，投资者对它们的估价也会相差很大。因此，使用该方法容易导致两个方面的问题：一是仅从投入（即构建资产）的角度考虑企业价值，而没有从企业的实际盈利能力考虑，可能对企业价值造成低估或高估；二是无形资产中自创的商标、软件著作权、专利等按照会计原则不记账，可能造成无形资产的漏评或估计不足。因此，该方法特别不适用于无形资产占较大比重的企业。由此可见，该方法主要用于企业的破产和清算，以及对衰退企业、处于危机中的企业进行价值评估，且估值角度单一，通常情况下应用范围比较有限。

相对价值评估法又称为比率估价法，主要利用不同企业之间的财务指标，如市盈率（PE）或者市价对账面价值的比率，即市净率（PB）来进行价值评估。相对价值评估法是利用类似企业的市场价来确定目标企业价值的一种评估方法。这种方法假设存在一个支配企业市场价值的主要变量，而市场价值与该变量的比值对各企业而言是类似的、可比较的。由此可以在市场上选择一个或几个与目标企业类似的企业，在分析比较的基础上，修正、调整目标企业的市场价值，最后确定被评估企业的市场价值。相对价值法是建立在可比基础之上的，要有可以进行参照的企业和能够应用的指标。这就要求有一个较为发达和完善的证券交易市场，还需要有数量众多的上市公司。而我国证券市场上只有少数公司，并且股权结构和股权设置等方面都存在着特殊性，股价的人为操作性很大，所以相对价值法在我国当前市场条件下很难找到适合的应用条件。

实物期权法目前应用较多的领域是并购当中的并购价值的计算。与前述三种定量价值评估方法相比，实物期权可以使得并购发生后并购者针对市场的反应及时调整企业的经营领域，从而引导企业进行正确的战略选择和项目投向。此外，实物期权法在评估企业并购价值的同时考虑了并购后未来的期权价值，更客观地评估了并购企业的价值。运用实物期权法评估企业价值，一方面能帮助企业决策者识别风险，发现利润增长点；另一方面有助于减少企业的不确定性，使企业获得合理的评估价值。然而，该方法目前在企业定价领域内的应用还是受到了较大的限制。该方法并非适用于所有的企业类型和情况。只有当企业存在不确定性，并且这种不确定性对企业影响较大时，该方法的应用才具有合理性。另外，只要企业不上市，其真实价值便难以知晓，虽然具有账面价值，但是仅靠账面价值难以反映企业的真实情况，特别是无形资产占比大的科技型创业企业。

目前我国相关研究者对企业价值评估等有关理论与方法的研究主要是在对国外研究者提出并运用于西方发达国家的方法的介绍层面，包括研究方法以及实证结果的应用。在我国企业价值评估方法中，现金流量贴现法使用较多，相对价值评估方法次之，实物期权法和基于资产的价值评估法的应用相对较少。

西方发达国家目前对价值评估方法的研究和实践都是走在我国前面的。我国资本证券市场发展较晚，并且在发展过程中受到许多国家政策的调控，再加上市场上投资者和散户的投资理论水平的限制，在应用上市公司的价值评估方法进行分析从而引导投资决策方面有待于进一步提高。目前，西方发达国家对与企业价值评估相关的理论研究比较深入，并且在实务方面已经将其用于公司的并购重组、投资者的投资以及企业本身的经营管理。随着全球经济一体化格局的产生，我国在国际金融市场上所扮演的角色愈发重要，我国学者们也陆续加强了对价值评估等相关理论的学习和研究，价值评估管理等已经成为证券市场上非常重要的研究领域。但是我国证券市场的发展是有其自身特点和局限性的，西方国家的方法能否直接应用于我国资本市场的价值评估并进行实际操作还是值得进一步研究的问题。我国上市公司在从事并购等资本操作中，与资产重组相关的交易活动占据了绝大多数。在并购活动中，收购方主要通过对被并购企业的资产价值进行评估来评价被并购企业的价值，这种评估比较重视单项资产的价值。然而，众所周知，企业的价值是多项资产的有机组合，如果忽略了各项单项资产间的增进和协同作用，就难以反映出被并购企业的真实内在价值。在资本市场上，针对股市行情的技术分析很受欢迎。虽然现在越来越多的投资者开始关注公司的基本面，但我国对股权价值评估的理论研究及应用还处于初级阶段，很多分析最终都只通过每股收益（EPS）和净资产收益率（ROE）等财务指标来衡量股票是否具有投资价值。EPS 和 ROE 等的使用存在一定的局限性，主要是因为这些会计上的核心财务指标反映的是过去时，即企业历史的财务状况。由于上市公司的利益驱动，财务数据的粉饰和包装经常发生，因此利用财务指标来衡量上市公司的投资价值就使得证券市场陷入一种制度上的风险之中，投资者不是因为自己的投资失败而是由于市场制度本身的不完善而承受经济上的损失。总体来看，有关公司价值评估的相关理论以及实践在我国的证券市场当中是有待发展和完善的。笔者认为西方的价值评估理论之所以在我国没有得到推广，除上述原因之外，还因为模型和评估方法本身不完善。一些评估方法的前提假设的不全面，或者假设错误，或者变量选取的随意性，都会导致在理论应用的时候产生问题。即使在西方发达国家，很多咨询机构、投资银行也会因为评估有误或者评估不实等问题而受到投资者的质疑。

1.2.3 剩余收益模型

不论是在理论领域还是实务领域，借助数学模型对公司价值进行评估的技术都越来越成熟。经典的公司权益估值（公司估价）模型有股利折现估值模型（DDM）、现金流折现估值模型（DCF）、基于实物期权定价视角的 B－S 模型（Black－Seholes Model）、剩余收益模型（RIM），以及基于剩余收益思想发展起来的新型价值评估模型，如经济增加值模型（EVA Model）。需要强调的是，剩余收益估值模型兼具上述各估值模型的优点。剩余收益估值模型（Residual Income Valuation Model，RIM），是于 1961 年由爱德华兹（Edwards）和贝尔（Bell）最早提出来的（故又被称为 EBO 模型）。被提出的初期 EBO 模型并没有引起学者们的重视，直到 1995 年，美国学者奥尔森（Ohlson）在他的文章《权益估价中的收益、账面价值和股利》（《Earnings，Book Values，and Dividends in Equity Valuation》）中对剩余收益模型及其应用进行了详细系统的阐述，同时建立了公司权益价值与会计信息变量之间的关系，EBO 模型才成为近十几年来各国财务学、会计理论以及实务界的研究重点之一。

所谓剩余收益是指公司的净利润与股东所要求的报酬之差。剩余收益的基本观点认为，企业只有赚取了超过股东要求的报酬的净利润，才算是获得了真正的剩余收益；如果只能获得相当于股东要求的报酬的净利润，仅仅是实现了正常收益。剩余收益需要进行资本成本的调整，从而反映会计上未加确认但事实上存在的权益资本的机会成本。剩余收益模型使用公司权益的账面价值和预期剩余收益的现值来表示股票的内在价值。在考虑货币时间价值以及投资者所要求的风险报酬的情况下，将企业预期剩余收益按照一定的贴现率进行贴现，然后加上当期权益价值就是股票的内在价值。该模型自创立以来在国内外学术界取得了迅猛发展，很多美国的咨询公司、资产评估公司、投资银行等已将其应用到公司价值估值当中。在该模型基础上发展起来的系列剩余收益模型中的三种不同线性动态估值模型在中国市场的适用性是本书主要研究的课题之一。

通过实证检验发现 EBO 系列模型所存在的不足，就其隐含的假设条件进行分析，进而就这些局限性和所隐含假设条件的不合理性进行分析，有针对性地合理改进及拓展研究，在此基础上进行实证检验也是本书另一个主要研究课题。

综上所述，权益估值问题已经发展成为我国证券市场的核心问题之一，有关权益估值的理论和实证研究会影响未来我国证券市场的发展方向。前已叙述，由于我国资本市场起步较晚，同时中国国情也不同于西方，起源于西方的剩余收益模型理论是否适合中国资本市场？需要做什么改进与拓展？能否运用于其他方面？基于此，本书拟对剩余收益估值模型理论及其运用展开进一步的深入研究。

1.3 研究意义

在经济全球化、金融国际化的当下，不论是国有企业、民营企业还是各自的利益相关方，都非常关注公司权益的内在价值，注重考量公司治理水平的综合性指标并指导经济决策。对于我国的上市公司而言，有关公司的产权交易、资产重组、企业并购活动、公司控制权的转移等资本运作活动将会日益增多，其复杂程度也不断增强，因此客观并且适用的价值评估理论以及方法对公司的经济决策都至关重要。现在的经济活动，若缺少了客观的价值评估方法，是无法得以正常发展的。基于此，针对公司权益的内在价值进行评估的理论和实证分析对我国上市公司未来的发展意义重大，在当前的资本市场中具有理论与实践意义。

1.3.1 理论意义

（1）发展剩余收益估值模型

从理论方面看，伴随着西方资本市场的不断发展与成熟，出现了很多可以用来评估公司价值的模型。这些模型从不同的角度着手，相互补充并不断完善，形成了一个比较完善齐全的理论体系。估值体系是以信息观价值研究为前提，以计价观价值模型为主体，以契约观价值模型为补充的有机整体，在弥补 DCF 模型、DDM 模型不足的基础上，基于会计信息有用观，充分利用会计信息，实证比较分析了剩余收益模型在中国资本市场的适用性，有利于促进剩余收益模型在我国资本市场的运用。该理论体系在实践中也得到了广泛应用。但是针对我国目前的资本市场情况，这些产生于西方发达国家的估值理论与估值模型等理论体系在我国资本市场的适用性如何？哪一种模型在我国的资本市场中具有比较优势？只有系统性地将西方发达国家应用成熟的估值模型在我国的资本市场上进行验证，才能更好地指导我国资本市场的价值评估实践。通过对公司价值进行正确的评估，我们可以发现被低估或者高估的股票价值，从而科学合理地做出买进或者卖出的正确判断。在证券公司里，经纪人或者证券分析师也需要借助模型来评估被低估的股票价值，向更多的投资者推荐有投资潜力的股票。咨询机构、资产评估机构和投资银行等金融机构，在提供金融服务的同时也同样需要对企业的内在价值进行科学合理的评估，为客户提供更好的战略选择方案，或者帮助客户在投资或并购以及资产重组中做出正确的经济决策。投资者通过运用权益估值模型对其所要投资的企业进行估值，即准确评估企业股票的内在价值，并以此与企业股票的市场价格进行比较，从而指导投资者做出是否投资的决策。

本书在系统分析三种不同线性信息动态剩余模型的基础上，构建三种不同的实证模型并用中国资本市场的经验数据进行检验，辨析剩余收益模型在我国资本市场的适用性，并发现其存在的不足，为后续剩余收益模型的拓展研究打下基础。

（2）拓展剩余收益模型理论与运用

我国引进剩余收益模型较晚，相关研究主要集中在介绍剩余收益模型、探讨剩余收益模型的具体应用、研究剩余收益模型对我国上市公司股票的解释能力三个方面。对于管理者、投资者或是相关参与者来说，企业的价值评估对其财务管理、投资决策提供了重要的理论依据，还为评估企业经营成果、国家宏观管理提供了主要参考依据。

从微观上看，剩余收益模型是企业并购重组和股权、证券交易的估值基础，可以用于投资项目的合理估值。由于公允价值的引入，综合收益的计算更加方便，负债的内在价值更加接近其账面价值，所以在利用剩余收益模型估计股票价值时，我们可以将净金融负债的价值默认为其账面价值，进而提高估值方法的合理性与有效性。邓宇龙、刘览（2013）运用剩余收益模型对贵州茅台的投资价值进行分析，合理评估了其股权资本价值，并得出未来五年企业价值增速将会放缓，但未来估值依旧可观，适合进行长期价值投资的结论。

从中观上看，剩余收益模型有利于对企业价值进行准确评估。企业价值评估的本质是在宏观经济形势下根据公司发展状况，对公司的总体发展能力进行评估。剩余收益模型为会计信息使用者提供了公司估值的方法，即利用上市公司公布的财务报表信息，把公司的股票价值、股东权益和未来收益三者联系起来，凸显公司的会计账面价值与股票内在价值的关系，了解企业的战略，主要的产品、市场，所处的行业及发展状况。对影响企业发展的内外部因素进行深入分析，为以后的财务预测奠定基础，使以后的财务预测有据可依。林海宁、马群（2017）在剩余收益模型的基础上，在企业经营过程中嵌入实物期权，利用二叉树期权定价模型，得到更具有实证解释力的公司价值评估模型；以碧桂园为例，分析模型的有效性，得出改进后的模型的实用性较强的结论。

从宏观上看，由于我国债券市场存在发展不平衡、债券的入市和退市机制不完善等缺陷，企业价值不能在市场上完整地体现，而剩余价值收益模型能帮助投资者或者第三方参与者对企业价值进行正确评估，有利于其做出理性的投资决策，从而维护金融市场的良性发展。当代学者根据实践需求，结合模型本身特性，对剩余收益模型进行了多方面的拓展，使剩余收益模型能更加适应复杂的市场环境。谭三艳（2009）从理论上分析剩余收益的概念并且对剩余收益估价模型进行了数学推导，分析了该模型目前在实际应用中面临的难题，最后利用改进后的杠杆财务分析体系预测剩余收益，以市净率为基础对剩余收益模型进行变形，解决一些模型运用中存在的问题，提高剩余收益估价模型评估的准确性。黄朔、赵银川（2010）使用1993—2007年139家我国上市公司的面板数据，通过计量手段对剩余收益模型进行实证检验。王河流、蔡淑琴（2014）通过建立收益分解模型，获取上市公司实时财务数据，产生预测数据，生成连续时间剩余收益函数，在此基础上建立了股票的连续时间剩余收益估值模型。

本书从公司权益估值视角，引入市场风险并构建风险因子调整的剩余收益模型（$RIM-\sigma^2$），根据不同净资产的风险属性，即净经营性资产承担经营性风险，净金融性资产承担金融性风险，进一步构建双因子风险剩余收益模型（OIDM－DRRIM），并在实证检验的基础上，构建资产优化配置模型。同时，基于产品生命周期理论，构建基于产品生命周期的多阶段剩余收益项目决策模型（PLC－RIMM），并通过赋值检验。在上述微观视角的剩余收益模型拓展的基础上，又从宏观视角补充构建了中国实体企业“脱实向虚”的测评指标，并检验中国实体企业“脱实向虚”的现状、特征等。本书的研究有效地拓展了剩余收益模型理论在中国的发展与运用。

1.3.2 实践意义

（1）有利于我国证券市场的健康、有序、良性发展

为了防止我国证券市场上股票价格的异常波动，确保整个股票市场价

格体系的正常运行，首先需要明确我国股票市场的泡沫有多大，只有这样才能更好地引导股市的资金流向并发挥证券市场的优化资源配置功能。在证券市场中，很多机构和个人投资者存在投机心态和羊群效应，必须让他们掌握正确的价值理论评估方式，走出思维误区，合理地评估企业的价值，以避免整个市场的混乱。通过对价值评估理论的研究可以得到我国证券市场基本情况的第一手数据，从而吸引广大投资者将手中的钱投向行业前景好、管理水平高、盈利能力强的上市公司，使整个证券市场中上市公司的素质得到提高，真正使中国证券市场成为优化资源配置的市场。激励企业改善经营管理机制，摆脱我国长期以来资本市场被认为仅仅是上市公司圈钱场所的不利局面，这不仅有利于我国证券市场的发展，而且提升了我国在国际资本金融市场中的地位。

（2）有利于倡导企业以价值创造为目标的经营理念

伴随着我国国民经济的发展，证券资本市场在我国的国民经济中也发挥着越来越重要的作用。随着中国的金融环境与整个社会经济的联系越来越紧密，我国在国际金融领域已经具有一定的竞争优势，很多经济活动，如海外上市、海外融资、公司的兼并收购、资产重组、项目投资等都需要对企业的价值进行合理的评估。企业的管理者了解企业目前的内在价值就尤为重要。价值管理强调在对企业进行管理的同时强化企业的内在价值，开发企业的潜在价值，鼓励企业家和管理者将此作为现代企业管理的新方向。通过制定适合企业的发展战略，实施有利于提高企业整体价值水平的行动，来提高企业的获利能力，最大程度增加公司股东的财富，为公司股东创造最大价值。在分析和评价公司价值的过程中，管理人员可以发现企业价值增加的真正动因，由此将这些优质资源更好地整合起来，优化选择，最终促进企业价值的增加。在并购以及反向并购过程中，收购方的正确决策是要建立在对被并购方的价值评估基础上的，要对被收购企业进行合理估值，在决定并购价格时还要考虑并购前后其他影响因素的变化情况，以此来衡量并购活动是否有利于增加股东财富，以及增加股东财富的驱动力是什么。此外，价值管理以及价值评估活动对企业管理层进行业绩考评有着重要的影响，通过考核企业价值的增加来对管理层进行激励或者惩罚，使股东和管理者将价值管理活动更好地纳入企业的薪酬管理体系中，让价值评估理论更好地为企业服务。

（3）有利于公司多元化经营发展战略的制定

近年来，日益复杂的实体经济环境使得越来越多的企业倾向于制定多元化经营战略来充分发挥企业内在优势，有效规避市场环境中的不确定风险。而企业实行多元化经营必然要将企业资源进行分散配置，以期在新行业中产生经济效益。这种资源配置在我国一些外经贸企业中可能会产生一个不良倾向，即资源配置过度分散。在这种分散的资源配置方式下，有限的企业集团资源难以保障每个领域都得到充分的资源支持，甚至难以维持在某一领域的最低投资规模和最低竞争投入。企业难以在各个领域内形成竞争力量，更不用说获得竞争优势，企业因此陷入“资源危机”。这时企业不仅不能发展或规避风险，反而可能加大经营风险。

一般来说，公司净资产基于投向可以分为净经营性资产和净金融性资产。这两种净资产所面临的风险属性是不同的，净经营性资产承担的是经营性风险，而净金融性资产承担的是金融性风险。作为公司多元化经营的决策者，在公司净资产一定的情况下，如何合理确定经营性投资与金融性投资的比例并做出最优的投资决策，成为亟待解决的问题。对我国资本市场经验数据的实证检验表明，OIDM - DRRIM 模型在我国具有非常好的适用性，公司经营决策者可以根据该模型计算出净经营性资产和净金融性资产之间的最优分配比例，进而做出使公司价值最大化的经营与投资决策，实现多元化经营战略的合理制定。

（4）有利于加强政府对企业实体的投资引导，促进我国实体经济高质量发展

金融是实体经济的血脉，为实体经济服务是金融的天职。“十三五”时期，我国金融业保持稳健发展，抵御风险能力增强；金融改革有序推进，金融对实体经济的支持力度加大，资金结构流向更趋合理，成为提升我国经济竞争力的有力支撑。资本流向很大程度上依赖机构投资者对行业或项目的盈利分析以及未来发展潜力的预测，这些都离不开对项目企业内在价值的合理估值。市场也在不断释放一些利好信号：一方面，中美贸易战持续升级，我国外贸依赖度较高的行业投资趋于谨慎，出口转内销的政策导向将引起国内市场消费的新一轮增长；另一方面，国家大力发展新基建，不同于以往的“铁公鸡”项目，目前重点放在 5G 基建、工业互联网、特高压、城际高速铁路和城际轨道交通、新能源汽车及充电桩、大数据中心、人工智能等七大领域。大量投资机遇的出现更加需要政府加强对投资者价值投资的引导，更加需要投资者树立价值投资理念。在全球经济预期悲观、国内经济“脱实向虚”的背景下，合理和准确的项目估值能够极大地增强投资者对实体经济的信心，在一定程度上减缓我国实体经济金融化的趋势，唤醒实体投资趋于向好态势的内在动力，拉动我国经济长期可持续发展，促进我国实体经济高质量稳定发展。

（5）有利于我国营商环境的改善和发展

好的营商环境好比阳光、空气和水，在企业发展中不可或缺，优化营商环境更是增强一个国家、地区、城市核心竞争力的关键所在。我国营商环境优化的促进作用主要体现在以下三个方面：第一，“获得信贷”的难易程度是世界银行评价一个国家营商环境优劣的指标之一。2020 年 7 月国务院办公厅印发的《关于进一步优化营商环境更好服务市场主体的实施意见》中明确提出，鼓励商业银行支持中小企业以动产或权利进行担保融资，通过对企业的合理准确估值，可以在保障商业银行自身权益的同时大幅提高信贷发放的效率；第二，中美贸易摩擦使得我国外贸产业的发展前景增加了诸多不确定性，可靠的项目或企业内在价值评估有利于我国外资外贸企业投资和经营的新一轮繁荣，减少政策或行业层面对跨境贸易的各项限制；第三，估值体系的进一步发展，尤其是对我国资本市场适用性的进一步提高，有利于有关部门对整体行业或市场繁荣程度的把握，进而促进政策评估制度的建立健全，完善优化营商环境的长效机制。投资环境的优化会促进营商环境的改善，营商环境的改善又会直接促进招商引资的增加，而估值模型的研究有助于其达成良性循环，促进我国经济长期平稳向好运行。

1.4 研究内容和研究框架

本书在对 Feltham – Ohlson 系列剩余收益模型进行系统阐述的基础上，首先，对 Feltham – Ohlson 系列剩余收益模型在中国资本市场进行实证检验。选用 2001—2018 年中国资本市场上 A 股上市公司的样本数据，检验 Feltham – Ohlson 系列剩余收益模型在中国 A 股市场上的适用性。其次，基于现有的 Feltham – Ohlson 剩余收益模型的不足，引入单因子、双因子等不同变量对剩余收益模型进行拓展研究，并构建出单因子、双因子等系列改进模型。在检验系列改进模型的基础上，利于中国资本市场数据进一步检验其有效性与适用性。再次，从企业的微观和实体经济的中观与宏观视角，基于改进后的系列剩余收益模型，构建企业价值决策和实体经济“脱实向虚”的评价体系。最后，在剩余收益模型的理论综述与运用拓展的基础上，对其未来的发展提出展望。

本书的研究框架设计为：

第 1 章主要介绍本书的研究背景、研究依据与研究范畴、研究意义、研究内容和研究框架，以及研究方法和创新点。

第 2 章对国内外有关权益价值的评估研究文献，从理论研究和实证研究两方面进行综述。通过了解相关企业价值评估理论的现状及研究重点，帮助理解本书重点研究的剩余收益模型。

第 3 章重点对奥尔森三种不同形式的线性信息动态剩余收益模型进行理论分析，并在此基础上分别设计出三种模型的检验形式，为下一章的实证分析打下理论基础。

第 4 章基于中国市场数据对 Feltham – Ohlson 模型的线性信息动态假定进行实证检验。采用 2001—2018 年的 A 股上市企业作为研究样本，对奥尔森模型的三种不同形式的线性信息动态方程以及估值回归方程进行实证检验研究。实证结果表明 Feltham – Ohlson 模型在中国 A 股市场上具有一定的适用性，但三种不同形式的线性信息动态方程及估值方程的适用程度并不相同。另外，本章还对 Feltham – Ohlson 模型对股票价格的解释能力进行实证研究。

第 5 章针对剩余收益模型在中国市场适用性的不足以及模型的固有缺陷，对剩余收益模型进行理论上的改进研究。首先，分析了目前已有的关于剩余收益模型的改进研究；其次，基于一般形式的三阶段剩余收益模型，通过分析与推导，构建出单风险因子剩余收益模型（$RIM-\sigma^2$ 模型）；最后，将 $RIM-\sigma^2$ 模型与其他三阶段剩余模型进行理论上的比较。

第 6 章基于中国市场数据对本书提出的 $RIM-\sigma^2$ 模型进行实证分析。为了比较 $RIM-\sigma^2$ 模型的相对优越性，还将 $RIM-\sigma^2$ 模型与 $TSSV-\theta$ 模型进行实证比较分析，总体上 $RIM-\sigma^2$ 模型在理论上和实证上都有较大的改进。

第 7 章基于样本的历史数据从实际运用的角度在总体上对 $RIM-\sigma^2$ 模型进行了实证研究，同时选择有代表性的个股进行分析。结果支持 $RIM-\sigma^2$ 模型的在中国市场的适用性，并具有较好的运用价值。

第 8 章将市场风险的单风险因子拓展为经营风险和金融风险的双因子，并构建双风险因子的剩余收益模型，运用同样的样本数据检验双因子模型的适用性和普适性。

第 9 章基于生命周期理论，将剩余收益模型从理论上拓展为多阶段的剩余收益模型，通过数据验证，提升剩余收益模型的决策价值。

第 10 章从前面章节的微观视角，进一步拓展到中观和宏观视角，构建实体企业“脱实向虚”的评估模型，并检验、分析与评价我国实体企业的“脱实向虚”现状。

第 11 章对本书的研究结论进行分类总结，提出本书的研究不足，对剩余收益模型未来的研究进行展望。

1.5 研究方法和创新点

本书的研究方法是基于实证分析与理论演绎相结合的研究方法。模型的选择、新模型的构建及推导、样本的选择、对结论的分析采用理论演绎和规范研究方法，为新模型的构建及运用打下了坚实的理论基础。对奥尔森剩余收益模型的选择和运用，以及新构建模型在总体和个股运用方面的研究，以实证分析和理论研究为主，同时结合规范分析。实证研究方法在数据上给我们支持，而理论研究给予我们理论上的指导。

本书的创新点主要有：

第一，实证检验了 Feltham – Ohlson 模型三种不同形式的线性信息动态方程及其估值方程。实证结果表明，Feltham – Ohlson 模型在中国 A 股市场上具有一定的适用性。

第二，引入单风险因子，构建新的 RIM – σ^2模型，用一种方式来刻画风险因子对价值评估的影响，弥补现有剩余收益模型对风险因素考量的不足。所引入的风险因子将作为模型的一个线性变量，这在很大程度上方便了实证的分析与应用，体现会计信息的有用观。

第三，将净资产划分为净经营性资产和净金融性资产，并引入经营性风险和金融性风险，构建双风险因子模型（OIDM – DRRIM），进一步实证检验 OIDM – DRRIM 的适用性，从公司价值最大化目标出发，得出了企业关于净经营性资产和净金融性资产的最优比例关系。

第四，引入产品生命周期理论，构建基于产品生命周期的多阶段剩余收益项目决策模型，拓展剩余收益模型的理论研究。基于参数赋值检验，补充了项目投资决策模型理论，有利于提升项目决策效益。

第五，将微观的剩余收益模型理论引入中观甚至宏观。基于企业价值最大化目标，创造性地构建“脱实向虚”的评估模型，并进一步分析了中国国有企业和非国有企业的“脱实向虚”现状。

综上，本书从微观、中观和宏观的角度，并从会计指标、市场风险、经营风险和金融风险角度，分别构建项目决策、企业权益价值估值和中国经济评价“脱实向虚”评价指标等剩余收益系列模型，拓展了剩余收益模型的理论与运用研究。

2 文献回顾

2.1 价值评估理论

2.1.1 价值评估理论的发展

西方的资本市场发展比中国早很多，到目前为止，绝大多数的权益价值评估理论起源于西方国家。美国著名经济学家 Irving Fisher 于 1906 年出版的《资本与收入的性质》是企业价值评估的开端。Irving Fisher 提出资本能为未来带来收益，所以预期收益的折现值就是现在资本的价值。他以此为基础又提出所拥有财富的价值都来源于这种能产生预期货币收入的权利，从而使资本的价值能够通过对未来预期收入折现后获得。之后，Irving Fisher（1930）在《利息理论》一书中提出了净现值法，即企业预期收入的折现值为企业当前价值。净现值法，是现代价值评估的根基，且为大家广泛应用。但这套理论将折现率视为无风险利率，不符合实际的情况。

有多名学者从不同的视角完善净现值法。美国著名的投资学家 Benjamin Graham（1934）站在企业整体角度，将企业内在价值分为动态与静态两部分，静态是企业各项资产价值相加，动态是企业将来的预期收益，企业价值分析法因此产生。John Burr Williams（1938）得出了股票内在价值的计算方法，即每年股息收入现值之和就是股票的内在价值。这就产生了股利折现模型（ Dividend Discount Model，DDM），同时也是折现现金流的概念的基础。股利折现模型获得了财务领域以及金融领域的广泛应用。股利折现模型从股东的角度考虑，认为公司股票的价格就等于未来各期公司所支付的股利折现之和。这就将公司价值与公司所发放的股利这一财务数据联系起来。Gordon（1963）根据股利折现模型构建了后来有名的高登模型，即固定股利增长率的股利折现模型。John Burr Williams（1938）的模型无法对未来的股利进行预测，高登模型弥补了这一不足。假设公司的股利是按照固定比率增长的，公司的股票价值等于公司预期下一期的股利贴现得到的结果。股利折现模型的意义就在于，它将估值的对象直接指向内在价值，通过对公司经营业绩的推断来估算股票内含的未来收益，并对现期的投资决策提供有价值的决策依据。

之前的研究大多没有考虑其他因素对企业价值评估的影响，而美国经济学家 Franco Modigliani 和 Mertor Miller（1958）将税收等因素的影响考虑在内，明确提出企业筹资方式的不同会带来融资成本的差异，从而影响企业价值，得出价值创造与融资决策具有一定的关联的结论。同时，他们将不确定性的假设增加到企业价值评估系统中，主要体现在折现率与企业所面对的市场风险程度是正向相关的，使通过预计现金流折现估计出的企业价值更符合当时的市场环境。这一理论在《资本成本、公司理财和投资理论》中被其定义为 MM 理论。William F. Sharpe（1964）在《金融》一文提出了资本资产定价理论（CAPM）。William F. Sharpe 进一步研究了收益和市场风险的关系，并提出了资本市场和资产之间的风险相关性可以衡量企业资产的收益能力。由此，MM 理论和 CAPM 模型成功地将早先的企业价值评估理论和身处市场大环境下的企业价值有机结合，对企业价值评估的实践具有很强的历史意义。之后，Stephen A. Ross（1976）完善了资本资产定价模型，提出套利定价理论（APT）。他认可预期收益和市场风险之间的正相关关系，重点解决了资本化率确定的问题，使价值评估中的操作性与便利性得到提升。

Fisher Black 和 Myron Scholes（1973）在《期权和债务的定价》中提出了 B－S 期权定价模型，可以用来估计未来走势不容易确定的期权价值（例如股票、债券以及货币等），得到较为准确的估计值。这样投资者能够更加容易发现企业在以后经营过程中潜在的获利机会。Stewart Myers（1977）提出实物期权的概念，指出一个投资方案能创造出由目前拥有的资产产生的利润和通过选择将来投资机会而产生的利润。实物期权在开始时应用于金融领域，之后在企业的价值评估中得到广泛应用。

美国教授 Alfred Rappaport（1986）将现金流分为了企业自由现金流和股东自由现金流，利用 CAPM 模型确定股东自由现金流，同时根据加权平均资本成本，通过建立自由现金流预测模型，得到企业价值评估模型。Tom Copeland、Tim Koller 和 Jack Murrin（1994）也提出，与股利相比，对公司股票进行估值，更应当采用公司自由现金流量指标进行折现。他们首先预测出超常成长及其终止年度后的公司自由现金流量，再利用 Gordon 的二阶段成长模式及加权平均资金成本（WACC），将预测的公司自由现金流量进行折现得到现值，再将公司未来自由现金折现值之和扣除负债价值，得出股权价值。

James A. Ohlson（1990）提出了一种基于账面价值和未来收益的估价模型——剩余收益评估模型（Residual Income Valuation Model，RIM）。因为其他学者在以前也参与了这一理论模型的研究，如 Edgar O. Edwards 和 Philip Bell（1961）等，所以 Bernard（1994）将此模型称为 Edward - Bell - Ohlson 模型（EBO 模型）（本书后续的 RIM 和 EBO 均指剩余收益模型）。

美国学者 Joel Stern 和 G. Bennett Steward（1982）提出反映公司资本成本和资本效益的经济增加值（Economic Value Added，EVA），即扣除所有资金成本后的资本收益。该法将经济学和管理学相结合，以股东利益最大化为目标，考虑了带来企业利润的全部资金成本。该法在国外风靡一时，成为评估企业价值的基础工具之一。Stephen F. O. Byrne（1996）验证了企业的市场价值通过 EVA 体现比通过税前净利润体现更好。

2.1.2 价值评估理论的改进

早在 20 世纪初期，欧美发达国家对企业价值评估展开了研究。而我国学者对这方面的研究起步较晚，很多的研究结果也都是建立在外国学者的研究成果之上，是在西方学者提出的价值评估理论的基础上做出的模型改进。

基于现金流折现模型，张先治（2000）首先提出，以现金流为基础，企业预计资本收益的现值即为企业价值，并说明了企业价值的内涵和现金流量价值评估的基本规律，进一步简要介绍了各个参数的计算方法。李延喜、张启銮和李宁（2003）在现金流评估的基础上，考虑了动态波动性、财务风险变化对企业价值评估的影响，完善了部分缺陷，构建了新的以动态现金流量为基础的企业价值评估模型。他们着重指出了现金流量折现模型在实际运用中的困难。因为现金流预测、折现率的计算确定、评估期间等这些主观设定的因素会影响企业最后的价值评估，他们提出用动态现金流量来评估企业价值的评估模型的基本框架和内容。除此之外，通过把自由现金流量模型和价值链结合起来，能够实现财务与经营相互融合（刘淑莲，2004）。

基于实物期权模型，廖理、汪毅慧（2001）对传统企业价值评估方法的不足进行了分析，通过灵活性期权和成长性期权的概念解释了企业的实物期权价值。

基于剩余收益模型，刘浩和张人骥（2002）认为企业价值评估应与会计信息相结合，因此结合了杜邦财务分析体系和剩余收益模型，重新建立了剩余收益比率估价模型 RIR。赵志君（2003）在奥尔森模型的基础上提出了内净率（内在价值与净资产的比率）决定模型，并利用2000—2002 年 895 家上市公司的样本，选取净资产收益率、综合资本成本、分红政策以及剩余收益的存续期等指标对内净率的影响进行了回归分析。根据回归和分析结果，同时比较了市净率和市盈率，我国上市公司的实际股价大大超过其相应的内在价值，特别是 ST 类公司表现得更为突出。赵志君（2003）在文章中指出，我国的股票市场正在经历具有政策性、结构性特点的调整，决定了这一中国特色调整过程的长期性。遗憾的是，赵志君学者的文章没有考虑其他会计信息或非会计信息可能对股价产生的影响，因此，其研究结果只能作为一种 Ohlson 模型价值衡量的特殊方式，缺乏一般性和普遍性。针对中国房地产行业特点，张启銮、刘倩倩（2009）对剩余收益估值模型进行改进，结果表明，新剩余收益模型克服了原模型取值不确定的缺点，提高了模型的实际应用性和对企业价值的解释能力。

2.1.3 价值评估理论的比较

经过多年的发展，价值评估理论已形成一套十分成熟的体系。不同的价值评估理论有不同的优劣势，因此很多学者就价值评估理论的比较展开了研究。

一些学者研究的是两种模型之间的比较。

首先是经济增加值模型与剩余收益模型之间的比较。田志龙和李玉清（1997）在介绍 EVA 模型、EBO 模型的同时，检验比较了这两个模型的优劣势，并针对我国的实际情况指出了这两个模型的实际运用价值。

其次是现金流贴现模型与剩余收益模型之间的比较。Thomas Plenborg（2002）在研究中发现，当简化评估企业价值模型时，估值结果会出现误差，而剩余收益模型相比现金流贴现模型更能准确地评估企业的内在价值。廖俭（2013）在研究剩余收益模型时指出，相比现金流折现模型，剩余收益模型具有三方面优点：第一，以企业的财务报表原始财务信息为计算基础，没有对财务信息进行大幅度调整，也没有改变企业会计核算方法。倘若对财务信息进行大幅度调整，会影响评估公司最后的估值结果。第二，将评估期限进行了优化，增加了其计算的可靠性。第三，许多学者从实证角度有效证明了该模型的优越性。Thomas Plenborg（2002）和廖俭（2013）都得出了相同的结论：剩余收益模型比现金流折现模型更准确、更优越。

最后是股利折现模型与剩余收益模型的比较。比较结果为：股利折现模型站在利益分配角度评估企业价值，而剩余收益模型从创造利益角度对企业进行评估。股利折现模型的应用广泛与其公式本身的简单性有很大的关系（王丽南，2008）。该学者对这两个模型进行了深入比较，介绍了各自的优缺点，但是并没有放在实践中去比较，缺乏一定的说服力。也有学者认为这两种模型的预测能力没有实质性变化。袁明哲（2005）提出虽然股利折现模型的预测能力很低，但是超常收益模型的预测能力并没有实质性提高，同时现阶段所使用的预测方式和手段都只是短期，对无限多的远期变量则无能为力，而这些远期变量可能构成企业内在价值的绝大部分。袁明哲在文章中首先提出了“生成函数”的概念，在此基础上建立了生成函数现值模型并通过实证检验证明其优越性。

另一些学者研究的是三种及以上模型之间的比较。

李强、杨丽娟（2004）以西南药业作为研究对象，分别运用自由现金流贴现法、资本资产定价法和市盈率法进行价值评估，其研究结果认为市盈率法的表现最好，用市盈率法计算出来的股价更贴近于实际股价。王桂梅（2011）通过主要的股票价值评估模型的对比分析，得出了四点主要结论：第一，在股票价值评估方法中，收益法与成本法、市场法相比其重要性将进一步提高。第二，在收益法中，剩余收益估值模型是以净利润减去权益性资本成本的差额为基础进行企业价值评估，其结果由企业资产负债表中的股东权益账面价值和未来超额利润的折现值两部分构成，因此，该模型具有一定的优越性。第三，收益法中的股利折现模型、自由现金流量折现模型和剩余收益估值模型在理论上有相同之处。第四，剩余收益模型与股利折现模型和自由现金流折现模型相比，具有所需要的未来数据的预测精度相对较高且预测对象有限期间内对终值的依赖度较低等优势。林海宁、马群（2017）在《时代金融》发表的一篇文章中指出，将财务数据应用到剩余收益评估模型中，对公司股票的价格有很好的解释力度。Stancu 等人（2017）通过比较不同的企业价值评估方法（包括自由现金流折现模型、剩余收益估值模型、EVA 模型，成本法、市场法）来探究模型假设和检验模型计算结果的等价性，结果表明在这些企业价值评估模型中，剩余收益估值模型得出的结果最准确。

2.2 剩余收益模型

2.2.1 剩余收益模型的发展

伴随着信息观的出现和发展，人们更加重视股票的内在价值的研究，于是开始探索这样一个问题，即市场是如何把会计信息转换到股票价格之中的呢？研究者们期望设计一个模型来解决这个问题，于是产生了使用会计变量来反映公司价值的计价观。用计价观来反映会计盈余的数字本身并不能直接反映企业的内在价值，但研究者们发现会计盈余与上市公司股票价格之间存在某种关系，通过这种关系可以构建出估值模型，利用该模型可以测算出公司目前的权益内在价值，将计算出的股票应该有的价值与当前的股票价格进行比较，就可以看出股票价格是被低估还是高估了，从而做出买入股票或者卖出股票的决策，以此来判定会计信息的有效性以及资本市场的有效性。

财务信息对公司的绝对估值是有重要作用的，如何利用财务会计信息，同时结合行业类型以及宏观经济的走向对公司权益的内在价值进行评估就显得非常重要。因此，对模型的设计就显得尤为重要。理论界的学者希望把会计数据同 John Burr Williams 设计的股利折现模型联系起来，通过这种方式建立模型测算公司权益的内在价值，以此来建立计价观的模型。Peasnell（1982）等学者提出了清洁盈余即净剩余关系假设，利用权益资本报酬率等变量指标来替代未来期间不可预测的股利变量，由此得到公司的价值就等于公司权益的账面价值与未来的超常收益折现的加总，这个模型就是剩余收益模型（EBO 模型，或 RIM 模型），即超常收益模型。这个模型的建立对利用财务会计信息对公司价值进行评估具有重要的历史意义。传统的研究观点认为会计数据是历史数据，不能推导得到公司的价值，或者得到的公司价值与公司的未来价值无关。但是后来的研究表明，在满足一定的条件下，会计上的收益率与经济收益率在一定条件下是可以相互替代的，会计信息和经济价值之间有一定的相关数量关系，由此我们通过会计盈余的信息能够在一定程度上计算得到公司的内在价值。但是，Peasnell 的研究都没有解决剩余收益估值模型中存在无法估计的误差项问题，导致该模型在实践应用中受到限制。

在 Peasnell 的基础上，James A. Ohlson（1995）对模型中的变量进行

了大量的变换，一改以往模型中无法使用会计数据的弊端，提出了能直接利用会计数据的剩余收益估值模型。这被看成是剩余收益估值模型从古典向现代的一个转变，也是剩余收益估值模型从理论走向应用的标志。在Feltham – Ohlson 模型出现之前，James A. Ohlson 的许多研究成果在理论上有较好的铺垫作用。Garman 和 James A. Ohlson（1980）指出了之前的DDM 模型、CAPM 模型中的不合理之处以及在实证中无法实现的过于苛刻的假设。Garman 和 James A. Ohlson 在他们的研究中从七个假设着手，推导出了由预测股利所构成的线性动态价值评估模型，同时指出公司内在的权益价值应该是由未来的盈利所决定的，未来的现金流入折现就是目前公司合理的内在价值。此后，James A. Ohlson（1989、1990）的文章中都指出，不应当将会计收益等财务指标仅仅作为一种传递公司价值的信号，而应当将反映公司财务盈余的会计收益等指标作为明确的与公司价值相关的变量，引入到财务模型当中，并且作为评价公司财务价值的决定性指标。此外，奥尔森也分析了信息观的理论局限性。他认为有效的公司价值评估模型应当将关键的财务指标与公司价值联系起来，只有以现在和未来的股利作为评价价值的主要指标才有意义，才可以作为研究的基础。目前理论的局限性主要表现在部分财务估值模型以公司财务盈余作为公司价值的变量决定指标，部分财务模型又以当前和预测的现金流入作为公司价值的变量决定指标，无论是公司财务盈余还是现金流量都用来代替股利折现模型当中的股利变量，而有些模型并没有引入任何与股利相关的其他财务指标。

James A. Ohlson（1995），Gerald A. Feltham 和 James A. Ohlson（1995）以及 Gerald A. Feltham 和 James A. Ohlson（1996）是对以后的会计实证研究意义重大的最主要的三个剩余收益模型，即 Feltham – Ohlson 系列收益模型，这些模型的出现成为公司价值评估中的经典理论。Gerald A. Feltham 和 James A. Ohlson 在股利折现模型的基础上，提出了剩余收益的概念，利用线性信息动态模型对公司权益的内在价值进行评估，顺利地解决了对未来无限期间的预测问题。这个方法的提出，是估值模型发展的一个重大进步，得到了理论与实证会计领域很高的评价，是资本证券市场中的一项非常重要的研究成果，在整个财务会计和金融研究领域均具有重要的意义和价值。

2.2.2 剩余收益模型的拓展与改进研究

以下学者在对古典剩余收益模型研究的基础上，针对模型的拓展和演变提出新的观点。

Myers（1999）的研究首先对古典剩余收益模型进行总结，在此基础上提出了在使用 Ohlson 模型时要保持该模型内在参数的一致性。他在论文中构建了四种线性信息动态化模式，针对四种模式进行实证检验，结果发现，通过 LID 回归计算得到参数，再利用这些参数去计算估值方程的系数，与直接对奥尔森估值方程进行检验得到的参数是不一样的，两者很不一致。运用 LID 回归计算得到的系数对权益价值进行估值，将高估账面资产。另外，Myers 也在模型中增加了其他信息变量，但这些变量对剩余收益的解释能力非常弱，由此导致了模型对股票价格的解释能力降低了很多。Myers 认为，这可能是由于其他信息的加入使得模型内参数的关系变得更加复杂甚至产生内生性问题。Myers（1999）利用美国 1975—1996 年的数据检验了四种形式的线性信息动态方程（由简单到复杂、由静态到动态），其结果基本支持这些动态方程。

Morel（2003）针对 Ohlson 的剩余收益模型的研究发现，在两个参数，即资本成本和公司价值确定的情况下，信息动态化的假定前提中的参数间的关系并不是线性的，此时只有使用非线性的方法进行回归才能得出预期的结论。Morel 用时间系列方法通过非线性回归后得出结论，认为 Ohlson 模型中的参数存在内在的不一致性，根据统计数据直接回归计算得到的估值模型与依据线性信息动态方程假设回归计算出来的估值模型两者间存在显著的差异。

张人骥、刘浩、胡晓斌（2002）将杜邦分析体系应用于原有的剩余收益估值模型，在原先理论的基础上，建立了一个不一样的剩余收益模型。该模型将预测剩余收益分解为更加直观的财务指标，优点是避免了在评估过程中人为的主观性，提升了评估的准确度，也进一步提升了该模型的实用性；缺点是精确度取决于财务指标的相关性和可靠性。

王河流、蔡淑琴（2014）通过构建基于连续时间的剩余收益估值模型，拓展了权益估值模型，从会计盈余视角解释了股价连续波动走势。该模型提高了股票估值的准确性与时效性，能够从会计盈余视角对股价短期波动走势做出理论解释与合理预测。

Ku 等（2016）将剩余收益估值模型与 VAR 等模型相结合，探究其预测结果的准确性。研究表明，随着预测时间的延长，预测结果的精确度越来越高。而 Gao 等人（2019）将传统的剩余收益估值模型进行了重新构建，使其成为股利折现模型和基于收益的价格多重模型的混合模型，并对该“混合”价值评估模型进行实证研究。混合模型有效地将股票价格和更真实的增长率假设相结合，且其隐含的权益成本更适合发现系统风险和关键的特质风险。研究结果表明，用“混合”价值评估模型计算出来的内在价值比普通折现模型计算的结果更精确。

2.2.3 剩余收益估值模型的实证研究

目前有关剩余收益模型的研究结果主要是基于 Ohlson（1995），Gerald A. Feltham 和 James A. Ohlson（1995）以及 Gerald A. Feltham 和 James A. Ohlson（1996）三种剩余收益模型。针对经典的剩余收益模型的研究，学者们主要从模型提出的假设入手，完善了模型当中提出的假设前提和条件，同时检验了剩余收益模型在不同市场中的适用性等，从而为后来的研究做了铺垫。针对线性信息动态过程的剩余收益模型的研究，在形式上主要包括对估值变量的回归拟合和线性权益估值方程两部分。从研究内容来看，一部分学者对线性信息动态过程的回归，主要集中在估值变量是否稳定、估值模型选取时内在变量是否一致以及有关其他信息含义的拓展性研究等问题上，而另一部分学者更多将资本市场的数据代入检验来进行实证研究。

（1）是否满足线性方程

Patricia M. Dechow，Amy H. Hutton 和 Richard G. Sloan（1999）为了简化最初的股利折现模型在实际当中对未来预测的使用，提出了剩余收益和其他影响剩余收益的信息，比如净资产等在时间序列上是线性相关的这一假设，这样就可以基于当期的剩余收益等财务变量来预测下一期的会计指标，从而避免了使用股利折现模型时对未来收益预测的困难。在对假设的检验方面，Patricia M. Dechow，Amy H. Hutton 和 Richard G. Sloan（1999）进行了规范的理论与实证研究。

①模型基础及变量选取。

检验模型为 Ohlson 的线性信息动态模型。表达式如下：

$$
\begin{aligned}
x_{t+1}^{a} &= \omega x_{t}^{a} + v_{t} + \varepsilon_{1t+1} \\
v_{t+1} &= \gamma_{0} + \gamma_{1} v_{t} + \varepsilon_{2t+1} x_{t}^{a} v_{t} f_{t}^{a} \\
v_{t} &= f_{t}^{a} - \omega x_{t}^{a} \\
f_{t}^{a} &= f_{t} - rb
\end{aligned}
\qquad (2-1)
$$

式中：x_{t}^{a} 代表当期剩余收益；v_{t} 代表其他的信息含量；f_{t} 是分析师对公司未来收益的预测值；f_{t}^{a} 是利用分析师对未来收益的预测计算得到的剩余收益；ω 是回归系数；ε 是随机变量。

②拓展模型和控制变量的选取。

Patricia M. Dechow，Amy H. Hutton 和 Richard G. Sloan（1999）在拓展研究部分，从经济学的角度分析了影响盈余持续性的原因，所使用的模型为：

$$\chi_t^a = \omega_0 + \omega_1\chi_{t-1}^a + \omega_2(\chi_{t-1}^a q1_{t-1}) + \omega_3(\chi_{t-1}^a q2_{t-1}) + \omega_4(\chi_{t-1}^a q3_{t-1}) + \omega_5(\chi_{t-1}^a div_{t-1}) + \omega_6(\chi_{t-1}^a ind_{t-1}) + \varepsilon_t \quad (2-2)$$

$$\omega_t = \omega_1 + \omega_2 q1_{t-1} + \omega_3 q2_{t-1} + \omega_4 q3_{t-1} + \omega_5 div_{t-1} + \omega_6 ind_{t-1}$$

式中：q1 代表剩余收益的水平，取值为当期剩余收益/前一期的账面净资产的绝对值；q2 代表非正常项目的水平，取值为当期非正常盈余/前一期账面净资产的绝对值；q3 代表经营性应计的水平，取值为当期经营性应计/前一期账面净资产的绝对值；div 代表股利发放的多少，取值为股利支付比率（股利/当期净利润）；ind 代表公司所处的行业，取值来源于 SIC 行业编码；ω_τ 代表以上五个控制变量所影响的总体结果。

③样本选取及研究结果。

Patricia M. Dechow，Amy H. Hutton 和 Richard G. Sloan（1999）三位学者从 COMPUSTAT、CRSP、I/B/E/S 三个不同的数据库分别选取了有关的会计数据、股票回报、分析师预测等数据，选取了 1976—1995 年美国上市公司共计 50133 个观测值进行实证分析，检验了线性信息动态方程中各变量对估值方程实用性的影响，检验了“其他信息”所代表的价值含义。为了简化研究过程，在计算剩余收益时所使用的权益收益率为美国股票长期平均报酬率 12%。

对线性信息动态模型的回归分析表明，剩余收益这个财务指标随着时间的推移是基本存在线性相关关系的。当前期的剩余收益与后期的剩余收益显著相关，模型（2－1）的解释能力为 34%。研究发现，在检验了之前四期的剩余收益模型后，前一期的剩余收益解释能力是最高的。虽然模型（2－1）只包括了前一期的剩余收益，但是解释能力要高于模型（2－2）。对模型（2－1）“其他信息是否存在线性相关关系”进行检验，发现当前期的其他信息变量可以解释后一期其他信息含量的 8%，虽然解释比例较低，但仍然是显著的，相关系数 γ_1 为 0.3。大多数学者在利用剩余收益模型进行实证检验的时候选取的系数假设 γ_1 取值为 0 或者 1。Patricia M. Dechow，Amy H. Hutton 和 Richard G. Sloan（1999）得出的结论是这种假设过于简单，以后的研究可以探讨选取其他的假设方法。

Patricia M. Dechow，Amy H. Hutton 和 Richard G. Sloan（1999）基于信息动态方程下的剩余收益模型，探索了将奥尔森剩余收益模型运用到实践中的方法，并且提供了对系数的估算方法。通过运用不同系数的不同的组合，对会计数据进行实证检验。在这三位学者的研究中，检验结果基本支持线性信息动态方程，之前的假设得到证实。但是模型的整体解释能力并不强，各系数的理论值与实际值之间尚存在一些差异。同时得到了其他影响盈余持续性的因素，使得权益价值评估模型的准确性得到了提高。此外，较清晰地分析了线性信息动态特征，将分析师对未来超常收益的预测引入了模型当中，使模型的解释力提高。

（2）估值变量的稳定性

后来很多学者大都利用不同的数据对 Feltham - Ohlson 模型进行实证检验。主要选择美国证券市场上的数据，主要原因是可以获得较长年限、比较稳定的数据。Daniel W. Collins，Edward L. Maydew 和 Ira S. Weiss（1997）就是早期利用该模型在美国证券市场上进行检验的学者，并且得到了一些有价值的结论。

①模型基础及变量选取。

Daniel W. 等（1997）在研究中使用的模型是修正后的奥尔森剩余收益模型：

$$p_{it} = a_0 + a_1 E_{it} + a_2 BV_{it} + \varepsilon_{it} \tag{2-3}$$

式中：E_{it}代表第 i 个企业第 t 期每股收益；BV_{it}代表第 i 个企业第 t 期账面净资产；a_0、a_1、a_2 代表待检测系数；ε 代表随机变量。

研究中主要的创新点还在于实证研究了变量的增量解释力，单独分析了每股收益和每股净资产的解释能力以及合并解释能力。具体所用的模型为：

$$P_{it} = \beta_0 + \beta_1 E_{it} + \varepsilon_{it} \tag{2-4}$$

$$P_{it} = \gamma_0 + \gamma_1 BV_{it} + \varepsilon_{it} \tag{2-5}$$

在具体的研究方法上，在分别对模型（2-3）、模型（2-4）、模型（2-5）进行回归的基础上，分别定义三个模型的解释力为 R1、R2、R3。将 R1、R2 作为每股收益的增量解释力大小；将 R1、R3 作为账面净资产所产生的增量解释力大小；将 R1、R2、R3 作为代表账面净资产和每股收益共同作用所产生的联合增量解释力大小。

②样本选取。

Daniel W. 等（1997）在实证分析中选取的样本来自 1953—1992 年美国股票交易所（American Stock Exchange）、美国纽约股票交易所（New York Stock Exchange，NYSE）以及纳斯达克证券交易所（NASDAQ）的数据。剔除了平均每股收益、净资产账面价值以及股票交易价格等缺失的数据，并且剔除了全部资产和公司净资产小于零的上市公司。由于之前学者的研究显示，每个财务年度结束后的第三个月是公司财务报告中所揭示的财务信息充分释放的时间，所以选取的股票价格是公司财务年度结束后第三个月的股票价格，最终获得了115154个观测值。

③研究结果。

考虑到时间序列的因素，Daniel W. Collins（1997）将40年的全部样本按时间的序列分为四组（见表2－1），每十年一组（1953—1962年、1963—1972年、1973—1982年和1983—1992年），从而可以观察到随着时间的推移，净资产和财务收益水平对股票价格解释能力的变化。总体结果显示，在考虑每股收益和每股净资产后，从上述模型中可以发现，包括每股收益和每股净资产的整体模型的解释能力随着年份的增加逐渐增强，四个时间段解释能力依次为50%、51%、60%、75%；每股收益对股票价格的解释能力在过去的40年里，随着时间的推移分别为49.9%、49.8%、55.5%、56.7%；每股净资产的账面价值随着时间的增加也是逐渐增强的，但是每股收益的解释能力不如每股净资产单体模型的解释能力强。

表2－1　Collins的主要回归结果

时间	平均公司数量（个）	(A) $AdjR^2$	(B) $AdjR^2$	(C) $AdjR^2$	(A)－(C)	(A)－(B)
1953—1962年	4443	0.502	0.499	0.203	0.299	0.004
1963—1972年	16595	0.511	0.498	0.300	0.212	0.014
1973—1982年	38859	0.604	0.555	0.492	0.112	0.049
1983—1992年	55252	0.754	0.567	0.684	0.070	0.188
合计	115154	0.536	0.455	0.466	0.070	0.081

另外，Jiang和Lee（2005）利用美国年度标准普尔（S&P）指数和年度指数数据对奥尔森剩余收益模型进行单位根的实证研究。研究结论显示，公司发放的股利大小、剩余收益、公司合并商誉等变量随着时间序列的延伸并不是稳定的。

（3）外生变量对估值模型的影响

在公司价值评估模型的应用过程中，账面价值和收益水平等内生变量的作用固然重要，但是资本市场是宏观经济的重要组成部分，宏观经济政策和外部因素，如通货膨胀水平、市场的系统性风险与非系统性风险、会计监管、税收等也会对公司的价值产生影响。因此，在剩余收益模型当中对收益率、贴现率的选择就应当考虑到通货膨胀的因素，在实际实证研究过程中进行相应的调整。

Ritter 和 Warr（2002）的实证研究表明，由于不能够正确地反映通货膨胀水平，奥尔森的剩余收益价值评估模型中的贴现率并没有真实地反映投资者所要求的回报率，所以并不能对公司价值进行合理的估值。但是 James A. Ohlson 和 Peasnell（2004）的实证研究结果显示，在测算投资回报率的时候考虑通货膨胀的影响，对其整体回报率进行调整后利用奥尔森剩余收益模型对公司价值进行评估，模型的解释力并没有提高，即公司的权益的价值并没有接近股票的市场价格。因此，在 James A. Ohlson 和 Peasnell（2004）的实证检验中，没有将奥尔森剩余收益模型修正为引入通货膨胀水平的估值模型的必要性。此外，目前财务报表数据使用的是历史成本法，如果贴现率考虑了通货膨胀率调整，而财务估值模型中账面净资产并没有考虑通货膨胀的因素，那将造成模型内在估值的不一致，对奥尔森模型在原来的基础上进行通货膨胀率调整会给实证检验分析带来很多问题。因此，对权益估值模型的实证研究存在效果与效率的矛盾问题，学者们无法对通货膨胀等宏观因素进行直观理解而做出决策。

权益资本成本即投资者要求的回报率在剩余收益模型的估值过程中是十分重要的，贴现率的确定会影响模型对公司价值评估的取值，从而直接影响剩余收益模型对股票价格的解释水平。对于奥尔森剩余收益模型的应用，先前的学者都只停留在对风险中性假定的基础上，这样往往忽视了市场当中的风险因素。James A. Ohlson 1995 年的剩余收益模型的前提假设就是风险是中性的，从而将权益资本成本用无风险资产的收益率来替代，大多是长期国债的收益率。Baginskiand 和 Wahlen（2003）考虑到风险因子对权益回报率的影响，并且考虑了公司的规模大小、权益的市场价值与账面净资产的比值以及市场的风险因素，将利用无风险的利率即国债利率计算出的权益内在价值与公司股票市值的比值作为价格差。利用美国证券市场 1965—1989 年 64352 个观测数值进行实证混合检验，按时间序列进行分年度实证检验。得到的结论有：公司剩余收益的总量与价格差存在着正相关的关系，并且与总量具有增量相关性。同时，根据公司规模大小、公司权益的市场价值与账面净资产以及市场的风险因素确定的模型显示，奥尔森剩余收益模型中的系统风险与股票的价格并不是增量相关的，只有剩余收益确定的总额变化是与股票收益的系统风险具有增量相关性。最后，得出了不仅公司未来收益的增长程度为股票的价格差异贡献了增量相关性，分析师预测的价格与实际价格的差异也为股票价格的变化提供了增量的解释的结论。Ashiq Ali，Lee – Seok Hwang 和 Mark A. Trombley（2003）

在模型当中，引入了考虑风险因素的公司权益内在价值与股票价格的比率，将这个比率代入剩余收益模型当中。指标的设计是包含了风险因素的，所以与可以替代风险的变量具有正相关的关系，这就在模型当中充分考虑了含有风险因子的权益资本报酬率。最终得到的结论是，引入风险调整的收益率因子后，公司权益内在价值与股票价格的比率与股票的未来预期收益水平具有正相关关系，从而证实了风险因素是解释证券市场对股票定价存在误差的重要方面，风险并不是公司权益内在价值变化的主要因素。Cheng（2005）在市场风险因子上进行了进一步的拓展研究。在之前学者研究的基础之上，他将市场当中存在的风险用两个替代变量体现，主要在公司的权益资本必要报酬率中进行了行业的分类以及引入了公司的财务杠杆，不同的行业具有不同的行业风险。因此，在不同的行业当中，权益资本报酬率应当是有差异的，这个差异包含了行业影响的因素。

关于实证检验的研究，更多的学者将资本市场的数据代入检验模型来进行实证研究。

Kenth（2010）在采用于剩余收益模型研究瑞典的股市价格时，以瑞典股市作为研究基础，探究如何利用对外公开的会计信息进行投资而获取超额收益的可能性。Malcolm（2013）采用剩余收益法研究英国的股市，其在研究过程中发现在剩余收益模型中，当前股票账面价值与未来收益影响企业当前价值，估值模型中有些参数具有不确定性，其通过进一步研究得出固有不确定性会使最后估计出的股票价值产生一定的偏差。Beth（2013）在研究剩余收益估值模型时发现，当用该方法对 NSE 指数进行估值时，虽然估值结果较为准确，但是该模型的预测能力较差。为了验证剩余收益模型在希腊的资本市场是否有效，Vergos 等人（2015）以希腊1969—2001 年的经济数据为研究基础，运用剩余收益模型来验证该模型对希腊证券市场的有效性。研究结果表明该模型对希腊证券市场有较强的解释能力，且加入商品价格、折扣率等因素进一步加强了其解释能力。这说明该模型在市场经济发达条件下，可适用于市场经济研究。

陆宇峰（1999）是我国比较早对奥尔森剩余收益估值模型进行实证检验的学者之一。其对我国 A 股市场 1994—1998 年的数据进行了检验，研究结果表明，净资产与盈余两个变量对股价都具有显著的解释力，两个变量的联合解释力呈现出逐年上升的趋势；相对于盈余变量而言，净资产几乎没有增量解释能力，股票市价主要与收益相关。此外，他还指出投资者已经能对公开的会计信息进行方向性上的正确判断，但是未能充分利用历史信息，对会计数据的信息含量理解不足。宋剑峰（2000）以上海、深圳上市公司的有关数据为基础，进行了相关的研究，证实了 RIM 基本模型的适用性。对中国股市的研究说明，企业对外公布的会计信息对经营管理者的决策有一定的帮助。这意味着财务数据将会逐渐得到重视。陈信元、陈冬华和朱红军（2002）在其研究中对 James A. Ohlson（1995）中的线性估值方程进行补充，引入了公司规模和流通股比例作为解释变量，运用 1995—1997 年沪市 A 股的样本数据进行研究。结果表明，盈余、净资产、剩余收益、流通股比例和规模都具有价值相关性，并且它们相互之间能提供增量解释能力。张景奇、孟卫东和陆静（2006）选取中国资本市场 1997—2004 年的样本数据，运用 DCF 模型、DDM 模型和 EBO 模型，对所选用的样本进行公司估值，然后将各种模型计算的内在价值对股票进行回归。研究结果表明，相对于股利折现模型和自由现金流折现模型，剩余收益估值模型对股票内在价值具有更强的解释能力，这与多数来自美国股市的研究结论类似。

Chen，Chen 和 Su（2001）将奥尔森剩余收益模型在中国市场中进行了检验，其在研究中选取了 1990—1997 年 2260 个上市公司的可观测值对股票价格模型进行回归、1375 个可观测值对价格回报率模型进行回归。根据混合样本的模型拟合测算，在股票价格模型中，会计收益和账面净资产变量都是显著的，该模型的解释力为 57%。对时间趋势进行分析后发现，随着时间的推移，模型的解释能力不断增加。价格回报率模型回归结果显示，当期收益与前期股票价格的比值、当期收益的增加与前期股票的比值这两个变量也都是显著的，该模型的解释力为 13%，股票价格模型的解释能力较高。研究结果也表明，企业的规模对企业股票定价有影响。相比规模较大的企业，规模较小的企业收益的相关程度更高。原因可能是市场上小规模企业获得的信息比较少，而且获取信息的渠道没有大企业丰富。对持续性经营收益较低的公司而言，股票对其反应程度更灵敏，说明我国目前的证券市场还不能将财务收益，即会计利润分为可持续性经营收益与非持续性经营收益两个部分。针对流通股比例这个控制变量而言，在流通股所占比例比较高的公司里，会计信息的解释能力更强，这与之前提出的假设一致。在将全部样本分为“只发行 A 股”、“同时发行 A 股和 B 股”两组的实证分析中，同时发行 A 股、B 股的组相对于只发行 A 股的企业模型的解释力更好。原因可能是只发行 A 股的上市公司只提供一种财务会计准则项下的报表，所提供的信息相对有限；而同时发行 A 股、B 股的企业同时提供两份财务报告，所提供的信息更为全面和完整，对股票价格的解释程度较高。

该结论与 Qi 等（2000）相似，后者使用 1958—1994 年美国资本市场的数据进行实证研究并得出以下结论：对绝大多数样本而言，权益市值及其账面价值是不稳定的；对80%的公司样本而言，权益账面价值与剩余收益之和与权益市值并非一致。该结论不仅提醒我们在检验估值模型前首先应当验证变量序列的稳定性，而且使我们对已有研究的结论产生怀疑。在现实条件下，与盈余相关的变量序列实际上可能并不稳定，但是使用观测数据进行回归的结果却令人十分满意，这有可能导致研究者对模型的预测能力与解释能力产生误解。

2.2.4 剩余收益估值模型的应用研究

部分学者将研究聚焦于如何应用剩余收益估值模型对公司的内在价值进行评估。有关剩余收益估值模型的应用性文章的研究思路主要是：首先运用净资产和多期预测的剩余收益值来计算出权益的内在价值，然后将该权益内在价值与股票的市值进行比较，分析价格与价值的吻合度，据此说明股价是否存在泡沫以及泡沫的大小等问题。

赵志君（2003）在运用财务信息对公司的内在价值进行评估时考虑了两种情况，即公司剩余收益存续期是有限的，但公司的存续期分为有限和无限。在奥尔森模型的基础上构建了生成函数并进行实证检验，结果发现，计算出来的公司内在价值远低于其相应的公司股价。徐爱农、申红（2004），刘煌松（2005）首先利用剩余收益估值模型计算出我国资本市场上市公司的内在价值总值，然后将该内在价值总值与当时的A股总市值进行比较，以此分析我国证券市场中是否存在价格泡沫以及泡沫大小。刘煌松（2005）的研究表明，2001年出现股价泡沫高峰，2004年泡沫大幅减少。刘煌松（2005）运用古典剩余收益模型的最初表达式，用一定的方法推导出用无风险资本成本和净资产收益表示的价值模型，以此达到用奥尔森古典剩余收益模型来测量中国股市的泡沫到底有多少的目的。刘煌松首先设定两个假设：一是将1994—2003年的中国上市公司的实际净资产收益8.53%作为未来15年内我国上市公司的净资产收益率；二是未来的无风险收益率为5%。在这两个假设的基础上，刘煌松运用基于奥尔森古典剩余收益模型推理出来的公式测算了中国上市公司的总计价值。研究结果表明，我国股市个股绝对泡沫在2004年的平均值为1.24元；2001年的股市高峰时期，A股市场总体的股市泡沫度达到了70.23%，平均个股泡沫为9.51元。毛有碧、周军（2007）在计算股票的内在价值时，将预测期内预期股利和剩余收益分别折现并相加，然后再加上预测期后每股净资产溢价，以此来测算中国A股市场股票的内在价值总值，并与总市值相比较，发现我国股市泡沫最大的时间是2007年5月。毛有碧、周军（2007）还利用蒙特卡罗模拟方法对股市泡沫根据其不同性质进行了分类。

除此之外，还有学者探究了剩余收益模型在评估企业价值的过程中对各行各业的适用性。将经营剩余模型应用于制造行业，如四川长虹（夏小鸿，2007）、一汽轿车（谢俊钰，2010）、乳制品企业（苏晓鸽，2014）；将剩余收益模型应用于房地产行业（刘倩倩，2008），如万科集团（娄春伟，2009）；将剩余收益模型应用于服饰行业，如森马服饰（高梦颖，2018）；将剩余收益模型应用于建筑行业（李秀丽等，2015）；等等。

王琳（2014）结合我国股票市场的实际情况，为探究剩余收益模型在我国的运用及改进情况，以三家建筑公司为研究对象，提出了构建行业中的加权估值倍数的改进方法。

孙明杨（2014）以剩余收益模型理论为基础探究其对火电行业价值评估的适用性。研究结果表明，使用改进的剩余收益模型对皖能电力企业进行企业价值评估，模型对企业市场价值有很好的解释力。通过该模型所得出的影响企业价值的重要因素也能较好地说明该企业股票价格的变动原因，进一步说明了该模型的优越性，对同领域的企业价值评估研究具有一定的指导意义。

王帆（2018）以剩余收益模型为基础对云南白药的股权价值进行评估，发现剩余收益模型虽然结合了会计学、财务管理、计量经济学等学科，但该模型仍以会计核算为基础，其对发展势头较好的上市公司进行企业价值评估具有一定的准确性。

高梦颖（2018）以纺织服饰企业森马服饰为例，采用剩余收益模型进行企业价值评估应用研究，计算出的企业价值与股票价值非常相近，验证了剩余收益模型对企业价值评估的有效性，其对上市公司股价也有一定的解释能力。

赵欢（2019）在《财会通讯》中发表的文章中运用杜邦财务分析体系中的指标关系，结合互联网行业发展特点，以改进Ohlson模型的剩余收益测算和预测期限划定方法，对优酷土豆进行企业价值评估，最后与实物期权估值方法相比较，结果显示前者有一定的优越性。

2.3 文献综述

纵观现有研究状况，可以发现对企业价值评估领域方面的研究，西方发达国家一直处于领先地位，特别是与剩余收益模型有关的体系，已经非常成熟。通过文献梳理可以发现，西方发达国家深入研究了剩余收益对企业价值的内在影响。相比之下，我国对企业价值评估方法的研究一直处于向西方学习的状态，对剩余收益模型的理论与应用研究比较匮乏，现有研究更加偏向于对某个公司进行估值，对行业的估值应用还处于起步阶段；特别是基于中国国情的风险因素考量，以及从微观上升到宏观层面的拓展运用，更是研究不足。

本书拟使用理论演绎与规范研究、数学推理法、实证研究、参数赋值检验及其他研究方法补充我国对企业估值评估领域的研究，特别是在考虑我国国情和国际环境的条件下的研究，以期为投资者、企业和中国经济带来实际价值，帮助投资者和企业做出科学的决策与理性投资，为国家了解经济情况、制定合适对策提供理论支持。首先，本书采用考虑风险因子的 $RIM-\sigma^2$ 模型对中国市场进行企业权益价值评估。其次，在该模型中引入双风险因子，即经营性风险因子和金融性风险因子，构建剩余收益经营与投资最优决策模型（OIDM－DRRIM）。一方面，利用中国资本市场数据实证检验 OIDM－DRRIM 的适用性；另一方面，计算出净经营性资产和净金融性资产的最优比例关系，使企业价值最大化。再次，本书基于产品生命周期理论，构建了多阶段剩余收益项目决策模型。最后，在上述研究的基础上，本书构建了“脱实向虚”的判断模型，基于中国资本市场数据初步判断了中国实体经济“脱实向虚”的现状，根据研究结果进一步提出发展我国实体经济的对策措施，对促进我国实体经济的发展，特别是在面对中美贸易摩擦，美国对中国的经济和技术打压，以及新冠疫情带来的世界经济不确定的环境下的发展，具有重要的意义。

3　剩余收益模型的理论分析及检验形式设计

随着估值模型的不断演变和发展，由会计盈余信息推算得出公司内在价值的可行性逐渐得到证实，因此，估值模型的设计和适用性检验对验证会计信息和资本市场的有效性就显得尤为重要。本章主要介绍了 Feltham - Ohlson（以下简称 Ohlson，或奥尔森）三种主要剩余收益模型的前提假设、重要变量定义、模型设计以及线性动态信息的引入，并在理论分析的基础上，通过对模型的进一步转变与简化，有针对性地设计出模型检验的三种不同形式，为下一章中国资本市场数据检验线性动态信息奥尔森剩余收益模型的适用性奠定了理论基础。

3.1　剩余收益模型的理论分析

剩余收益模型是奥尔森在股利折现模型的基础之上发展起来的。该模型的出现对会计实证领域的研究学者来说具有非常重要的意义，因为该模型要求在计算公司的权益价值时，可以将重要的会计信息变量与之联系起来。最近十多年来，奥尔森剩余收益模型已经成为众多国内外学者研究的重点之一。

股利折现模型是通过将向股东实际分配的现金股利折现来计算出企业的内在价值，但该模型存在两处主要的局限（张景奇，2006），一是在实践中我们很难预测出未来无限期的股利支付数额；二是在一定限期内，股票价值与股利分配的金额无关（Miller 和 Modigliani，1961）。因此，为了更好地估计企业内在价值，Ohlson 根据股利折现模型和前人研究对剩余收益模型进行了改进。

Williams（1938）提出了如下股利折现模型：

$$V_t^{DD} = \sum_{k=1}^{\infty} E_t[d_{t+k}] / \prod_{j=1}^{k} (1 + r_{t+j}) \tag{3-1}$$

式中：V_t^{DD} 表示第 t 时刻股票的价值；$E_t[d_{t+k}]$ 表示在第 $t+k$ 期间收到股利的期望；r_{t+j}表示 $t+j$ 期间的贴现率。

根据奥尔森对剩余收益的定义，将式（3－1）中股利相关变量进行替换，我们经过简化计算，很容易得到：

$$V_t^{RIM} = BV_t + \sum_{\tau=1}^{\infty} \frac{E[X_{t+\tau} - rBV_{t+\tau-1}]}{(1+r)^{\tau}} \tag{3-2}$$

式中：V_t^{RIM} 表示公司在 t 时刻的价值；$E[X_{t+\tau} - rBV_{t+\tau-1}]$ 表示超常盈余的期望，等于公司的本期净利润（净收益）减去期初的账面价值与无风险回报率（折现率）的乘积；r 表示折现率；BV 表示公司的账面价值；$X_{t+\tau}$表示公司在 $t+\tau$ 期间的净收益。

式（3－2）为奥尔森剩余收益模型（Residual Income Model，RIM）。

3.1.1 Ohlson（1995）模型

Ohlson（1995）模型是建立在三个前提假设基础上的。股利贴现模型是 Ohlson（1995）模型的第一个假设前提，即 Ohlson 认为公司的权益价值等于预期未来各期股利的贴现值之和。

$$V_t = \sum_{\tau=1}^{\infty} R_f^{-\tau} E_t[d_{t+\tau}] \tag{3-3}$$

式中：V_t 表示第 t 期公司权益市场价值；R_f 表示 1 加无风险利率 r；$d_{t+\tau}$表示第 $t+\tau$ 期支付的股利；$E_t[\ ]$ 表示求期望。

Ohlson（1995）的第二个假设前提是净剩余关系，即某一期净利润减去该期发放的股利就等于该期所有者权益账面价值的变化。在会计信息系统中假定会计计量的净清洁盈余关系（Clean Surplus Relation，CSR）成立，用这种会计信息系统来记录企业价值的增加变化是不同于财务分配模型的，该会计信息系统可以用如下的公式表示：

$$BV_t = BV_{t-1} + X_t - D_t \tag{3-4}$$

式中：BV_t 表示企业在第 t 时刻的账面价值；BV_{t-1}表示企业在第 $t-1$ 时刻的账面价值；X_t 表示企业在期间（$t-1$，t）的净利润；D_t 表示期间（$t-1$,t）支付的股利［此时的 D_t 与式（3－3）中的 d_t 为同一概念，均表示在第 t 期支付的股利］。

定义超常盈余（X_t^a）为该期净利润减去该期期初权益账面价值乘以无风险利率：

$$X_t^a \equiv X_t - (R_f - 1)BV_{t-1} \tag{3-5}$$

由超常盈余的定义可解出 X_t^a 为：

$$X_t^a = X_t - (R_f - 1)BV_{t-1} \tag{3-6}$$

将式（3-6）代入 CSR，即式（3-4），替换 X_t，可以解出 D_t：

$$D_t = X_t^a - BV_t + R_f BV_{t-1} \tag{3-7}$$

将 D_t 的表达式代入式（3-3），就可以得出：

$$V_t = BV_t + \sum_{\tau=1}^{\infty} R_f^{-\tau} E_t[X_{t+\tau}^a] \tag{3-8}$$

式（3-8）就是 Edwards 和 Bell（1961）以及 Peasnell（1982）等学者所提出的超常盈余估值模型，即公司的价值等于该公司当期权益的账面价值与未来预期超常盈余的现值之和。

与之前研究学者相比，Ohlson 提出的线性信息动态方程关系为估值模型的发展与运用做出了突出贡献，也就是 Ohlson（1995）模型的第三个假设前提，即超常盈余满足如下线性信息动态过程：

$$\begin{cases} X_{t+1}^a = \omega X_t^a + v_t + \varepsilon_{1t+1} \\ v_{t+1} = m v_t + \varepsilon_{2t+1} \end{cases} \tag{3-9}$$

式中：X_{t+1}^a表示（t，t+1）期间的超常盈余；v_t 表示影响超常盈余的其他信息；ω 和 m 表示已知的常数系数，取值范围在 0 和 1 之间；ε 表示均值为 0 的随机误差。

以上两式线性信息动态方程简称模型（LIM1）。

ω 和 m 分别代表超常盈余和其他信息在时间上的持续性。从实践经验中我们容易了解到它们的取值范围在 0 和 1 之间，即一般而言，上一期的超常盈余或其他信息对下一期的影响是递减的。因此，式（3-9）的关键是对系数 ω 和 m 的取值范围做出限定，原因主要有两个：一是数学原因，只有 ω 和 m 的取值范围在 0 和 1 之间，才可以推导出收敛的 Feltham - Ohlson 模型，这也是为什么在应用 Feltham - Ohlson 模型之前需要先检验线性信息动态方程的缘由；二是经济学原因，因为从长期来看，由于市场环境的变化、竞争对手的竞争和新进入者的加入等外部因素，企业所拥有的超常盈余一定是一种短期现象，随着时间的推移，该超常盈余最后趋向于 0，因此，上一期的超常盈余在下一期中的持续影响也应该是递减的。

将 LIM1 代入式（3-8），替换超常盈余 X_t^a，就得到了 Ohlson（1995）的估值模型：

$$
\begin{cases}
V_t = BV_t + \alpha_1 X_t^a + \alpha_2 v_t \\
\alpha_1 = \dfrac{\omega}{R_f - \omega} \\
\alpha_2 = \dfrac{R_f}{(R_f - \omega)(R_f - m)}
\end{cases}
\tag{3-10}
$$

式中：V_t 表示公司在 t 期的权益市场价值；BV_t 表示公司 t 期的账面价值；X_t^a 表示（t－1，t）期间的超常盈余；v_t 表示 t 期影响公司价值的其他因素；R_f 表示 1 加无风险利率；ω 和 m 分别表示影响 X_t^a 和 v_t 的已知系数。

3.1.2 Feltham－Ohlson（1995）模型

我们知道，一般地，企业的净资产按属性可以划分为净营运资产（或净经营性资产）和净金融资产（或净金融性资产），因此企业的收益相应地由运营收益（净营运资产创造）和利息收益（净金融资产创造）组成。根据式（3－2）可得：

$$
V_t = FA_t + OA_t + \sum_{\tau=1}^{\infty} \frac{E(OX_{t+\tau} - rOA_{t+\tau-1})}{(1+r)^{\tau}} \tag{3-11}
$$

式中：FA_t 表示企业 t 时刻的净金融资产；OA_t 表示企业 t 时刻的净营运资产；OX_t 表示企业在（t－1，t）期间的运营收益；r 表示无风险利率。

其中，净金融资产等于非经营资产减非经营负债，净营运资产等于经营资产减经营负债。Feltham－Ohlson（1995）模型将公司的净资产（即所有者权益）按属性划分为两部分，即净营运资产（net operating assets）和净金融资产（net financial assets）（以下简称营运资产和金融资产）。企业的净资产可以用净金融资产和净运营资产按如下关系表示：

$$
BV_t = FA_t + OA_t \tag{3-12}
$$

式中：BV_t 表示企业在第 t 时刻的账面价值；FA_t 表示企业在第 t 时刻的净金融资产；OA_t 表示企业在第 t 时刻的净营运资产。

净金融资产产生净利息收入，净营运资产产生经营利润，相应地，企业的利润可划分为利息收益和运营收益两部分：

$$
X_t = i_t + OX_t \tag{3-13}
$$

式中：X_t 表示企业在（t－1，t）期间的净利润；i_t 表示企业在（t－1，t）期间的净利息收益；OX_t 表示企业在（t－1，t）期间的运营收益。

除了在 Ohlson（1995）模型中提出的三个假设前提外，Feltham－Ohlson（1995）还提出了将净资产划分为金融资产和营运资产的几个假设。

首先，他们假定在金融市场上，金融资产没有超常回报，只能获得无风险回报。由此，第 t 期的净利息收入就等于期初金融资产所获得的无风险回报，即净利息关系，可以表示为：

$$i_t = (R_f - 1)FA_{t-1} \tag{3-14}$$

Feltham - Ohlson 将金融资产收益定义为按照式（3 - 14）产生盈利的资产。

同时，第 t - 1 期至第 t 期，在金融资产和经营资产各自的变化、该期间所产生的净利息收入和净经营利润的增加，以及所支付的股利等因素之间，存在一定的等式关系，可以用公式表示为：

$$FA_t = FA_{t-1} + i_t + C_t - D_t \tag{3-15}$$

$$OA_t = OA_{t-1} + OX_t - C_t \tag{3-16}$$

式中：C_t 表示第 t 期经营活动产生的现金流减去维持经营活动所需的现金投入以后的余额，即经营活动产生的“富余”现金，其他字母表示的含义同上。

与 Ohlson（1995）模型类似的推导过程，将式（3 - 14）代入式（3 - 15），消去 i_t，可以得到：

$$D_t = C_t + R_f FA_{t-1} - FA_t \tag{3-17}$$

将该式代入股利折现模型，得到：

$$V_t = FA_t + \sum_{\tau=1}^{\infty} R_f^{-\tau} E_t[C_{t+\tau}] \tag{3-18}$$

式（3 - 18）说明公司价值等于金融资产账面价值加经营活动“富余”现金的折现值之和。若将该期经营利润减去该期期初营运资产账面价值乘以无风险利率定义为超常经营盈余，则：

$$OX_t^a \equiv OX_t - (R_f - 1)OA_{t-1} \tag{3-19}$$

利用该定义解出 OX_t 后代入式（3 - 17），可以得到：

$$C_t = OX_t^a + R_f OA_{t-1} - OA_t \tag{3-20}$$

对上式两边进行折现处理：

$$\sum_{\tau=1}^{\infty} R_f^{-\tau} E_t[C_{t+\tau}] = OA_t + \sum_{\tau=1}^{\infty} R_f^{-\tau} E_t[OX_{t+\tau}^a] \tag{3-21}$$

将式（3 - 21）代入式（3 - 18），就得到：

$$V_t = BV_t + \sum_{\tau=1}^{\infty} R_f^{-\tau} E_t[OX_{t+\tau}^a] \tag{3-22}$$

式（3 - 22）说明公司价值为所有者权益账面价值与超常经营盈余的折现值之和。将该式与式（3 - 10）进行比较可以发现，除了 X^a 变为 OX^a

这一点外其他均一致。根据上述所提到的金融市场是完备的假设，可推知超常盈余全部来源于经营活动。

当将净资产划分营运资产和金融资产时，线性信息动态方程就可以表示为：

$$\begin{cases} OX^a_{t+1} = \omega_{11} OX^a_t + \omega_{12} OA_t + v_{1t} + \varepsilon_{1t+1} \\ OA_{t+1} = \omega_{22} OA_t + v_{2t} + \varepsilon_{2t+1} \\ v_{1t+1} = m_1 v_{1t} + \varepsilon_{3t+1} \\ v_{2t+1} = m_2 v_{2t} + \varepsilon_{4t+1} \end{cases} \tag{3-23}$$

上式联合在一起，呈现了在区分金融和营运资产的情况下线性信息动态方程的转变，简称为 LIM2。

由于与 LIM1 相同的原因，ω_{11}、m_1 和 m_2 的意义与 LIM1 中的相同，它们的取值范围也均在 0 和 1 之间。ω_{22}介于 1 和 R_f 之间，ω_{12}大于等于 0。ω_{12}反映了会计计量方法对超常经营盈余的影响。$\omega_{12}=0$ 表示会计方法是无偏的，此时会计所计算的营运资产将恒等于其对应的经济值，对超常经营盈余不会再产生额外影响；$\omega_{12}>0$ 表示会计方法是稳健的，此时资产不会被高估，负债也不会被低估，对未实现的经济增值会计上不予以确认，稳健的会计计量方法可能会从正面影响超常经营盈余的计量；$\omega_{12}<0$ 表示会计方法是激进的，即资产没有被低估，结果可能是会计计量的营运资产会大于其实际经济值。系数 ω_{22}反映的是营运资产的价值变动规律。$\omega_{22}=1$ 表示营运资产价值保持不变；$\omega_{22}>1$ 表示营运资产价值保持自然增长，但这种自然增长的幅度不超过风险回报率 R_f。

与此同时，将 LIM2 代入式（3－22），替换超常盈余 OX^a，就得到了 Feltham－Ohlson（1995）的估值模型：

$$V_t = FA_t + OA_t + \sum_{\tau=1}^{\infty} \frac{E(OX_{t+\tau} - rOA_{t+\tau-1})}{(1+r)^{\tau}} \tag{3-24}$$

式中：FA_t 表示企业 t 时刻的金融资产，等于非经营资产减非经营负债；OA_t 表示企业 t 时刻的营运资产，等于经营资产减经营负债；OX_t 表示企业在（t－1，t）期间的运营收益；r 表示无风险利率。

式（3－24）经过化简可以得到：

$$V_t = BV_t + \alpha_1 OX^a_t + \alpha_2 OA_t + \beta_1 v_{1t} + \beta_2 v_{2t} \tag{3-25}$$

$$\alpha_1 = \frac{\omega_{11}}{R_f - \omega_{11}}$$

$$\alpha_2 = \frac{\omega_{12} R_f}{(R_f - \omega_{22})(R_f - \omega_{11})}$$

$$\beta_1 = \frac{R_f}{(R_f - \omega_{11})(R_f - m_1)}$$

$$\beta_2 = \frac{\omega_{12} R_f}{(R_f - \omega_{22})(R_f - \omega_{11})(R_f - m_2)}$$

式中：V_t 表示公司在 t 期的权益市场价值；BV_t 表示公司 t 期的账面价值；OX^a 表示（t－1，t）期间营运资产产生的超常盈余；OA_t 表示公司在第 t 时刻的净营运资产；v_{1t}表示 t 期影响公司净营运资产的其他因素；v_{2t}表示 t 期影响公司净金融资产的其他因素；R_f 表示 1 加无风险利率；ω_{11}、ω_{12}、ω_{22}、m_1 和 m_2 均为已知的系数。

3.1.3 Feltham－Ohlson（1996）模型

Feltham－Ohlson（1996）模型是将 Feltham－Ohlson（1995）模型由静态形式发展到了动态形式。其假设公司的经营活动并不满足前两类模型保持原有经营规模现状的假定，即并不是保持现有的生产规模，而是在其经营活动中不断发生新的投资活动，使得模型更加贴近公司的实际运营情况。假定公司每一期的投资活动都以现金的形式进行，同时假定用于投资的现金满足以下线性信息动态方程：

$$\begin{cases} OX_{t+1}^a = \omega_{11} OX_t^a + \omega_{12} OA_t + \omega_{13} C_t + v_{1t} + \varepsilon_{1t+1} \\ OA_{t+1} = \omega_{22} OA_t + \omega_{23} C_t + v_{2t} + \varepsilon_{2t+1} \\ C_{t+1} = \omega_{33} C_t + v_{3t} + \varepsilon_{3t+1} \\ v_{1t+1} = m_1 v_{1t} + \varepsilon_{4t+1} \\ v_{2t+1} = m_2 v_{2t} + \varepsilon_{5t+1} \\ v_{3t+1} = m_3 v_{3t} + \varepsilon_{6t+1} \end{cases} \tag{3-26}$$

式（3－26）表示在公司不断发生新的投资活动的情况下，用于投资的现金所满足的线性信息动态方程，简称为 LIM3。

式中：OX^a、OA、v 的含义以及相应的取值范围均与 LIM2 相同。C_t 表示第 t 期的现金投资额。ω_{13}表示新的现金投资活动对超常盈余所产生的影响，该投资活动通过投资获得的资产的折旧政策会影响它的取值范围。当投资活动按照市价获得资产时，会计将该资产的购买价值确认为初始价值入账，其会计价值就等于其经济价值。资产投入使用后，若会计折旧额低于经济折旧额，则高估了利润，从而高估了超常盈余，此时 C 对 OX^a 产生正的影响，即 $\omega_{13}>0$；若会计折旧额高于经济折旧额，C 对 OX^a 产生负的影响，即$\omega_{13}<0$；若会计折旧额与经济折旧额相等，表明会计计量是无偏

的，此时 C 对 OX^a 没有额外的影响，即 $\omega_{13}=0$。ω_{23}表示新的现金投资活动对营运资产造成的影响，而新的投资势必增加营运资产，因此 $\omega_{23}>0$。ω_{33}表示本期的现金投资额对下一期的现金投资额所产生的影响，一般情况下，它的取值范围在 0 和 R_f 之间。$\omega_{33}<1$ 表示现金投资额逐期减少；$\omega_{33}>1$ 表示现金投资额逐期增加，一般来说，其增加的幅度不会超过风险利率 R_f。

与 Ohlson（1995）和 Feltham - Ohlson（1995）两模型相类似，在股利折现模型中代入清洁盈余关系的假设和上述的 LIM3，就得到了 Feltham - Ohlson（1996）的估值模型：

$$\begin{cases} V_t = BV_t + \alpha_1 OX_t^a + \alpha_2 OA_t + \alpha_3 C_t + \beta_1 v_{1t} + \beta_2 v_{2t} + \beta_3 v_{3t} \\ \alpha_1 = \dfrac{\omega_{11}}{R_f - \omega_{11}} \\ \alpha_2 = \dfrac{\omega_{12} R_f}{(R_f - \omega_{22})(R_f - \omega_{11})} \\ \alpha_3 = \dfrac{R_f(\omega_{12}\omega_{23} + R_f\omega_{13} - \omega_{13}\omega_{22})}{(R_f - \omega_{33})(R_f - \omega_{22})(R_f - \omega_{11})} \\ \beta_1 = \dfrac{R_f}{(R_f - \omega_{11})(R_f - m_1)} \\ \beta_2 = \dfrac{\omega_{12} R_f}{(R_f - \omega_{22})(R_f - \omega_{11})(R_f - m_2)} \\ \beta_3 = \dfrac{R_f(\omega_{12}\omega_{23} + R_f\omega_{13} - \omega_{13}\omega_{22})}{(R_f - \omega_{33})(R_f - \omega_{22})(R_f - \omega_{11})(R_f - m_3)} \end{cases} \tag{3-27}$$

式中：V_t 表示公司在 t 期的权益市场价值；BV_t 表示公司 t 期的账面价值；OX^a 表示（t-1，t）期间经营资产产生的超常盈余；OA_t 表示公司在第 t 时刻的净营运资产；C_t 表示 t 期的现金投资额；v_{1t}表示 t 期影响公司净营运资产的其他因素；v_{2t}表示 t 期影响公司净金融资产的其他因素；v_{3t}表示 t 期影响公司现金投资额的其他因素；R_f 表示 1 加无风险利率；ω_{11}、ω_{12}、ω_{22}、ω_{23}、ω_{33}、m_1、m_2 和 m_3 均为已知的常数系数。

3.2 剩余收益模型的检验形式设计

3.2.1 Ohlson（1995）模型的检验形式

奥尔森系列剩余收益模型中的 v 表示“其他信息”，而这种“其他信息”是一个不容易观察计量到的变量，因此本书借鉴 Myers（1999）在做实证研究时所采用的一般处理办法，即忽略“其他信息”v；同时对本书所讨论的3种形式的线性信息动态方程增加一个截距，这从数学上来看是一个等效替代。

经过以上的等效处理后，模型中的动态方程LIM1可以将两个方程简化成一个方程（LIM1 *）：

$$X_{t+1}^{a}=\omega_{10}+\omega_{11}X_{t}^{a}+\varepsilon_{1t+1} \tag{3-28}$$

与LIM1相同，ω_{11}的取值范围介于0和1之间。同时线性信息动态方程所对应的估值回归方程也发生了变化。因此Ohlson（1995）模型转变为如下模型：

$$V_{t}=\alpha_{0}+\alpha_{1}X_{t}^{a}+BV_{t} \tag{3-29}$$

式中：V_t 表示公司在t期的权益市场价值；X_t^a 表示t期的超常剩余收益；BV_t 表示t期的账面价值；α_0 表示截距系数；α_1 表示 X_t^a 的系数。

通过样本所得到的相关财务数据，就可以运用式（3-29）计算出某一股票i在某一时期t的理论价值 V_{it}。如果股票的实际价格可以通过剩余收益模型所计算出的理论价值来完全反映，则实际价格应该等于理论价值，即 $P_{it}=a+bV_{it}+\varepsilon_{it}$，$V_{it}=P_{it}$（$P_{it}$表示第i只上市公司的股票在t时刻的实际价格）。我们可以对这种关系进行计量检验分析，回归方程为：

$$P_{t}=\alpha_{0}+\alpha_{1}X_{t}^{a}+BV_{t}$$

$$\alpha_{0}=\frac{\omega_{10}}{(R_{f}-\omega_{11})(R_{f}-1)} \tag{3-30}$$

$$\alpha_{1}=\frac{\omega_{11}}{R_{f}-\omega_{11}}$$

式中：P_t 表示公司在t期的每股股票价格；X_t^a 表示t期的超常剩余收益；BV_t 表示t期的每股净资产的账面价值；α_0 表示截距系数；α_1 表示 X_t^a 的系数。

3.2.2 Feltham-Ohlson（1995）模型的检验形式

如前文所述，我们已经知道Feltham-Ohlson（1995）是依据企业资产的属性将企业所从事的活动划分为经营活动和金融活动两种，并根据这种区分来分析企业的内在价值，由此构建出如下的线性动态方程：

$$\begin{cases}OX_{t+1}^{a}=\omega_{11}OX_{t}^{a}+\omega_{12}OA_{t}+v_{1t}+\varepsilon_{1t+1}\\ OA_{t+1}=\omega_{22}OA_{t}+v_{2t}+\varepsilon_{2t+1}\\ v_{1t+1}=m_{1}v_{1t}+\varepsilon_{3t+1}\\ v_{2t+1}=m_{2}v_{2t}+\varepsilon_{4t+1}\end{cases} \tag{3-31}$$

由此可以推导出的价值模型为：

$$V_t = BV_t + a_1 OX_t^a + a_2 OA_t + \beta_1 v_{1t} + \beta_2 v_{2t} \tag{3-32}$$

其中，a_2 表示会计计量的稳健性因子，即根据会计计量的稳健性，企业将持续低估经营资产；其他参数的定义和前述一致。Myers（1999）简化处理了该模型，即用 RI 替代 OX_t^a，用 BV_t 替代 OA_t，并进一步提出了这样处理的两点原因：第一，假定金融资产不会产生超常盈余，因此企业的剩余收益将全部由经营资产产生，即 $RI = OX_t^a$；第二，根据现实情况，金融资产和经营资产是很难严格正确区分的，因此在 Myers（1999）中的净资产均包括了金融资产和经营资产。根据 Myers 的研究，在实证研究中，是否区分金融资产和经营资产对检验结果没什么影响。

因此，Myers（1999）构建出如下的线性信息动态过程：

$$\begin{cases} RI = \omega_{11} RI_t + \omega_{12} BV_t + v_{1t} + \varepsilon_{1\tau+1} \\ BV_{t+1} = \omega_{22} BV_t + v_{2t} + \varepsilon_{2\tau+1} \\ v_{1t+1} = m_1 v_{1t} + \varepsilon_{3\tau+1} \\ v_{2t+1} = m_2 v_{2t} + \varepsilon_{4\tau+1} \end{cases} \tag{3-33}$$

在式（3-33）中，ω_{11} 表示剩余收益的持续性；ω_{12} 表示净资产账面价值对剩余收益的影响，也就是前文所描述的会计计量稳健性因子；ω_{22} 表示账面价值的增长率。同时 Myers 采用截距项来替代“其他信息”变量，得到如下的线性信息动态过程：

$$\begin{cases} RI_{t+1} = \omega_{10} + \omega_{11} RI_t + \omega_{12} BV_t + \varepsilon_{1t+1} \\ BV_{t+1} = \omega_{22} BV_t + \varepsilon_{2t+1} \end{cases} \tag{3-34}$$

由此得到的估值模型如下：

$$\begin{cases} P_t = a_0 + a_1 RI_t + (1 + a_2) BV_t \\ a_0 = \dfrac{\omega_{10}}{[(1+r) - \omega_{10}]r} \\ a_1 = \dfrac{\omega_{11}}{[(1+r) - \omega_{11}]} \\ a_2 = \dfrac{\omega_{12}(1+r)}{[(1+r) - \omega_{11}][(1+r) - \omega_{22}]} \end{cases} \tag{3-35}$$

由此 LIM2 由四个方程简化为两个方程（LIM2*）：

$$\begin{cases} X_{t+1}^a = \omega_{10} + \omega_{11} X_t^a + \omega_{12} BV_t + \varepsilon_{1t+1} \\ BV_{t+1} = \omega_{22} BV_t + \varepsilon_{2t+1} \end{cases} \tag{3-36}$$

与 LIM2 相同，ω_{11} 的取值范围在 0 和 1 之间，ω_{12} 大于等于 0，ω_{22} 介于

1 和 R_f 之间。Feltham – Ohlson（1995）模型转变为如下模型：

$$\begin{cases} P_t = a_0 + a_1 RI_t + (1 + a_2) BV_t \\ \alpha_0 = \dfrac{\omega_{10}}{(R_f - \omega_{11})(R_f - 1)} \\ \alpha_1 = \dfrac{\omega_{11}}{R_f - \omega_{11}} \\ \alpha_2 = \dfrac{\omega_{12} R_f}{(R_f - \omega_{11})(R_f - \omega_{22})} \end{cases} \tag{3-37}$$

式中：P_t 表示公司在第 t 期期末的股票价格；RI_t 表示 t 期的运营资产的超常剩余收益；BV_t 表示第 t 期的每股净资产的账面价值；α_0 表示截距系数；α_1 表示 RI_t 的系数；α_2 表示 BV_t 的系数，是会计计量的稳健性因子。

3.2.3 Feltham – Ohlson（1996）模型的检验形式

与前文类似，LIM3 由六个方程可以简化为三个方程（LIM3*）：

$$\begin{cases} X^a_{t+1} = \omega_{10} + \omega_{11} X^a_t + \omega_{12} BV_t + \omega_{13} C_t + \varepsilon_{1t+1} \\ BV_{t+1} = \omega_{22} BV_t + \omega_{23} C_t + \varepsilon_{2t+1} \\ C_{t+1} = \omega_{33} C_t + \varepsilon_{3t+1} \end{cases} \tag{3-38}$$

与 LIM3 相同，ω_{11}的取值范围介于 0 和 1 之间；ω_{12}大于等于 0；ω_{22}介于 1 和 R_f 之间；ω_{13}符号待定，可能大于 0、等于 0 或小于 0；ω_{23}大于 0；ω_{33}介于 0 和 R_f 之间。Feltham – Ohlson（1996）模型转变为如下：

$$\begin{cases} P_t = \alpha_0 + \alpha_1 X^a_t + (\alpha_2 + 1) BV_t + \alpha_3 C_t \\ \alpha_0 = \dfrac{\omega_{10}}{(R_f - \omega_{11})(R_f - 1)} \\ \alpha_1 = \dfrac{\omega_{11}}{R_f - \omega_{11}} \\ \alpha_2 = \dfrac{\omega_{12} R_f}{(R_f - \omega_{11})(R_f - \omega_{22})} \\ \alpha_3 = \dfrac{R_f(\omega_{12}\omega_{23} + R_f\omega_{13} - \omega_{13}\omega_{22})}{(R_f - \omega_{11})(R_f - \omega_{22})(R_f - \omega_{33})} \end{cases} \tag{3-39}$$

式中：P_t 表示公司在第 t 期期末的股票价格；X^a_t 表示第 t 期的超常剩余收益；BV_t 表示第 t 期的每股净资产的账面价值；C_t 表示第 t 期的现金投资额；α_0 表示截距系数；α_1 表示 X^a_t 的系数；α_2 表示 BV_t 的系数，表示会计计量的稳健性因子；α_3 表示 C_t 的系数。

【本章小结】

剩余收益模型是本书研究的基础和关键，本章基于 Feltham - Ohlson 提出的三个假设，从理论上分析了 Feltham - Ohlson 三个主要剩余收益估值模型，即 Feltham - Ohlson 系列剩余收益模型，并进行了理论推导，构建设计了三个剩余收益模型的检验形式，为后续章节的实证研究打下了理论基础。

4　三种不同信息动态剩余收益模型的比较研究

经过第3章对剩余收益模型的理论分析，我们知道剩余收益模型线性信息动态假定是奥尔森系列模型的关键假定。奥尔森对模型加入线性信息条件，使未来会计数据具有一定的规律性，解决了企业未来会计数据无法直接获得的问题。奥尔森的这些线性信息条件是否在中国市场也成立？其对应的估值模型在中国市场应用效果如何？为此，本章将利用中国A股上市公司的数据就第3章设计出的剩余收益检验形式对模型的假设条件和解释能力进行实证分析，以便为后续章节关于理论模型的改进提供依据。

4.1　研究设计

本章首先检验线性信息动态方程是否成立。根据本书第3章从理论方面对奥尔森系列模型的论述分析，我们已经知道，基于数学因素和新竞争者的加入等实践要素，系数 ω_{11} 的取值范围在0和1之间。只有这样，在对模型进行数学推导时，才可以得到收敛的Feltham－Ohlson模型。同时，也表明超常盈余是一种短期现象，其不可能长期保持。从长期来看，超常盈余的期望值趋向于0，也就是说本期的超常盈余会对下一期的超常盈余产生一定的影响，但影响程度是逐步减弱的。因此，系数 ω_{11} 的取值范围在0和1之间，也是 $LIM1^*$ 的成立条件。

与 $LIM1^*$ 同样的道理，$LIM2^*$ 第一个方程中系数 ω_{11} 的取值范围也是在0和1之间。系数 ω_{12} 表示企业所选用的会计方法对超常盈余产生的影响。$\omega_{12}=0$ 表示企业所选用的会计方法是无偏的，此时会计所计算的营运资产值与其对应的经济值在理论上是恒等的，对超常经营盈余不会再产生额外影响；$\omega_{12}>0$ 表示会计方法是稳健的，此时资产不会被高估，负债也不会被低估，未实现的经济增加值在会计上是不被确认的。然而，这部分会计上未确认的经济增加值可能产生两方面的影响：一是该增加值可能对企业的实际获利能力产生正面影响，从而增加下一期的净利润；二是这部分增加值没有被确认，从而少计了实际上产生净利润的账面资产。由于这两方面的影响均有可能增加下一期的超常盈余，稳健的会计计量方法可能会对超常经营盈余的计量产生正面影响。$\omega_{12}<0$ 表示会计方法是激进的，即资产没有被低估，结果可能是会计计量的营运资产值大于其实际经济值。系数 ω_{22}反映的是营运资产的价值变动规律。$\omega_{22}=1$ 表示营运资产价值保持不变；$\omega_{22}>1$ 表示营运资产保持自然增长，但这种自然增长的幅度不会超过风险回报率 R_f，这也可以说明，ω_{22}的取值范围应该在 1 和 R_f 之间。

同样的原因，根据第 3 章所述，LIM3 * 前两个方程中的系数设定也应基于模型所设定的假设，第三个方程中的 ω_{13}表示新的现金投资活动可能对超常盈余产生的影响，该投资活动所获得的资产的折旧政策会影响它的取值范围。当投资活动按照市价获得资产时，会计将该资产的购买价值确认为初始价值，会计价值就等于经济价值。资产被使用后，若会计折旧额低于经济折旧额，则高估了利润，从而高估了超常盈余，此时 C 对 OX^a 产生正的影响，即 $\omega_{13}>0$；若会计折旧额高于经济折旧额，C 对 OX^a 产生负的影响，即 $\omega_{13}<0$；若会计折旧额与经济折旧额相等，则表明会计是无偏的，此时 C 对 OX^a 没有额外的影响，即 $\omega_{13}=0$。ω_{23}表示新的现金投资活动所产生的对营运资产的影响，由于新的投资会导致营运资产的增加，因此 $\omega_{23}>0$。ω_{33}表示本期的现金投资额对下一期的现金投资额所产生的影响，它的取值范围在 0 和 R_f 之间。$\omega_{33}<1$ 表示现金投资额逐期减少；$\omega_{33}>1$ 表示现金投资额逐期增加，但增加的幅度不会超过风险利率 R_f。

综上所述，对各系数的预测范围如表 4 – 1 所示。

表 4 – 1　　系数的预测范围

系数	取值范围
ω_{11}	[0, 1]
ω_{12}	$(-\infty, +\infty)$
ω_{13}	$(-\infty, +\infty)$
ω_{22}	[1, R_f]
ω_{23}	[0, $+\infty$]
ω_{33}	[0, R_f]

4.2 变量定义与数据说明

对模型中各变量的计算方法进行定义，这是做实证研究必须首先要做的工作，本章对 Feltham – Ohlson 模型的实证研究也不例外。实证中涉及的实证数据，都来自 Wind 数据库合并报表（年报）。本章中各个变量的说明及计算方法如下。

P 表示股票价格（未复权）。

BV 表示资产负债表日每股净资产的账面价值。所选取的净资产金额中包含了少数股东权益。

EPS 表示每股收益，即 t 期的净利润/t 年末总股本数。

r 表示无风险报酬率。本书在实证时，按照上一章对 Feltham – Ohlson 三个主要模型的阐述，定义 r 为无风险报酬率。根据我国的实际情况和大多数学者的一般做法，一般选用银行定期存款利率或国债利率作为市场上的无风险报酬率。基于此，本书选择样本区间（2001—2018 年）的人民币一年期定期存款基准利率的平均值 2.25% 作为无风险报酬率。

X^a 表示每股的超常盈余。超常盈余是按照上一章对 Feltham – Ohlson 系列剩余收益模型所阐述的定义计算的，等于某期的净利润减去该期的期初权益账面价值乘以无风险报酬率，即 t 期超常盈余 = t 期净利润 – r ×（t – 1）期净资产。

C 表示投资活动产生的现金流净额。

由于我国 1998 年才开始要求披露现金流量，考虑到有一个规范期，本书选取 2001—2018 年我国沪深两市所有的 A 股非金融类上市公司作为实证研究对象。实证中使用的相关财务数据和股票的市场价格均来自万得（Wind）数据库系统。根据规定，上市公司的年报必须在下一年的 4 月 30 日前披露，因此本书选取每年 4 月 30 日的收盘价作为实证研究时的股票价格；如果 4 月 30 日当日为节假日而休市，则选取前一个交易日的股票收盘价格为计算依据。本书对一些可能造成误差的样本进行了剔除，包括：①剔除了观测时刻没有股票成交价格、净资产为负、净利润为负以及财务数据不全的上市公司；②由于金融类企业的财务报表项目和格式与一般上市公司不同，并且金融行业的会计制度与其他行业也不一样，因此剔除了证券、保险、银行以及投资公司等属于金融性行业的上市公司；③根据 Feltham – Ohlson 模型的线性信息动态方程的要求，在进行实证检验时，数据在研究期间应具有连续性，因此剔除了 2001—2018 年相关数据缺失的上市公司。这样，最终获取了 28292 个样本企业每年观测次数，包括 2002 年 843 个，2003 年 919 个，2004 年 976 个，2005 年 916 个，2006 年 1060 个，2007 年 1194 个，2008 年 1137 个，2009 年 1337 个，2010 年 1525 个，2011 年 1841 个，2012 年 1994 个，2013 年 2042 个，2014 年 2142 个，2015 年 2182 个，2016 年 2489 个，2017 年 2768 个，2018 年 2927 个。（由于在计算超常盈余 X^{α} 时，需要运用到期初的净资产 BV，故本书的实际回归数据从 2002 年开始至 2018 年），使用 Stata15 软件进行数据处理，首先得到如表 4 -2 所示的描述性统计分析。

表 4 -2　　　　变量描述性统计

年份	P		BV		EPS		X^{α}		C	
	Mean	Mid	Mean	Mid	Mean	Mid	Mean	Mid	Mean	Mid
2002	9. 977	8. 98	3. 226	3. 034	0. 229	0. 184	0. 158	0. 116	-0. 507	-0. 334
2003	8. 803	7. 78	3. 312	3. 100	0. 248	0. 183	0. 175	0. 120	-0. 537	-0. 362
2004	5. 807	4. 605	3. 321	3. 140	0. 267	0. 190	0. 188	0. 116	-0. 618	-0. 388
2005	6. 414	5. 05	3. 306	3. 175	0. 266	0. 185	0. 194	0. 121	-0. 516	-0. 319
2006	16. 165	13. 19	3. 234	3. 032	0. 309	0. 212	0. 229	0. 132	-0. 505	-0. 286
2007	15. 605	12. 01	3. 663	3. 377	0. 440	0. 312	0. 357	0. 226	-0. 550	-0. 313
2008	12. 083	9. 39	3. 621	3. 274	0. 390	0. 260	0. 310	0. 183	-0. 635	-0. 351
2009	17. 446	12. 92	4. 043	3. 454	0. 438	0. 303	0. 335	0. 201	-0. 544	-0. 294
2010	19. 109	15	5. 036	4. 031	0. 514	0. 390	0. 392	0. 262	-0. 706	-0. 408
2011	13. 497	11. 12	5. 134	4. 468	0. 519	0. 396	0. 405	0. 271	-0. 783	-0. 462
2012	12. 247	9. 23	4. 889	4. 339	0. 452	0. 326	0. 348	0. 220	-0. 696	-0. 436
2013	13. 344	10. 24	4. 801	4. 296	0. 448	0. 302	0. 340	0. 206	-0. 654	-0. 435
2014	26. 871	20. 2	4. 885	4. 261	0. 437	0. 296	0. 328	0. 192	-0. 615	-0. 397
2015	21. 024	15. 58	4. 919	4. 222	0. 412	0. 285	0. 321	0. 188	-0. 659	-0. 402
2016	20. 276	14. 63	5. 081	4. 321	0. 451	0. 311	0. 332	0. 196	-0. 739	-0. 408
2017	18. 094	12. 23	5. 425	4. 604	0. 523	0. 358	0. 396	0. 226	-0. 828	-0. 427
2018	15. 632	10. 79	5. 612	4. 724	0. 545	0. 351	0. 441	0. 244	-0. 667	-0. 351

注：P 表示 4 月 30 日公司每股股票价格；BV 表示资产负债表日公司每股净资产的账面价值；EPS 表示每股收益；X^{a} 表示超常盈余，t 期超常盈余 = t 期净利润 - r ×（t - 1）期净资产；C 表示公司投资活动的每股现金净流量（负数表示每股净流出）。

表4－2以逐年度的形式分别列出下列项目的描述性统计数据（平均值和中值）：每股股票价格P、资产负债表日的每股净资产账面价值BV、每股收益EPS、每股超常盈余X^a以及每股现金投资活动现金净流量C。从表4－2可以发现，5个变量的总体分布出现一定的右偏，因为绝大多数变量的平均值均大于相应的中位数。这5个变量年度间的变化可以分别描述如下。

公司的每股股票价格P：在样本区间内，其平均值呈现出先降后升波动的现象，在2004年、2008年以及2012年处于低位，随后大幅上升，2014年达到最高值26.871元，这与我国的A股行情走势完全一致。中值与均值的走势几乎一致，但也有一定的差别，这可能是样本存在一定的右偏造成的。

资产负债表日公司每股净资产的账面价值BV：在样本区间内，其平均值和中值总体是逐年递增的，它们并没有像股价一样波动，这说明我国上市公司的每股净资产是保持稳步增长的，这也与我国宏观经济的走势一致，即每年均保持一定比例的增长。

每股收益EPS：在样本区间内，其均值都大于对应年份的中值，完全表现为右偏。同时，均值和中值均在样本区间内保持一定的波动。

每股超常盈余X^a：在样本区间内，其均值表现出持续上升的态势，这和我国经济稳定增长的趋势保持一致，而中值则表现出一定的波动，这反映出行业利润水平发生变化。

公司投资活动的每股净现金流C：在样本区间内，首先，不管是均值还是中值，都是负数，表示了现金净流出，即保持了持续投资；其次，从绝对金额来看，每年的均值都大于中值，表现出较为明显的右偏；最后，平均值的增减变动幅度不大，在0.5—0.9元波动。

4.3　线性信息动态方程检验结果

4.3.1　LIM1*的实证检验结果

表4－3和图4－1以逐年度的形式给出了线性信息动态方程LIM1*［式（3－28）］的实证检验结果。

表 4－3　　　　　　　　LIM1* 逐年检验结果

	截距	X^ayear－1	Adj－R^2
X^a2003	0.0181***	0.9757***	0.6895
X^a2004	0.0354***	0.8472***	0.6079
X^a2005	0.0244***	0.8051***	0.6051
X^a2006	0.0470***	0.9695***	0.5202
X^a2007	0.1267***	0.9826***	0.4870
X^a2008	0.0844***	0.5782***	0.3245
X^a2009	0.1296***	0.6531***	0.4903
X^a2010	0.0982***	0.8664***	0.6301
X^a2011	0.0653***	0.8364***	0.5227
X^a2012	0.0212	0.7860***	0.4833
X^a2013	0.0956***	0.6810***	0.3580
X^a2014	0.0515***	0.7916***	0.6682
X^a2015	0.1396***	0.4841***	0.2430
X^a2016	0.0769***	0.8048***	0.6905
X^a2017	0.0226**	1.0752***	0.6992
X^a2018	－0.0050	1.0367***	0.7801

注：*、**、*** 分别代表在 10%、5% 和 1% 的水平下显著。

X^a 表示超常盈余，t 期超常盈余＝t 期净利润－r×（t－1）期净资产，其相应系数 ω_{11} 的理论范围介于 0 和 1 之间。

从表 4－3 中可以发现超常盈余的系数都在 1% 的统计水平下显著，这就说明本期的超常盈余会对下一期的超常盈余产生统计上的显著影响。其中，绝大部分年份均符合线性信息动态方程 LIM1* 所设定的假设 H_{11}，即实证检验中超常盈余数据均落在理论范围 0 和 1 之间，但 2017 年和 2018 年的超常盈余的实证检验系数没有落在 0 和 1 之间，其实际值略微超出 1。此外，除了 2008 年、2013 年以及 2015 年，我们可以发现，在检验期间上一期超常盈余对下一期超常盈余的解释能力均有不错的表现，最高的解释能力是在 2018 年，高达 78.01%。

我们也发现，2008 年线性信息动态方程的解释力只有 32.45%，2013 年和 2015 年的解释力也仅有 35.80% 和 24.30%，这比其他年度的解释力度低很多。本书认为，有可能是 2007 年实施新的会计准则和这三年的股市都是大牛市这两种原因所导致的。但总体来看，该实证检验的结果支持了 LIM1* 方程的自回归关系，达到了实证的预期目的。

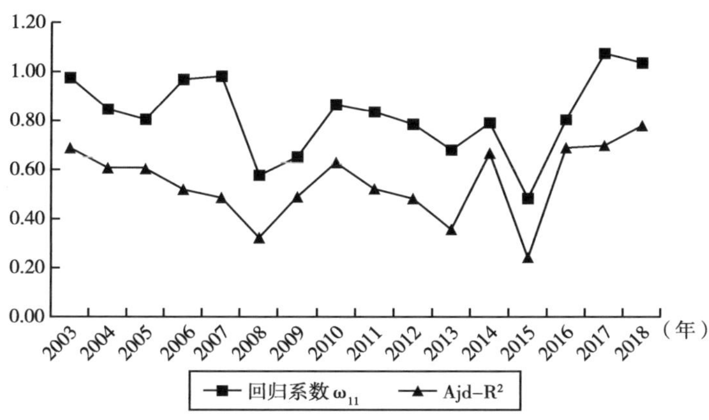

图 4-1　LIM1* 逐年检验结果

注：所检验的线性信息动态方程：$X_{t+1}^a = \omega_{10} + \omega_{11} X_t^a + \varepsilon_{1t+1}$。

4.3.2　LIM2* 的实证检验结果

表 4-4、图 4-2 和图 4-3 以逐年度的形式给出了线性信息动态方程 LIM2*［式（3-36）］的实证检验结果。

表 4-4　　LIM2* 逐年检验结果

X^a2003	0.0316***	0.9927***	-0.0050	0.6900
BV2003	0.3178***	—	0.9506***	0.8312
X^a2004	0.0388***	0.8513***	-0.0013	0.6075
BV2004	0.5318***	—	0.8148***	0.7456
X^a2005	0.0156	0.7956***	0.0033	0.6050
BV2005	0.3672***	—	0.8811***	0.8073
X^a2006	0.0746***	0.9981***	-0.0100*	0.5213
BV2006	0.3963***	—	0.8439***	0.6686
X^a2007	0.0228	0.8883***	0.0394***	0.4985
BV2007	0.2334***	—	1.0368***	0.5996
X^a2008	0.0334	0.5368***	0.0184**	0.3278
BV2008	0.7468***	—	0.7545***	0.5991
X^a2009	0.0691***	0.5996***	0.0215***	0.4953
BV2009	0.2786***	—	0.9673***	0.7229

续表

X^a2010	0.0372**	0.7958***	0.0226***	0.6362
BV2010	0.4342***	—	0.9236***	0.7529
X^a2011	0.0979***	0.8752***	-0.0115**	0.5239
BV2011	0.8485***	—	0.8135***	0.6447
X^a2012	0.0528***	0.8156***	-0.0093**	0.4844
BV2012	0.7260***	—	0.8130***	0.7418
X^a2013	0.0381	0.6480***	0.0144***	0.3603
BV2013	0.6372***	—	0.8512***	0.7424
X^a2014	-0.0162	0.7428***	0.0176***	0.6738
BV2014	0.4406***	—	0.9049***	0.7095
X^a2015	0.0094	0.3985***	0.0333***	0.2583
BV2015	0.7836***	—	0.8163***	0.5980
X^a2016	0.0251**	0.7684***	0.0132***	0.6937
BV2016	0.5761***	—	0.9009***	0.6269
X^a2017	0.0025	1.0527***	0.0056*	0.6994
BV2017	0.5309***	—	0.9255***	0.7358
X^a2018	-0.0537***	0.9926***	0.0127***	0.7814
BV2018	-0.0047	—	1.0217***	0.7913

注：*、**、*** 分别代表在10%、5%和1%的水平下显著。

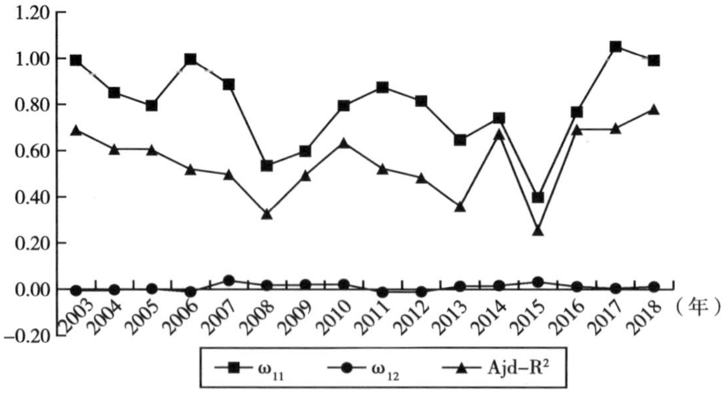

图4-2 LIM2* 第一个方程逐年检验结果

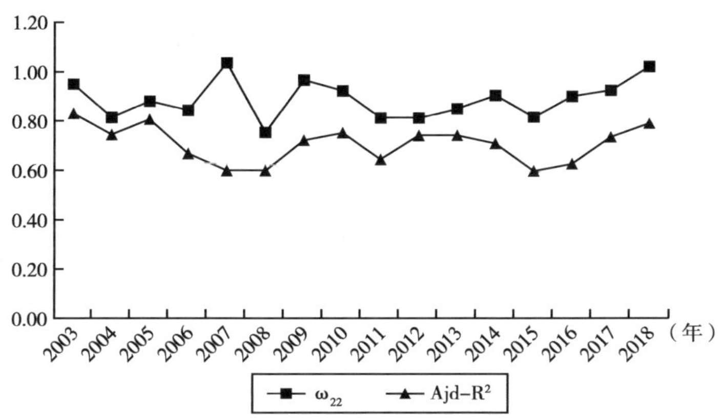

图 4-3 LIM2* 第二个方程逐年检验结果

注：所检验的线性信息动态方程：$\begin{cases} X_{t+1}^a = \omega_{10} + \omega_{11}X_t^a + \omega_{12}BV_t + \varepsilon_{1t+1} \\ BV_{t+1} = \omega_{22}BV_t + \varepsilon_{2t+1} \end{cases}$。

X^a 表示超常盈余，t 期超常盈余 = t 期净利润 − r ×（t − 1）期净资产，其系数 ω_{11} 的理论范围在 0 和 1 之间。

BV 表示资产负债表日公司每股净资产的账面价值，其回归系数 ω_{12} 的理论范围是大于或等于 0，即 ω_{22} 的理论范围在 1 和 $R_f = 1.0225$ 之间。

我们从表 4-4 容易看出，在对 LIM2* 的实证检验中，超常盈余回归系数均在 1% 的统计水平下显著。其中，超常盈余的实证检验系数落在理论区间（0，1）的年份是 2003—2016 年和 2018 年，即这些年符合线性信息动态方程 LIM2* 要求的假设 H_{21}，2017 年未能落入上述理论范围。另外，除了 2003 年、2004 年、2006 年、2011 年和 2012 年，公司的每股净资产账面价值的回归系数均在 1% 的统计水平下显著并且都大于零，即符合假设 H_{22} 的要求。LIM1* 中的超常盈余和每股净资产均存在明显的线性相关关系，即 2002—2019 年，本期的超常盈余和每股净资产的账面价值均对下一期的超常盈余的解释能力有较强的解释力，最大的 R^2 高达 83.12%，最小的 R^2 也有 25.83%。同时我们也发现，若在同年度内比较，在超常盈余关系中增加公司净资产账面价值变量后，LIM2* 在大部分年度的解释力均高于 LIM1*。

根据 LIM2* 模型中的有关公司净资产账面价值关系方程，从表 4-4 可以得知公司净资产账面价值的回归系数在 1% 的统计水平下均为显著。其中，2007 年的回归系数超出 R_f，出现这种现象，本书估计可能是因为当年实施了新的会计准则。

与 LIM1* 类似，LIM2* 中回归结果显示方程的解释力在 2008 年、2013 年和 2015 年仅有 32.51%、35.83% 和 24.34%，均处于较低的水平。本书推断，出现这种现象的原因，一方面可能是在 2007 年实施了新会计准则，因为新会计准则的实施导致会计数据的前后可比性和一致性产生差异；另一方面可能是该年度的股市是大牛市所造成的影响。但总体看来，在模型中加入公司净资产的账面价值这个变量后，LIM2* 中的各项系数回归值比 LIM1* 在理论上更符合要求，其回归方程的解释能力也比 LIM1* 有小幅度的改善，即更支持 LIM2* 方程的自回归关系。

4.3.3 LIM3* 的实证检验结果

表 4-5、图 4-4—图 4-6 以逐年度的形式给出了线性信息动态方程 LIM3* [式 (3-38)] 的实证检验结果。

表 4-5　　LIM3* 逐年检验结果

	截距	X^a year-1	BV year-1	C year-1	Adj-R^2
X^a2004	0.0296*	0.8359***	0.0029	0.0044	0.6120
BV2004	0.4848***	—	0.8561***	0.0813*	0.7486
C2004	-0.2659***	—	—	0.5724***	0.3066
X^a2005	0.0029	0.7654***	0.0068	-0.0152*	0.6120
BV2005	0.3308***	—	0.9050***	0.0274	0.8195
C2005	-0.1864***	—	—	0.4877***	0.2753
X^a2006	0.0750***	0.9455***	-0.0082	-0.0030	0.5912
BV2006	0.4842***	—	0.8182***	-0.0557	0.6729
C2006	-0.2312***	—	—	0.5414***	0.1930
X^a2007	0.0035	0.8431***	0.0364***	-0.0795***	0.5322
BV2007	0.2643***	—	1.0054***	-0.2516***	0.6137
C2007	-0.2313***	—	—	0.5296***	0.2667
X^a2008	0.0522**	0.5462***	0.0048	-0.0586***	0.3578
BV2008	0.7772***	—	0.7129***	-0.3223***	0.6209
C2008	-0.2317***	—	—	0.6869***	0.3338
X^a2009	0.0818***	0.5590***	0.0296***	0.0347	0.4501
BV2009	0.3353***	—	0.9635***	-0.0081	0.7247
C2009	-0.2290***	—	—	0.5115***	0.2600

续表

Xa2010	0.0360 **	0.7884 ***	0.0235 ***	-0.0014	0.6197
BV2010	0.4219 ***	—	0.9318 ***	-0.0462	0.7626
C2010	-0.2884 ***	—	—	0.5613 ***	0.3204
Xa2011	0.0882 ***	0.8499 ***	-0.0027	0.0134	0.4917
BV2011	0.7437 ***	—	0.8555 ***	-0.0600	0.6457
C2011	-0.2637 ***	—	—	0.6176 ***	0.3679
Xa2012	0.0288	0.7979 ***	-0.0016	0.0022	0.5850
BV2012	0.5253 ***	—	0.8902 ***	0.0057	0.7699
C2012	-0.2412 ***	—	—	0.5370 ***	0.3459
Xa2013	0.1144 ***	0.9641 ***	-0.0153 **	0.0353 **	0.4726
BV2013	0.6040 ***	—	0.8806 ***	0.0446	0.7542
C2013	-0.2775 ***	—	—	0.5333 ***	0.2952
Xa2014	-0.0096	0.7610 ***	0.0154 ***	-0.0065	0.6842
BV2014	0.4037 ***	—	0.9350 ***	0.1022 **	0.7131
C2014	-0.2170 ***	—	—	0.5537 ***	0.2341
Xa2015	0.0014	0.3887 ***	0.0359 ***	-0.0011	0.2533
BV2015	0.7269 ***	—	0.8357 ***	0.0500	0.6074
C2015	-0.2937 ***	—	—	0.4650 ***	0.1969
Xa2016	0.0102	0.7709 ***	0.0182 ***	0.0132 *	0.7261
BV2016	0.3827 ***	—	0.9187 ***	-0.2324 ***	0.6781
C2016	-0.4295 ***	—	—	0.3863 ***	0.1045
Xa2017	-0.0015	1.0876 ***	0.0046	-0.0110	0.7230
BV2017	0.4458 ***	—	0.9359 ***	-0.1002 ***	0.7597
C2017	-0.3501 ***	—	—	0.3576 ***	0.1180
Xa2018	-0.0546 ***	0.9850 ***	0.0140 ***	-0.0076	0.7767
BV2018	-0.0185	—	1.0358 ***	0.0367	0.7998
C2018	-0.3755 ***	—	—	0.3095 ***	0.1003

注：*、**、*** 分别代表在10%、5%和1%的水平下显著。

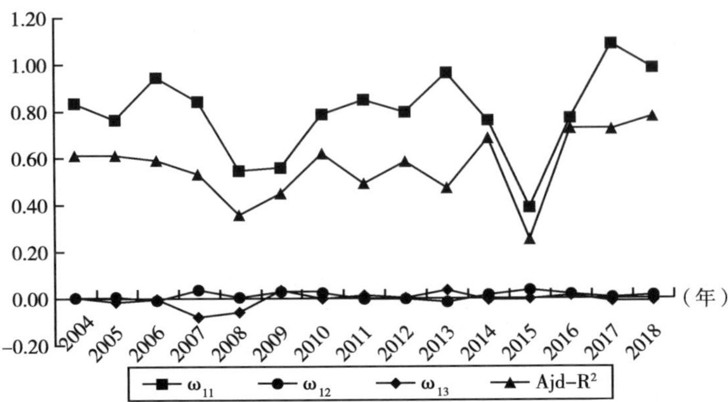

图 4-4 LIM3* 第一个方程逐年检验结果

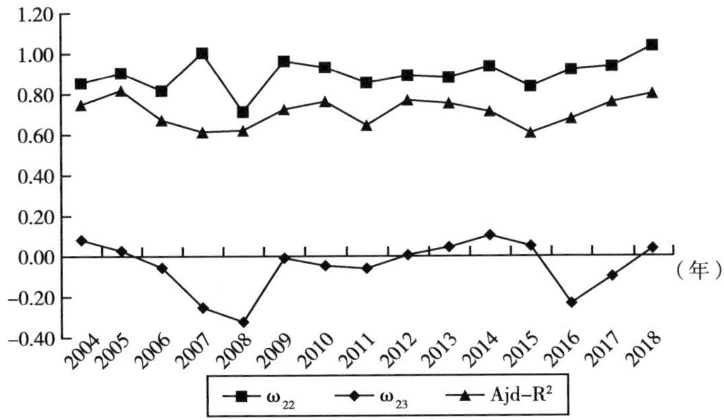

图 4-5 LIM3* 第二个方程逐年检验结果

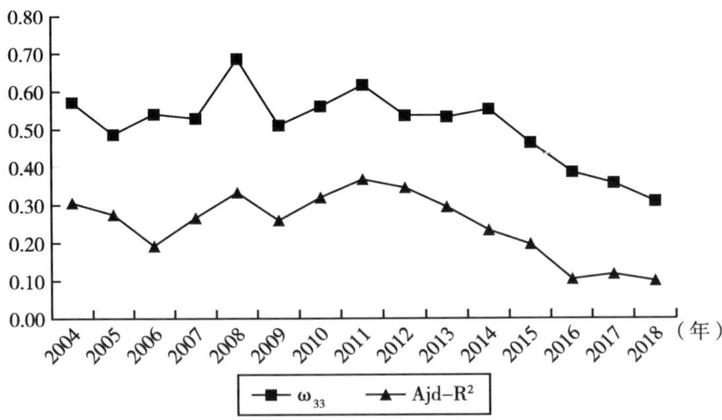

图 4-6 LIM3* 第三个方程逐年检验结果

注：所检验的线性信息动态方程：$\begin{cases} X_{t+1}^{a} = \omega_{10} + \omega_{11} X_{t}^{a} + \omega_{12} BV_{t} + \omega_{13} C_{t} + \varepsilon_{1t+1} \\ BV_{t+1} = \omega_{22} BV_{t} + \omega_{23} C_{t} + \varepsilon_{2t+1} \\ C_{t+1} = \omega_{33} C_{t} + \varepsilon_{3t+1} \end{cases}$。

X^a 表示超常盈余，第 t 期的超常盈余 = 第 t 期净利润 − r×（t − 1）期净资产，其回归系数 ω_{11} 在［0，1］的理论区间范围内。

BV 表示资产负债表日公司每股净资产的账面价值，其回归系数 ω_{12} 的理论范围是大于或等于 0，ω_{22} 介于 1 和 $R_f = 1.0225$ 之间。

C 表示公司投资活动的每股净现金流出，其回归系数 ω_{13} 符号不确定，系数 ω_{23} 大于 0，ω_{33} 介于 0 和 $R_f = 1.0225$ 之间。

从表 4 − 5 可以明显得知，在 LIM3* 的有关超常盈余关系方程中，超常盈余的回归系数均在 1% 的统计水平下显著。由静态的 LIM2* 改进到动态的 LIM3* 后，本期的超常盈余仍然会显著地影响下一期的超常盈余。实证结果也显示，除了 2017 年外，2004—2018 年的实证检验回归系数均落在 0 和 1 之间，表明该信息动态方程符合假设 H_{31} 的要求。同样地，本书所选时间区间内大多数年份方程中的净资产账面价值回归系数均在 1% 的统计水平下显著，回归系数值均大于零，落在了理论范围内，即符合 H_{32} 的假设要求。再来看公司投资活动现金流出这个变量，它的回归系数有以下特征：第一，在统计水平下缺乏显著性，未达到 10% 的最低统计显著性要求的年份分别是 2004 年、2006 年、2010 年、2011 年、2012 年、2014 年、2015 年、2017 年和 2018 年；第二，回归系数的符号不确定，2004 年、2007 年、2008 年、2014 年、2017 年和 2018 年为正，表明针对投资所增加的资产的会计折旧额小于经济折旧额，增加了超常盈余；而其余年份的回归系数为负，表明针对投资所增加的资产的会计折旧额大于经济折旧额，减少了超常盈余。

就 LIM3* 的有关公司净资产账面价值关系的方程里，公司净资产账面价值的回归系数均在 1% 的统计水平下显著。有关公司投资活动现金净流出关系方程里，投资现金净流出变量的回归系数均在 1% 的统计水平下显著，并且回归系数均在理论范围内。

4.4 Feltham − Ohlson 模型解释能力的实证分析

4.4.1 净资产的账面价值与股票价格关系的实证结果

Feltham − Ohlson 曾经指出过，在会计无偏的情况下，公司净资产的账面价值就应该是该公司的价值，或者说从长期趋势来看，有逐渐相等的趋势。基于此判断，用公司净资产的账面价值 BV 对公司总价值 V 进行回归，回归检验结果如表 4 − 6、表 4 − 7 和图 4 − 7 所示。从表 4 − 6 的总体回归可以发现，全部样本数据回归显示净资产账面价值的回归系数在1%的统计水平下显著。从表4-7的分年度回归可以发现，除2017年外，每年的净资产账面价值的回归系数都在1%的统计水平下显著，且所有年度的回归系数都是大于1的，这表明公司的价值并没有与公司净资产的账面价值趋于相等，虽然实证检验反映净资产的账面价值对公司价值的解释能力很强。由此可以得出结论，即在中国资本市场数据进行实证时，其结果并不能支持Feltham-Ohlson模型所假设的公司价值与净资产账面价值是相等或趋于相等的。

表4-6　　公司净资产的账面价值BV对公司股票价格的回归检验结果（总体回归）

截距	BV	Adj-R^2
3.6035***	2.6566***	0.2664

表4-7　　公司净资产的账面价值BV对公司股票价格的回归检验结果（分年回归）

年份	截距	BV	Adj-R^2
2001	8.8136***	1.1812***	0.1428
2002	6.5698***	1.0053***	0.1533
2003	4.7686***	1.1652***	0.2620
2004	1.8154***	1.1488***	0.2395
2005	2.0606***	1.2442***	0.1931
2006	7.3846***	2.6815***	0.2568
2007	5.0570***	2.8450***	0.2710
2008	3.5189***	2.3073***	0.3741
2009	5.9970***	2.7945***	0.3286
2010	6.8532***	2.4818***	0.3747
2011	3.8082***	1.8766***	0.3071
2012	2.3481***	1.9586***	0.2811
2013	4.1295***	1.8735***	0.2127
2014	11.3034***	3.0340***	0.1452
2015	8.6341***	2.4113***	0.1942
2016	5.6496***	2.8160***	0.2779
2017	0.6605***	3.1517	0.3310
2018	-1.9619***	3.1026***	0.3360

注：***代表在1%的水平下统计显著。

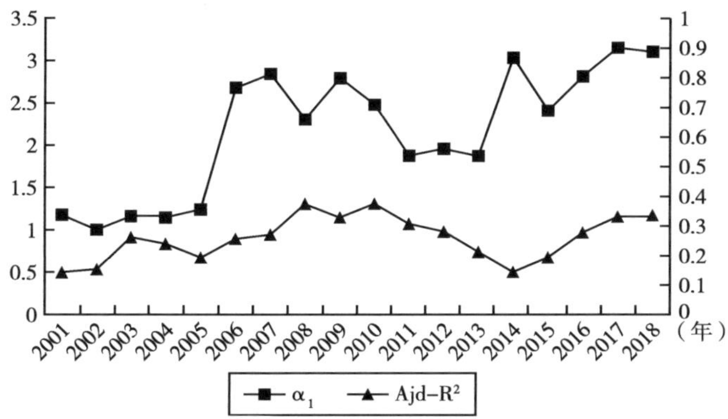

图 4-7　公司每股净资产的账面价值 BV 对公司股票价格的回归检验结果

注：所检验的估值方程：$P_t = \alpha_0 + \alpha_1 BV_t + \varepsilon$。$P_t$ 表示第 t 年 4 月 30 日每股股票价格；BV 表示资产负债表日公司每股净资产的账面价值。

4.4.2　Feltham - Ohlson 模型估值方程回归检验结果

本部分将分别针对三种线性信息动态假定对应的 Feltham - Ohlson 模型估值方程进行实证分析。

表 4-8、表 4-9 和图 4-8 给出了 LIM1* 对应的 Feltham - Ohlson 模型估值方程，即检验模型 1 的回归检验结果。

表 4-8　　检验模型 1 回归检验结果（总体回归）

截距	X^a	$Adj-R^2$
6.2966	11.3834***	0.2336

注：*** 代表在 1% 的水平下显著。

表 4-9　　检验模型 1 回归检验结果（分年度回归）

年份	截距	X^a	$Adj-R^2$
2002	5.6013***	5.5424***	0.0842
2003	4.1737***	6.2890***	0.1878
2004	0.8188***	7.1274***	0.2700
2005	0.7353***	11.4283***	0.3168
2006	8.6931***	15.6706***	0.3412
2007	5.9364***	14.3287***	0.3577
2008	5.1734***	8.9114***	0.3510
2009	7.3363***	11.8496***	0.3187

续表

年份	截距	X^a	Adj – R^2
2010	7.0141***	13.7401***	0.3063
2011	3.6226***	10.2865***	0.3428
2012	3.4390***	9.7597***	0.3067
2013	6.3302***	4.6764***	0.1075
2014	16.2708***	11.8886***	0.0934
2015	11.6572***	6.0852***	0.0867
2016	8.8494***	9.3998***	0.1884
2017	4.9496***	12.9502***	0.3349
2018	2.5398***	15.5602***	0.4218

注：*** 代表在 1% 的水平下显著。

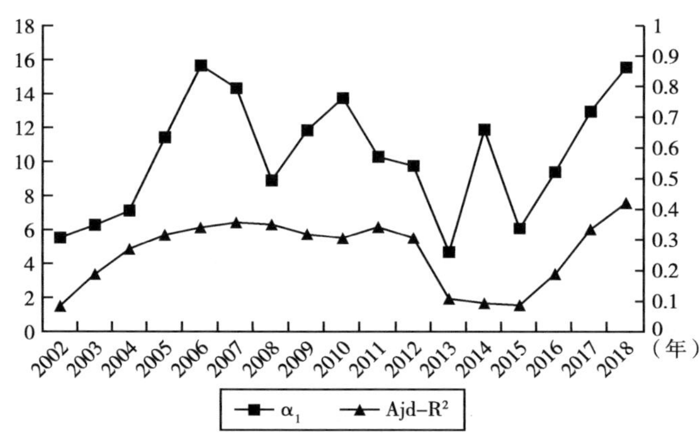

图 4-8　检验模型 1 回归检验结果

注：所检验的 F – O 模型估值方程：$P_t = \alpha_0 + \alpha_1 X_t^a + BV_t$。$P_t$ 表示第 t 年 4 月 30 日股票价格；X^a 表示超常盈余，t 期超常盈余 = t 期净利润 – r×（t – 1）期净资产；BV 表示资产负债表日公司每股净资产的账面价值。

从表 4 – 8 和表 4 – 9 中的回归结果可以发现，不管是总体回归，还是分年度回归，超常盈余 X^a 的回归系数均在 1% 的统计水平下显著，且回归值均大于 1。该实证表明一个单位的超常盈余对公司价值的贡献度要大于 1 个单位。同时发现，检验模型 1 在大多数年份的 Adj – R^2 具有较高的解释力水平，其值介于 8% 和 42.18 之间。

表 4 – 10 和图 4 – 9 给出了与 LIM2* 相对应的 Feltham – Ohlson 模型估值方程，即检验模型 2 的回归检验结果。

表 4-10　　　　检验模型 2 回归检验结果

年份	截距	BV	X^a	$Adj-R^2$
2002	7.0026***	7.2895***	0.4788***	0.2183
2003	5.1626***	7.4517***	0.6388***	0.3871
2004	2.2407***	8.6410***	0.4735***	0.4500
2005	1.9256***	12.6961***	0.5671***	0.4359
2006	7.3668***	14.4749***	1.5000***	0.4318
2007	5.4326***	13.9214***	1.1790***	0.4433
2008	4.4858***	8.2851***	1.2466***	0.5005
2009	8.3094***	12.9552***	0.6457***	0.4359
2010	6.6854***	13.3432***	1.1157***	0.4238
2011	3.9067***	10.5061***	0.9227***	0.4820
2012	4.4049***	10.5038***	0.7466***	0.4445
2013	4.5229***	3.7875***	1.4341***	0.2809
2014	15.1538***	10.8444***	1.3015***	0.1619
2015	9.4725***	4.5607***	1.5547***	0.2343
2016	7.8289***	8.2752***	1.2809***	0.3577
2017	5.0805***	13.0674***	0.9661***	0.4572
2018	4.7017***	17.4727***	0.4606***	0.5278

注：*、**、*** 分别代表在 10%、5% 和 1% 的水平下显著。

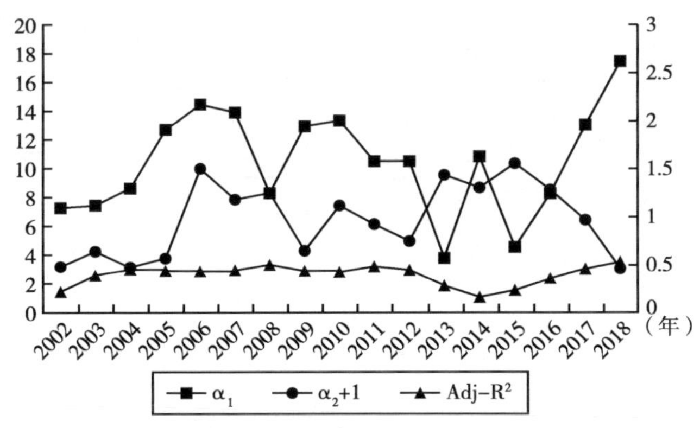

图 4-9　检验模型 2 回归检验结果

注：所检验的 F-O 模型估值方程：$P_t = \alpha_0 + \alpha_1 X_t^a + (\alpha_2 + 1) BV_t$。$P_t$ 表示第 t 年 4 月 30 日股票价格；X^a 表示超常盈余，t 期超常盈余 = t 期净利润 - r × (t-1) 期净资产；BV 表示资产负债表日公司净资产的账面价值。

从表4－10中的回归结果来看，各个年度超常盈余X^a的系数都在1%的统计水平下显著。同时，公司净资产账面价值的回归系数也都在1%的统计水平下显著，并且其系数每年都大于1。

从解释能力上来看，检验模型2各年份的Adj－R^2介于16.19%和52.78%之间，比检验模型1的解释力更强。

表4－11、表4－12和图4－10给出了与线性信息动态方程LIM3*相对应的Feltham－Ohlson模型估值方程——即检验模型3式的回归检验结果。

表4－11　　检验模型3回归检验结果（总体回归）

变量	回归结果
截距	5.7604
	（<.0001）***
BV	10.9098
	（<.0001）***
X^a	1.2075
	（<.0001）***
C	0.3949
	（<.0001）***
观测值	26673
F	4934***
调整的R^2	0.3569

注：***表示在1%的置信水平下统计显著。

表4－12　　检验模型3回归检验结果（分年度回归）

年份	截距	BV	X^a	C	Adj－R^2
2002	6.9653***	7.4274***	0.5338***	0.3319	0.2199
2003	5.1782***	7.3593***	0.6132***	－0.1678	0.3871
2004	2.2465***	8.5875***	0.4580***	－0.0975	0.4498
2005	1.8419***	13.2101***	0.6661***	0.6915***	0.4421
2006	7.3937***	14.2209***	1.4215***	－0.5897**	0.4336
2007	5.4495***	13.7373***	1.0905***	－0.7124**	0.4451
2008	4.4302***	8.3401***	1.2834***	0.1532	0.5003

续表

年份	截距	BV	X^a	C	Adj - R^2
2009	8.3306***	12.9868***	0.6177***	-0.1371	0.4355
2010	6.7182***	13.3719***	1.0617***	-0.2907	0.4238
2011	3.9044***	10.5118***	0.9023***	-0.1352	0.4818
2012	4.3725***	10.5064***	0.7966***	0.3155	0.4448
2013	4.5597***	3.8140***	1.3904***	-0.2572	0.2809
2014	15.2011***	10.8992***	1.2100***	-0.6367	0.1623
2015	9.4061***	4.3638***	1.4985***	-0.6582**	0.2361
2016	7.7541***	8.2382***	1.3601***	0.4411**	0.3587
2017	5.0645***	13.0732***	0.9993***	0.2408	0.4573
2018	4.4587***	17.6094***	0.7324***	2.1056***	0.5395

注：*、**、*** 分别代表在 10%、5% 和 1% 的水平下统计显著。

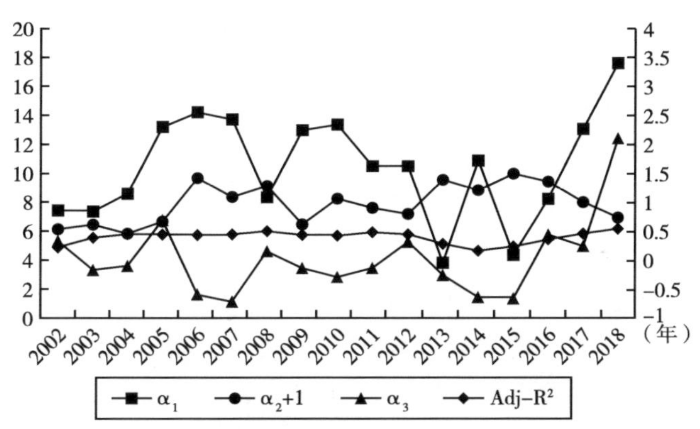

图 4-10 检验模型 3 回归检验结果

注：所检验的 F-O 模型估值方程：$P_t = \alpha_0 + \alpha_1 X_t^a + (\alpha_2 + 1) BV_t + \alpha_3 C_t$。$P_t$ 表示第 t 年 4 月 30 日股票价格；X^a 表示超常盈余，t 期超常盈余 = t 期净利润 - r × (t - 1) 期净资产；BV 表示资产负债表日公司净资产的账面价值；C 表示公司投资活动的现金流出。

从表 4-11 和表 4-12 的回归结果可以发现，不管是总体回归还是分年度回归，净资产 BV 和超常盈余 X^a 的回归系数均在 1% 的统计水平下显著。公司的每股净现金流量大部分年度并不显著，但总体回归仍在 1% 的统计水平下显著，并且 F 值也是在 1% 的统计水平下显著。

另外，从解释能力上看，检验模型 3 各年份的 Adj - R^2 介于 16.23% 和 53.95% 之间，略高于检验模型 2 的 Adj - R^2。

4.5 实证检验结果总结

本章对 Feltham – Ohlson 模型的实证检验表明，该模型在中国的证券资本市场上是有一定的适用性的，但是该模型所表现的三种不同形式的线性信息动态方程和估值方程的适用程度并不一样。本书的实证结果表明，线性信息动态方程 LIM2* 和线性信息动态方程 LIM3* 的解释力差不多（LIM3* 略高于 LIM2*），但均大幅高于线性信息动态方程 LIM1*。但也发现，在线性信息动态方程 LIM3* 的分年度回归结果中，每股净现金流与其价值并非全部统计显著。因此，奥尔森三种不同形式的线性信息动态方程在中国资本市场具有一定的适用性，但也存在以下不足；一是净资产、超常盈余和净现金流量变量并非为每年统计显著；二是解释力不高，有些年度的解释力水平还不到10%；三是线性信息动态方程 LIM3* 虽然提供了更多的财务信息，但其与线性信息动态方程 LIM2* 相比，并没有表现出有更大的优势。由此，本书提出几个问题：奥尔森三个线性信息动态方程是模型本身设计存在缺陷还是其他？能否进行改进？如何进行改进？这为本书的后续研究提供了新思路与方向。

本书从实证检验结果中发现这样一个值得注意的现象，即线性信息动态方程和估值方程中的截距在大多数情况下均表现出在统计上的显著性。前面的检验模型设计已经表明，检验模型中的截距等同于原来 Feltham – Ohlson 系列估值模型中的“其他信息”变量。从截距在统计上的显著性来看，可以合理推断，除了上文所提及的超常盈余、净资产的账面价值等会计信息变量外，一定存在“其他信息”变量对公司价值有比较大的影响，由此在奥尔森的系列估值模型中增加“其他信息”的变量也是合理的。本章这一实证结果也为本书在第 5 章的模型改进研究中寻找并引入其他关键变量提供了必要性的依据。

关于企业未来会计数据无法直接获得的问题，奥尔森系列剩余收益模型通过对模型加入线性信息条件，使未来会计数据具有一定的规律性，以便可以用本期的会计数据来预测未来的会计数据。但奥尔森的这一线性信息假设也意味着其模型只基于既有的会计数据，完全避免了对未来的人为判断。可见奥尔森系列模型隐含的假设企业未来的情况完全不可预测。但实际上，企业的未来发展前景并非完全不可预测。因此，对企业价值的评估不应完全避免对企业未来经营状况的判断。

【本章小结】

本书用中国资本市场数据检验了奥尔森提出的三个线性信息动态方程。检验结果发现，这三个线性信息动态方程在中国资本市场的适用性并不相同，并且线性信息动态方程 LIM2 * 和线性信息动态方程 LIM3 * 要明显优于线性信息动态方程 LIM1 * 。同时也发现，一方面，这三个线性信息动态方程均存在一定的适用性不足；另一方面，代表“其他信息”的截距值，不管是从总体回归来看，还是从分年度回归来看，均为统计显著，该结果为后续的模型优化与拓展提供了直接的理论依据。

5 单风险因子剩余收益模型理论分析

从第4章的实证结果可以发现，奥尔森系列剩余收益模型在中国市场具有一定的适用性，但总体效果并不是很理想。由于我国资本市场比西方发达国家起步晚，投资者们对资本市场风险的认知与识别存在差异。起源于西方的奥尔森剩余收益估值模型在我国的适用性方面存在一定的缺陷，有必要探讨对奥尔森系列模型的进一步改进。为此，基于第4章的实证结果，考虑到中国资本市场风险因素，本章拟从理论上构建适合中国国情与特色的单风险因子剩余收益模型。

5.1 剩余收益模型的评价及其改进思路

5.1.1 基于实证视角的剩余收益模型的评价

用 Feltham - Ohlson 模型对中国资本市场 2001—2018 年的样本数据所进行的实证研究表明，该模型在中国资本市场上是有适用性的；但是结果表明，三种不同形式的线性信息动态方程具有不同程度的适用性。同时，在 Feltham - Ohlson 估值模型的回归方程中发现，用截距作为“其他信息”变量的有效替代，该截距的回归系数均在统计上表现出显著性。由此我们可以合理推断，Feltham - Ohlson 的系列估值模型中，除了模型本身所考虑的净资产账面价值等一些会计信息变量外，可能还有其他的会计信息变量被忽略，而这些被忽略的会计信息变量很可能会影响公司的价值评估。基于这样一个前提条件，本章将引入其他会计信息变量，从而对原来的 Feltham - Ohlson 估值模型进行改进。

根据国外许多学者的实证研究，风险因素是影响股票估值模型的一个重要因素。如 Baginskiand and Wahlen（2003）考虑到风险因子对权益回报率的影响，将利用无风险的利率即国债利率计算出的权益内在价值与公司股票市值的比值作为价格差。利用美国证券市场数据进行实证后发现，公司剩余收益的总量与价格差存在正相关的关系，并且与总量具有增量相关性。同时，根据市场风险因素确定的模型显示，奥尔森剩余收益模型中的系统风险与股票的价格并不是增量相关的，只有剩余收益确定的总额变化与股票收益的系统风险具有增量相关性。Ali，Hwang and Trombley（2003）在模型当中，引入了考虑风险因素的公司权益内在价值与股票价格的比率。通过在模型当中考虑含有风险因子的权益资本报酬率，最终得到结论，即引入风险调整的收益率因子，公司权益内在价值与股票价格的比率与股票的未来预期收益水平具有正相关关系，从而证实了风险因素是解释证券市场对股票定价存在误差的重要方面，风险并不是公司权益内在价值变化的主要因素。Cheng（2005）在市场风险因子上进行了进一步的拓展型研究。在之前学者研究的基础上，他将市场当中存在的风险通过两个替代变量体现，实证结果同样表明风险因素对权益资本成本有重要影响。

总之，与市场有效理论相似，以上学者的研究结论共同揭示了风险因素对权益资本成本的影响，风险因子对奥尔森剩余收益模型的估价是不容忽视的。然而，奥尔森（1995）最初提出的剩余收益模型的前提假设就是风险是中性的。对奥尔森剩余收益模型的应用，先前的学者都只停留在对风险中性的假定基础上，往往忽视了市场中的风险因素。因此，为了更加合理地评估股票价值，应当考虑市场的风险因素，找到可以将风险因素更好地融入模型的正确估价方法，从而对股票价格进行正确的估值，准确地做出卖出或者买入股票的决策。

5.1.2　基于理论视角的剩余收益模型的评价

奥尔森系列剩余收益模型较其他估值模型有较多的优势。在企业价值评估方法中，相对（比率）估价法是传统的估价方法，其理论基础主要是高登固定股利增长模型，但是其计算方法比较简略，只能对企业价值做出粗略的估算。因此，一般来说，该估计方法不能成为一种主导的方法，只能在运用其他估值方法的基础上进行补充，以此对其他的估值方法做出一定的检验。还有一种比较新兴的估值方法是实物期权定价方法，运用该方法可以得出比较精确的估值结论，但该方法有两个明显的缺陷：一是应用范围受限，该方法主要运用于企业并购、重组等；二是计算比较复杂，该方法使用过程中需要做严格的量化分析。这两种缺陷的存在导致该定价方法在实际运用中并不广泛。奥尔森系列模型在一定程度上避免了这些模型的缺陷。

另外，作为传统的权益估值方法，股利贴现模型和现金流贴现模型在理论上比较成熟，操作上相对简单，是许多研究学者运用的主要方法，但该方法在实际运用中并未成为主流，主要是因为该方法存在几个非常重大的缺陷：第一，在运用这两个估值模型进行估值时，首先需要对企业未来的现金流或股利支付做出预测，而这些未来的预测存在很大的主观性和不确定性，导致估计不准确，估计误差值会非常大。第二，运用这两个估值模型进行计算时均存在无穷求和公式。无穷求和公式的存在使得经典的计量经济学方法不能直接用来检验模型的真伪。人们计算股票价值时必须选择一个截断面，形成截断误差。第三，这两个估值模型使用的估值信息太少，没有充分利用会计报表中的数据。对现代会计信息的研究发现，净资产、每股盈余、会计应计项等都含有大量有用的估值信息。剩余收益模型可以弥补上述不足。

奥尔森系列剩余收益模型在理论上也存在一些不足之处。

首先，关于企业未来会计数据无法直接获得的问题，奥尔森系列剩余收益模型通过加入线性信息条件，使未来会计数据具有一定的规律性，以便可以用本期的会计数据来预测未来的会计数据。但奥尔森的这一线性信息假设也意味着其模型只基于既有的会计数据，完全避免了人们对未来的判断。可见奥尔森系列模型隐含的假设是企业未来的情况完全不可预测。但实际上，企业的未来发展前景并非完全不可预测。因此，对企业价值的评估不应避免对企业未来经营状况的判断。

其次，奥尔森系列模型对风险因素的考虑不够完善。我们知道，权益资本成本即投资者要求的回报率在剩余收益模型的估值过程中是十分重要的，贴现率的确定会影响模型对公司价值评估的取值，从而直接影响剩余收益模型对股票价格的解释水平。奥尔森（1995）最初提出的剩余收益模型的前提假设就是风险是中性的，用无风险资产的收益率替代权益资本成本，因此不能很好地反映风险因素对股票估值的影响。Feltham 和 Ohlson 早在 1999 年也考虑过对剩余收益模型在风险因素方面进行改进，只不过 Ohlson 通过贴现因子的变化来考虑风险因素的影响。通过调整贴现因子来反映风险因子对价值评估的影响的做法，不便于直观定量的刻画，也不便于具体的实证分析与应用。

5.1.3　剩余收益模型的改进思路

奥尔森提出的剩余收益模型首次将企业的内在价值与会计系统有机地联系起来。奥尔森在模型中加入线性信息条件，使未来会计数据具有一定的规律性，以便可以用本期的会计数据来预测未来的会计数据，解决了企业未来会计数据无法直接获得的问题。但奥尔森的这一线性信息假设也意味着该模型建立在企业未来的情况完全不可预测的假设基础上，这与企业的未来发展前景并非完全不可预测的事实相违背，对近期状况和远期状况会有不同的预测性。因此对企业的未来可以分阶段进行估计。这将是本书理论改进所要考虑的一个方面。

纵观传统的剩余收益模型的发展状况，可以看出，这些模型都遗漏了一个重要的因子，即风险因素。对奥尔森剩余收益模型的应用，先前的学者都只停留在风险中性的假定基础上，往往忽视了市场当中的风险因素。实际上在未来特别是明确预测期后不确定因素的判断中，必须考虑风险因素。

在进行权益价值评估或投资者参与投资活动的过程当中，应当考虑市场的风险因素，找到可以将风险因素更好地融入模型的正确估价方法。在估值模型的理论研究中引入预期风险因素也是十分必要的。Feltham 和 Ohlson（1999）曾通过贴现因子的变化来考虑风险因素的影响。这也说明了 Feltham 和 Ohlson 也意识到风险调整的必要性，只不过他们通过调整的贴现因子来反映风险因子对价值评估的影响不便于直观定量的刻画与应用。

为此，本书通过构建新的单风险因子剩余收益估值模型（RIM $-\sigma^2$ 模型），从另一个方面来刻画风险因子对价值评估的影响。所引入的风险因子将作为一个模型的线性变量。同时 RIM $-\sigma^2$ 模型还引入了其他一些新的会计信息变量，从而使模型能够更充分地利用现有会计信息进行价值评估。改进的思路主要有两方面：一是要解决关于无穷项求和无法实际计算的问题，即涉及无限后续期价值的计算；二是要引入模型中可能遗漏的重要会计信息变量。本章将从无穷项求和方面寻找思路，进而根据实际推导引入新的模型变量。

5.2 RIM $-\sigma^2$ 模型构建的相关基础理论

正如上文所述，本书从两方面对奥尔森早期模型进行改进，即改进对企业未来无限期收益所隐含的内在价值的计算（即后续期价值的计算）和改进奥尔森系列模型对风险因子考虑的不足之处。实际上，这两个问题的解决思路在已有的估值理论的研究中早有涉及。下面介绍相关理论，以便为 RIM $-\sigma^2$ 模型的构建提供理论基础。

5.2.1 后续期价值估计的相关基础理论

不论是早期的现金流量贴现模型还是早期的剩余收益模型，其对企业价值的评估都基于企业未来无限期的现金流贴现或剩余收益贴现。由于人们无法对未来无限期的状况进行有效预测，因此在实际估计分析时，主要还是基于有限的预测期来估值。这就出现如何处理预测期结束后的企业价值的问题。$RIM-\sigma^2$ 模型改进的一个重要方面是关于未来无穷项求和无法实际计算这一问题的解决。

根据徐婕（2008）所述，预测期结束时价值可以被定义为企业的后续期价值。基于此，我们可以假设企业的收益是分阶段实现的，由此可以将企业未来现金流量分为达到“均衡状态”的前后两个阶段，明确的预测期结束就是后续期（即均衡状态）的开始。徐婕（2008）的实证研究已经证实了后续期价值在企业总价值中所占的比重是非常大的。

有很多种模型和方法来估计企业的后续期价值，在此只讲述永续增长模型。

永续年金是指无限期支付的年金，因为该年金没有终止的时间，所以股利没有终值。永续年金模型的表达式为：

$$P = A/r \tag{5-1}$$

式中：P 表示企业评估现值；A 表示企业每年的年金收益，代表连续发生在一定周期内的等额的现金流量；r 表示折现率。

相应的后续期价值为：

$$\text{后续期价值} = FCF_{t+1}/(WACC-g) \tag{5-2}$$

式中：FCF_{t+1}表示后续期第一年自由现金流量；WACC 表示加权平均资本成本；g 表示自由现金流量的增长率。

我们知道，我们不可能预测无限期的每年的现金流，但我们可以做出某种假设，以此构建出不同形式的模型来预测未来现金流，从而对企业价值做出合理的估计。基于此，学者们提出的模型主要有三类，即单阶段现金流量折现模型、两阶段现金流量折现模型、三阶段现金流量折现模型。

单阶段现金流量折现模型，又被称为稳定增长模型。该模型假设企业的现金流预计在未来很长时间内以某一个稳定的速度增长。假设该稳定的增长率为常数 g，那么企业预期的未来第 t 期的现金流量为：

$$R_t = R_0(1+g)^t \tag{5-3}$$

式中：R_0表示 $t=0$ 时的现金流量。

由此，企业价值（P）就可以写成按折现率折现后的固定增长现金流量之和：

$$P = \sum_{t=1}^{\infty} \frac{R_0 (1+g)^t}{(1+r)^t} \tag{5-4}$$

如果必要报酬率（或收益率）r 大于其固定增长率 g（否则现值无限大），式（5－4）可简化为：

$$P = \frac{R_1}{r-g} \tag{5-5}$$

式（5－5）中的假设是，企业未来的现金流是按固定比例 g 增长的。虽然每年的增长率可能与 g 并不保持一致，甚至在某期会出现比较大的偏差，但这些偏差的出现不足以改变企业未来现金流保持常数增长率 g 这样的假设。假设 g 和 r 是常数（且 $r>g$）可能与现实不太相符，但把它作为一种近似计算企业价值的方法还是可行的。

两阶段现金流量折现模型假设企业未来的现金流并非以固定增长率增长。此时，我们可以对固定增长模型进行修正，以此来计算企业的价值，也就是做出其他合理的假设对模型进行修正。比如，有许多的估值模型就提出了这样的假设：在开始阶段的一定期限（年）内，公司的现金流量先以超常增长率增长，在后续的一定期限（年）内，则以固定的增长速度继续增长。此时，公司的未来现金流就可以分为两部分，即开始阶段的高速增长期（n）和后续的固定增长阶段（该增长期是永续的），由此，企业的价值可以通过以下三个步骤来计算：

首先，计算高速增长期预期现金流量的现值 $\sum_{t=1}^{n} \frac{R_t}{(1+r)^t}$。

其次，计算固定增长阶段的企业现金流现值，此时，需要先计算在固定增长开始时点的现值，然后再折现到现时价值，即$\frac{R_{n+1}}{r-g} \times \frac{1}{(1+r)^n}$，式中：g 表示企业达到稳定状态时预期固定现金流量增长率。

最后，企业的价值就是将上述两部分所求的现值加起来：

$$P = \sum_{t=1}^{n} \frac{R_t}{(1+r)^t} + \frac{R_{n+1}}{r-g} \times \frac{1}{(1+r)^n}$$

三阶段现金流量折现模型假设公司未来的发展分为三个阶段：第一阶段是超常增长阶段，第二阶段是增长率下降阶段，第三阶段是稳定增长阶段。可以用三阶段模型表示来表示企业的价值：

$$P = \sum_{t=1}^{n_1} \frac{R_t}{(1+r)^t} + \left[\sum_{t=n_1+1}^{n_2} \frac{R_t}{(1+r_k)^t} \right] / (1+r)^{n_1} + \frac{R_{n_2+1}/(r_n - g_n)}{(1+r)^{n_2}} \tag{5-6}$$

式中：R_t表示公司第 t 年的自由现金流；r 表示高速增长阶段的资本加权平均成本；r_k 表示公司增长率下降阶段的资本加权平均成本；r_n 表示公司稳定增长阶段的资本加权平均成本；g_n表示稳定阶段的自由现金流的增长率。

从学者们提出的三种假设的现金流（或股利）模型，我们发现其有一个共同的致命缺陷，即完全不考虑企业现有资产价值。如果用这些模型来衡量未来不分红的公司，则企业价值的评估值将为零，这显然是不合理的，也是与现实不相符的。正是由于折现模型这些固有的缺陷，人们又提出了剩余收益模型（RIM 模型）和 RIM 模型的各种改进形式。

从上述的几个模型对后续期的处理方式可以看出，它们都忽视了风险因素的影响。我们知道，在预测每期（t）的自由现金流和后续自由现金流的增长率（g_n）时，我们无法确切地预测某一确定的数据，但我们可以预测某一范围或某一确切数据的可能性（概率）。实际上对未来价值的判断避免不了不确定因素，这表明忽视风险因素而对未来无限期价值进行评估是不合理的。正因为如此，对于新构建的模型，在借鉴以往模型对后续期价值分阶段处理方式的基础上，把风险因素融入后续期的价值评估当中。

5.2.2 价值评估中风险因子调整的相关基础理论

正如上文所述，奥尔森系列模型的一个重要缺陷在于，对风险因素的考虑不够完善。Ohlson（1995）模型最初提出的剩余收益模型的前提假设就是风险是中性的，从而用无风险资产的收益率替代权益资本成本，因此不能很好地反映风险因素对股票估值的影响。但众多实证结果已表明，对于企业的价值评估，风险因素是一个不可忽视的因素，因此，若不考虑风险因素，将直接影响剩余收益模型对股票价格的解释水平。

为此，Feltham 和 Ohlson 在 1999 年发表的论文《考虑风险与随机利率的剩余收益价值》（Residual earnings valuation with risk and stochastic interest rates）中提出的一个更一般化的模型在一定程度上考虑了对剩余收益模型在风险因素方面的改进。

Feltham – Ohlson（1999）模型是建立在如下两个假设条件之上的，即金融市场是无套利的完备市场和净清洁盈余关系（Clean Surplus Relation）

成立。

基于以上两个假设条件，Feltham – Ohlson（1999）推导出经风险调整后的企业价值：

$$V_t^R = BV_t + \sum_{\tau=1}^{n} R_{t+\tau}^{-1} E_t^* (X_{t+\tau}^*) \tag{5-7}$$

其中：

$$E_t^* (X_{t+\tau}^*) = \sum X_{t+\tau} f_{t+\tau}^*$$

$$f_t^* = \sum \xi_t f_t$$

式中：V_t^R 表示考虑风险后的企业价值；BV_t 表示企业在第 t 期的账面价值；R_t^{-1} 表示无风险利率对应的折现因子；X_t 表示企业在第 t 期的净利润；f_t^* 表示经风险调整的概率函数（风险中性概率函数）；ξ_t 表示风险调整所反映的隐含价格（implicit price）；E_t^* 表示经风险调整的概率函数计算的条件期望（即风险调整的期望算子）。

式（5 –7）表明企业的内在价值等于当期账面价值加上经风险调整后的非正常收益的贴现值。该公式的基本依据是，在目前的账面价值和预期非正常收益上没有套利机会（于东智，2000）。

Feltham – Ohlson（1999）模型通过条件期望的变化来考虑风险因素的影响，相当于将原来的折现因子调整为随机折现因子来计算企业的价值。这样的处理方式显然不便于直观定量的刻画，也不便于具体的实证分析与应用。为此，本章将引入一个线性的风险因子来弥补 Feltham – Ohlson（1999）处理方式的不足。

5.3 剩余收益估值模型的改进演绎

奥尔森用剩余收益估值模型来拓展股利折现模型，最主要的贡献是将企业的内在价值与会计信息变量有机地结合起来，解决了实证研究中的许多实际问题。后续学者均对奥尔森模型进行了研究和改进。特别是实证会计研究者，他们均提议在对公司的权益价值进行评估时，用剩余收益模型取代折现的现金流量模型。剩余收益模型远优于现金流量折现模型和股利折现模型。

由前文可知，在股利折现模型［式（3 –1）］的基础上，根据奥尔森对剩余收益的定义，经过简化计算，很容易得到：

$$V_t^{RIM} = BV_t + \sum_{\tau=1}^{\infty} \frac{E[X_{t+\tau} - rBV_{t+\tau-1}]}{(1+r)^{\tau}} \tag{5-8}$$

式中：V_t^{RIM} 表示 t 期公司权益市场价值；BV_t 表示企业在 t 期的账面价值；r 表示无风险利率；X_t 表示企业在 t 期的净利润；$X_{t+\tau} - rBV_{t+\tau-1}$ 表示第 $t+\tau$ 期的剩余收益。

由式（5－8）可知企业的价值主要由三个因素决定：该企业当期的净资产、未来各期预期净资产、贴现资金成本率（或贴现率）。在该模型中，当我们预测企业价值时，并不需要预测企业未来现金流或股利支付，只需要预测未来的每股收益和净资产。同时也发现，该模型同样涉及未来无限期的剩余收益的贴现求和，估值的计算存在困难。基于此，奥尔森在模型中加入线性信息条件，使未来会计数据具有一定的规律性，根据该规律就可以用现有的会计数据对未来的会计数据做出合理的预测，解决了企业未来会计数据无法直接获得的问题。

但奥尔森的这一线性信息假设也意味着其模型只基于既有的会计数据，完全避免了人们对未来的判断。可见奥尔森系列模型隐含着这样的假设，即企业未来的情况是完全不可预测。然而我们知道，企业的未来发展前景并非完全不可预测。因此，对企业价值的评估不应避免对企业未来经营状况的判断。这说明奥尔森模型并非完美。

为此，学术界也出现了不少对奥尔森模型的改进研究。主要的改进是对企业未来进行分阶段评估。与现金流量贴现法的权益估值分阶段计算类似，剩余收益模型也有相应的三阶段模型。

5.3.1　一般形式的三阶段剩余收益模型

三阶段剩余收益模型构建的主要依据在于，在对企业价值进行评估时，确实难以对企业的远期经营状况做出合理预测，但在现有的基本经营状况信息的基础上，是可以合理预测近期的经营状况的。

一般可以假定企业是永续经营的，则第 t 期的企业价值可以分三个阶段来评估：第一阶段就是企业当期，在这一阶段对净资产进行评估。第二阶段是第 t 时刻到企业未来 n 年，即所谓的明确预测期，这一阶段的企业经营状况可以凭借现有的信息进行有效预测。第三阶段是自第 n 年开始到无穷，即所谓的明确预测期后，这一阶段的企业经营状况难以有效预测。通过对上述模型［式（5－8）］的分解，可以得到：

$$V_t^{RIM} = BV_t + \sum_{\tau=1}^{n} \frac{E[X_{t+\tau} - rBV_{t+\tau-1}]}{(1+r)^{\tau}} + \sum_{\tau=n+1}^{\infty} \frac{E[X_{t+\tau} - rBV_{t+\tau-1}]}{(1+r)^{\tau}} \tag{5-9}$$

这就是一般形式的三阶段剩余收益模型的表达式。企业的价值主要由以下三部分组成。

（1）BV_t 表示现有的账面净资产，它代表企业过去的经营状况所积累的企业价值。

（2）$\sum_{\tau=1}^{n}\frac{E(X_{t+\tau}-rBV_{t+\tau-1})}{(1+r)^{\tau}}$ 表示基于现有信息可以有效预测的企业未来 n 年的经营状况所能实现的剩余收益的现值。

（3）$\sum_{\tau=n+1}^{\infty}\frac{E(X_{t+\tau}-rBV_{t+\tau-1})}{(1+r)^{\tau}}$ 表示根据现有信息无法有效预测的企业未来第 n+1 年开始到无穷的经营状况所能实现的剩余收益的现值。

我们从公式可以发现，运用该模型很难对企业的价值做出合理的评估，该模型的实用性比较差。这主要是因为 $\sum_{\tau=n+1}^{\infty}\frac{E(X_{t+\tau}-rBV_{t+\tau-1})}{(1+r)^{\tau}}$ 涉及根据现有信息无法有效预测的企业未来第 n+1 年开始的经营状况，而这一部分价值是难以具体计算的。

针对以上模型存在的不实用性问题（主要是难以计算），目前已有两种相对适用的三阶段定价模型，即三阶段剩余收益模型（Dechow，Hutton 和 Sloan，1999。为方便叙述，下文将此模型简记为 DHS 模型）和三阶段股票定价模型（徐婕，2008。记为 TSSV－θ 模型）。

5.3.2 DHS 模型简介

Dechow，Hutton 和 Sloan（1999）提出的 DHS 模型具体表示为：

$$V_t^{RIM}=BV_t+\sum_{\tau=1}^{n-1}\frac{X_{t+\tau}-rBV_{t+\tau-1}}{(1+r)^{\tau}}+\frac{X_{t+\tau}-rBV_{t+\tau-1}}{(1+r-\omega)(1+r)^{\tau-1}} \tag{5-10}$$

其中，$0\leqslant\omega\leqslant1$ 被称为持久因子。

若 $ROE_t=\frac{X_t}{BV_t}$，则 ROE_t 表示第 t 期的资产收益率，于是 ω 的取值可按如下三种情况讨论。

（1）$\omega=0$。企业的 ROE 逐渐下降，在有效预测阶段之后，ROE 下降到 r 水平，企业的剩余收益下降为 0。

（2）$0\leqslant\omega\leqslant1$。无法预测企业的 ROE 下降到 r，于是也无法预测企业的剩余收益下降为 0，因此给 ω 一个介于 0 和 1 之间的估计值。

（3）$\omega=1$。企业的 ROE 在有效预测阶段，之后维持在行业平均水平，企业的剩余收益将无限维持下去。

DHS 模型相对于式（5－9）的一般形式的三阶段剩余收益模型而言，有了一定的改进。但是 DHS 模型中存在需要人为估计的持久因子 ω，这就导致了主观估计的存在，使得模型的实用性仍然较差。

5.3.3 TSSV－θ 模型简介

徐婕（2008）在一般的三阶段剩余收益模型中引入关系式：

$$X_t = ROE_t \cdot BV_{t-1} \tag{5-11}$$

从而得到：

$$V_t^{RIM} = BV_t + \sum_{\tau=1}^{n} \frac{E(X_{t+\tau} - rBV_{t+\tau-1})}{(1+r)^{\tau}} + \sum_{\tau=n+1}^{\infty} \frac{E(ROE_{t+\tau} - r)BV_{t+\tau-1}}{(1+r)^{\tau}} \tag{5-12}$$

然后基于如下两个基本假设来改进上述模型。

假设 1： 企业第 n＋1 年开始历年的净资产收益率为随机变量，在不同时刻相互独立，且在每一个会计年度的净资产收益率服从正态分布，即 $ROE_{\tau} \sim N(\overline{ROE}, \sigma^2)$，$\tau \geqslant n+1$。

假设 2： 从第 n＋1 年开始到未来的永续期，由第一个假设得到企业存在长期的平均净资产收益率 $\overline{ROE}$。

令 π 为企业将盈利用于分红的比例，通过计算得到企业的估值模型为：

$$V_t^{RIM} = BV_t + \sum_{\tau=1}^{n} \frac{X_{t+\tau} - rBV_{t+\tau-1}}{(1+r)^{\tau}} + \theta_3 \frac{BV_{t+n}}{(1+r)^{\tau}} \tag{5-13}$$

其中，$\theta_3 = \dfrac{\overline{ROE} - r}{r - \overline{ROE}(1-\pi)}$。

由于此模型中含有参数 θ_3，徐婕（2008）将此模型称为 TSSV－θ 模型。TSSV－θ 模型建立在 $r > \overline{ROE}(1-\pi)$ 的基础上，否则企业的资产会变成无穷大。

虽然 TSSV－θ 模型没有类似于 DHS 模型的需要人为估计的变量 ω，但其对企业第三阶段的估值很大程度上依赖于净资产的预测。作为一个绝对量的净资产，对其预测往往会存在比较大的误差。TSSV－θ 模型建立在 ROE_{τ}（$\tau \geqslant n+1$）在不同时刻相互独立这一比较严格的假设基础上，而这一假设与企业经营状况在不同时间具有一定连贯性的特征相违背。因此，TSSV－θ 模型仍然不够完美。

5.4 RIM－σ^2 模型的理论构建

5.4.1 RIM－σ^2 模型构建的依据与特点

首先，三阶段剩余收益模型通过将企业价值的评估分成三个不同的阶段加以计算。具体而言，Dechow，Hutton 和 Sloan（1999）所提出的 DHS 模型通过加入持久性因子 $0\leqslant\omega\leqslant1$ 加以解决。徐婕（2008）提出的 TSSV－θ 模型则通过假定明确预测期后历年的净资产收益率为相互独立的正态分布随机变量而加以改进。TSSV－θ 模型将明确预测期后的不确定因素归结到第 t＋n 期的净资产 BV_{t+n} 和预期净收益 $\overline{ROE}$ 上。因此，三阶段剩余收益模型是认可难以预测企业远期的经营状况这个现实的，而企业的近期经营状况，基于已有的一些基本信息，是可以做出一定的合理预测的。

其次，正如上文所述，虽然 Feltham－Ohlson 早在 1999 年也考虑过对剩余收益模型在风险因素方面进行改进，但 Feltham－Ohlson 是通过贴现因子的变化来考虑风险因素的影响。通过调整贴现因子来反映风险因子对价值评估的影响，不便于直观定量的刻画，也不便于具体的实证分析与应用。为此，本书通过构建新的三阶段剩余收益估值模型（RIM－σ^2 模型），用另一个方式来刻画风险因子对价值评估的影响。引入的风险因子将作为一个模型的线性变量。同时引入了其他一些新的会计信息变量，从而使模型能够更充分地利用现有信息进行价值评估。

5.4.2 RIM－σ^2 模型构建的假设条件

针对 DHS 模型和 TSSV－θ 模型的不足，本部分将基于一般的三阶段剩余收益模型，提出一个新的线性风险因子调整的三阶段剩余收益模型（RIM－σ^2 模型）。在构建模型之前，首先给出如下假设：

假设 a：从第 n＋1 年开始到未来的永续期，企业存在一个长期的平均净资产收益率$\overline{ROE}$。从第 n＋1 年开始企业历年的净资产收益率为随机变量，且在每一个会计年度的净资产收益率服从正态分布，即 $ROE_\tau\sim N[\overline{ROE},D(ROE)]$，$\tau\geqslant n+1$。

假设 b：从第 n+1 年开始企业历年的净资产增长率 $\mu_\tau = \frac{BV_{\tau+1} - BV_\tau}{BV_\tau}$ 为随机变量，且在每一个会计年度的净资产增长率服从正态分布，即$\mu_\tau \sim N(\mu, \sigma^2)$，$\tau \geqslant n+1$。

5.4.3 RIM－σ^2 模型的推导与分析

为了 RIM－σ^2 模型推导的需要，在此给出如下引理。

引理：假定 x 是一个服从均值为 E(x)、方差为 D(x) 的正态分布随机变量，即 $x \sim N(E(x), D(x))$，则有 $E(e^x) = e^{E(x)+0.5D(x)}$。

由假设 b 可知净资产增长率可以近似表示为对数形式：

$$\mu_\tau = \frac{BV_{\tau+1} - BV_\tau}{BV_\tau} \approx \ln\frac{BV_{\tau+1}}{BV_\tau} \tag{5-14}$$

于是有：

$$BV_{\tau+1} = BV_\tau e^{\delta_\tau} \tag{5-15}$$

在给定 τ 时刻的信息时，BV_τ 为已知量，对上式两边取条件期望，并根据引理可知：

$$E_\tau(BV_{\tau+1}) = BV_\tau E_\tau(e^{\delta_\tau}) = BV_\tau e^{\mu+0.5\sigma^2} \tag{5-16}$$

由于 $X_{t+s} = ROE_s \cdot BV_{t+s-1}$，根据一般的三阶段剩余收益模型［式（5－9)］可知：

$$V_t = BV_t + \sum_{s=1}^{n}\frac{(ROE_{t+s} - r)BV_{t+s-1}}{(1+r)^s} + \sum_{s=n+1}^{\infty}\frac{(ROE_{t+s} - r)BV_{t+s-1}}{(1+r)^s} \tag{5-17}$$

又因为：

$$BV_{t+1} = BV_t[1 + ROE_{t+1}(1-\pi) - r]$$

从第 t+n+1 期到第 t+s－1 期有如下关系式：

$$BV_{t+s-1} = BV_{t+n+1}[1 + ROE_{t+s-1}(1-\pi) - r]^{s-n-2} \tag{5-18}$$

将式（5－18）代入式（5－17）可得：

$$V_t = BV_t + \sum_{s=1}^{n}\frac{(ROE_{t+s} - r)BV_{t+s-1}}{(1+r)^s} + \sum_{s=n+1}^{\infty}\frac{(ROE_{t+s} - r)[1 + ROE(1-\pi) - r]^{s-n-2}BV_{t+n+1}}{(1+r)^s} \tag{5-19}$$

由于在 $t \leqslant \tau \leqslant n$ 时，能对企业的经营状况做出有效预测，因此，在 t 时刻，$BV_{t+\tau}$（τ＝1，…，n）为已知数值，而 BV_{t+n+1} 为未知的随机变量。于是，对式（5－19）两边取条件期望，可得：

$$E_t(V_t) = BV_t + \sum_{s=1}^{n} \frac{(ROE_{t+s} - r)BV_{t+s-1}}{(1+r)^s} + \sum_{s=n+1}^{\infty} E_t\left\{\frac{(ROE_{t+s} - r)[1 + ROE(1-\pi) - r]^{s-n-2} BV_{t+n+1}}{(1+r)^s}\right\} \quad (5-20)$$

根据假设 a 可得：

$$E_t(V_t) = BV_t + \sum_{s=1}^{n} \frac{(ROE_{t+s} - r)BV_{t+s-1}}{(1+r)^s} + E_t(BV_{t+n+1}) \frac{(\overline{ROE} - r)}{[1 + \overline{ROE}(1-\pi) - r]^{n+2}} \sum_{s=n+1}^{\infty} \frac{[1 + ROE(1-\pi) - r]^s}{(1+r)^s} \quad (5-21)$$

对式（5－21）右边的无穷级数进行求和后，可得：

$$E_t(V_t) = BV_t + \sum_{s=1}^{n} \frac{(ROE_{t+s} - r)BV_{t+s-1}}{(1+r)^s} + \frac{(\overline{ROE} - r)}{[1 + \overline{ROE}(1-\pi) - r][2r - \overline{ROE}(1-\pi)]} E_t(BV_{t+n+1}) \quad (5-22)$$

根据式（5－16），可将上式进一步表示为：

$$E_t(V_t) = BV_t + \sum_{s=1}^{n} \frac{(ROE_{t+s} - r)BV_{t+s-1}}{(1+r)^s} + \frac{(\overline{ROE} - r)}{[1 + \overline{ROE}(1-\pi) - r][2r - \overline{ROE}(1-\pi)]} e^{\mu+0.5\sigma^2} \quad (5-23)$$

对 $e^{\mu+0.5\sigma^2}$ 进行泰勒展开后，代入式（5－23），可得：

$$E_t(V_t) = BV_t + \sum_{s=1}^{n} \frac{(ROE_{t+s} - r)BV_{t+s-1}}{(1+r)^s} + \frac{(\overline{ROE} - r)(1 + \mu + 0.5\sigma^2)BV_{t+n}}{[1 + \overline{ROE}(1-\pi) - r][2r - \overline{ROE}(1-\pi)]} \quad (5-24)$$

可见，企业的价值除了与当期和第 n 期的净资产（BV_t、BV_{t+n}）、第 n 期及之前的净资产收益率［ROE_s（s＝1，…，n）］有关外，还与第 n＋1 期以后的预期净资产平均收益率（$\overline{ROE}$）、分红比例（π）、预期净资产增长率（μ）和预期净资产增长率波动方差（σ^2）有关。特别地，当 π＝0 时，有：

$$E_t(V_t) = BV_t + \sum_{s=1}^{n} \frac{(ROE_{t+s} - r)BV_{t+s-1}}{(1+r)^s} + \frac{(\overline{ROE} - r)(1+\mu+0.5\sigma^2)BV_{t+n}}{(1+\overline{ROE}-r)(2r-\overline{ROE})} \quad (5-25)$$

而当 $\pi=1$ 时，有：

$$E_t(V_t) = BV_t + \sum_{s=1}^{n} \frac{(ROE_{t+s} - r)BV_{t+s-1}}{(1+r)^s} + \frac{(\overline{ROE} - r)(1+\mu+0.5\sigma^2)BV_{t+n}}{2r(1-r)} \quad (5-26)$$

以往的许多实证检验都表明风险因子对奥尔森的剩余收益模型的估价是不容忽视的。对式（5－24）简化整理后，可得到如下估值模型：

$$V_t = BV_t + \sum_{s=1}^{n} \frac{(ROE_{t+s} - r)BV_{t+s-1}}{(1+r)^s} + \theta_1 BV_{t+n} + \theta_2 \sigma^2 BV_{t+n} \quad (5-27)$$

其中：

$$\theta_1 = \frac{(\overline{ROE} - r)(1+\mu)}{[1+\overline{ROE}(1-\pi)-r][2r-\overline{ROE}(1-\pi)]}$$

$$\theta_2 = \frac{0.5(\overline{ROE} - r)}{[1+\overline{ROE}(1-\pi)-r][2r-\overline{ROE}(1-\pi)]}$$

σ^2 表示明确预测期后的净资产增长率的期望方差，则 σ^2 与 BV_{t+n} 的乘积也表示明确预测期后的净资产增长量的期望方差，记：

$$\Omega_{t+n} = \sigma^2 \cdot BV_{t+n} \quad (5-28)$$

于是改进的三阶段剩余收益模型还可以表示为如下形式：

$$V_t = BV_t + \sum_{s=1}^{n} \frac{(ROE_{t+s} - r)BV_{t+s-1}}{(1+r)^s} + \theta_1 BV_{t+n} + \theta_2 \Omega_{t+n} \quad (5-29)$$

式（5－29）的两个参数 θ_1、θ_2，直接影响了企业价值的第三阶段，它体现了第三阶段不同层面的因素（如水平指标因素 BV_{t+n}、波动指标因素 Ω_{t+n}）的影响效应。这些影响效应在一定程度上受预期净资产增长率、预期净收益率、资本成本与分红比例等因素的影响，通常不同行业的这些因素会有差别，因此参数 θ_1、θ_2 也可以反映出企业价值的第三阶段的行业属性。

新构建的三阶段剩余收益模型相比之前的剩余收益模型的一个重要改进是引入了包含 σ^2 的线性风险因子，为了下文叙述的方便，本书将单风险因子调整的三阶段剩余收益模型简称为 $RIM-\sigma^2$ 模型。

5.5 三阶段剩余收益模型的理论比较

5.5.1 关于三阶段剩余收益模型比较的概述

本书所构建的单风险因子调整的三阶段剩余收益模型（RIM－σ^2 模型）、三阶段现金流贴现模型和其他三阶段剩余收益模型，在建模思想、经济变量考察等方面都有着明显差异。为了更加具体地分析 RIM－σ^2 模型与其他模型的差异及优越性，有必要对它们进行比较。

首先，与三阶段现金流（或股利）贴现模型相比，RIM－σ^2 模型不像现金流（或股利）贴现模型那样仅仅考虑企业未来的现金流（或股利），而完全不考虑企业的现有资产价值。

其次，RIM－σ^2 模型认为企业价值是现有资产价值和未来剩余收益价值的综合，且 RIM－σ^2 模型回避了股利之谜。这些与其他三阶段剩余收益模型的优越性类似，在此就不赘述。

下面将重点比较 RIM－σ^2 模型与其他三阶段剩余收益模型，即 DHS 模型和 TSSV－θ 模型的差异。

5.5.2 RIM－σ^2 模型与 DHS 模型的比较分析

RIM－σ^2 模型与 Dechow，Hutton 和 Sloan 在 1999 年提出的三阶段剩余收益模型（DHS 模型）相比，有着明显的不同。Dechow，Hutton 和 Sloan 提出的 DHS 模型的表达式为：

$$V_t^{RIM} = BV_t + \sum_{\tau=1}^{n-1}\left[\frac{X_{t+\tau} - rBV_{t+\tau-1}}{(1+r)^{\tau}} + \frac{X_{t+\tau} - rBV_{t+\tau-1}}{(1+r-\omega)(1+r)^{\tau-1}}\right] \tag{5-30}$$

其中，$0 \leqslant \omega \leqslant 1$ 被称为持久因子。将本书所构建的 RIM－σ^2 模型与 DHS 模型的表达式进行对比，可以看出：

（1）两个模型包含的变量信息不同。DHS 模型主要包含当期净资产（BV_t）、资本成本（r）、明确预测期内的净收益（$X_{t+\tau}$）和净资产变量（$BV_{t+\tau-1}$）。RIM－σ^2 模型除了包含上述变量外，还包含投资者对明确预测期外的净资产收益率的预期（$\overline{ROE}$）、净资产增长率的预期（μ）、净资产增长率（或增长量）波动性的预期（σ^2 或 Ω_{t+n}）等。这使得 RIM－σ^2 模型能够更充分地利用会计信息进行企业价值评估。

（2）两个模型从不同的假设出发，分别提出了各自的参数，即 RIM－

σ^2 模型对应的参数 θ_1、θ_2 和 DHS 模型对应的参数 ω。RIM $-\sigma^2$ 模型对应的参数 θ_1、θ_2 是经过完整的数学推导后得到的，具有显式数学表达式。DHS 模型对应的参数 ω 只是一个介于 0 和 1 之间的估计数，当人们在实际运用时，需要运用者首先给出参数 ω 的一个取值，这给模型的应用带来了很大的主观影响。

（3）RIM $-\sigma^2$ 模型相对于 θ_1、θ_2 两个参数来说均是线性的关系，因此在利用 RIM $-\sigma^2$ 进行理论分析与实证检验时操作起来就比较容易。而 DHS 模型对应的参数 ω 是作为模型表达式分母的一部分出现的。正如徐婕（2008）所述，DHS 模型是一个有理数模型，在实际运用中，并不利于进一步的分析使用。

5.5.3 RIM $-\sigma^2$ 模型与 TSSV $-\theta$ 模型的比较分析

RIM $-\sigma^2$ 模型与徐婕在 2008 年提出的三阶段股票定价模型（TSSV $-\theta$ 模型）相比，也有明显的差异。徐婕提出的 TSSV $-\theta$ 模型的表达式如式（5－13）所示。

将本书所构建的 RIM $-\sigma^2$ 模型与 TSSV $-\theta$ 模型的表达式进行对比，可以看出：

（1）两个模型包含的变量信息不同，TSSV $-\theta$ 模型相对于 DHS 模型主要是多包含了投资者对明确预测期外的净资产收益率的预期（$\overline{ROE}$）。而 RIM $-\sigma^2$ 模型除此之外还包含了净资产增长率的预期（μ）、净资产增长率（或增长量）波动性的预期（σ^2 或 Ω_{t+n}）等。这使得 RIM $-\sigma^2$ 模型比 TSSV $-\theta$ 模型能够更充分地利用会计信息进行企业价值评估。

（2）正是由于 RIM $-\sigma^2$ 模型比 TSSV $-\theta$ 模型包含了更多的变量，RIM $-\sigma^2$ 模型可以利用更多的参数来反映不同变量对企业价值的影响，即RIM $-\sigma^2$ 模型利用参数 θ_1、θ_2 来反映，而 TSSV $-\theta$ 模型只通过一个参数 θ_3 来反映。这使得 RIM $-\sigma^2$ 模型更细致地分解出相关变量对企业价值的影响效应。

（3）TSSV $-\theta$ 模型的推导建立在 ROE_τ（$\tau \geqslant n+1$）在不同时刻相互独立这一比较严格的假设基础上，而这一关于 ROE_τ 独立性的假设与企业经营状况在不同时间前后具有一定连贯性的特征相违背。本书所构建的 RIM $-\sigma^2$ 模型不需要这一假设条件，因此 RIM $-\sigma^2$ 模型建立在一个更合理的假设基础上。

从以上对比分析可以看出，本书所构建的 RIM $-\sigma^2$ 模型与已有的三阶段剩余收益模型相比，具有自身的优越性。为了更系统地比较各种三阶段剩余收益模型的差异特征，在此编制表 5－1 进行总结与对照。

表 5-1 三阶段剩余收益模型差异对照

模型名称	一般三阶段剩余收益模型	DHS 模型	TSSV - θ 模型	RIM - σ^2 模型
模型表达式	$V_t^{EBO} = BV_t + \sum_{\tau=1}^{n} \frac{E(X_{t+\tau} - rBV_{t+\tau-1})}{(1+r)^{\tau}} + \sum_{\tau=n+1}^{\infty} \frac{E(X_{t+\tau} - rBV_{t+\tau-1})}{(1+r)^{\tau}}$	$V_t^{EBO} = BV_t + \sum_{\tau=1}^{n-1} \frac{X_{t+\tau} - rBV_{t+\tau-1}}{(1+r)^{\tau}} + \frac{X_{t+\tau} - rBV_{t+\tau-1}}{(1+r-\omega)(1+r)^{\tau-1}}$	$V_t^{EBO} = BV_t + \sum_{\tau=1}^{n} \frac{X_{t+\tau} - rBV_{t+\tau-1}}{(1+r)^{\tau}} + \theta_3 \frac{BV_{t+\tau-1}}{(1+r)^{\tau}}$	$V_t = BV_t + \sum_{s=1}^{n} \frac{(ROE_s - r)BV_{t+s-1}}{(1+r)^{s}} + \theta_1 BV_{t+n} + \theta_2 \sigma^2 BV_{t+n}$
明确预测期内的绝对变量	BV_t、$X_{t+\tau}$、$BV_{t+\tau-1}$，$\tau \leqslant n$	BV_t、$X_{t+\tau}$、$BV_{t+\tau-1}$，$\tau \leqslant n$	BV_t、$X_{t+\tau}$、$BV_{t+\tau}$，$\tau \leqslant n$	BV_t、$X_{t+\tau}$、$BV_{t+\tau}$，$\tau \leqslant n$
明确预测期内的相对变量	r、ROE_{τ}，$\tau \leqslant n$	r、ROE_{τ}，$\tau \leqslant n$	r、ROE_{τ}，$\tau \leqslant n$	r、ROE_{τ}，$\tau \leqslant n$
明确预测期后（预期）绝对变量	$X_{t+\tau}$、$BV_{t+\tau-1}$，$n \leqslant \tau \leqslant \infty$	无	无	无
明确预测期后（预期）相对变量	r、ROE_{τ}，$n \leqslant \tau \leqslant \infty$	无	无	μ
明确预测期后（预期）二阶变量	无	无	无	σ^2 或 D［Δ（BV）］
变量系数	无	ω	θ_3	θ_1、θ_2
系数表达式	—	无	有	有
模型相对系数的形式	—	非线性形式	线性形式	线性形式
是否含有无限求和项	是	否	否	否
明确预测期后 ROE_t 性质	无要求	无要求	相互独立	无要求

【本章小结】

本章构建新的单风险因子三阶段剩余收益估值模型（RIM－σ^2 模型），刻画风险因子对价值评估的影响。所引入的风险因子将作为一个模型的线性变量，这在很大程度上方便实证分析与应用。所构建的模型还引入了其他一些新的会计信息变量，如净资产增长率，使模型能够更充分地利用现有信息进行价值评估。

6 单风险因子剩余收益模型实证研究

上一章基于一般形式三阶段剩余收益模型，构建出了新的单风险因子剩余收益模型（RIM－σ^2 模型），并从理论上进行对比分析，说明了 RIM－σ^2 模型的优越性。相比于已有的一些价值评估模型，RIM－σ^2 模型在理论上虽然有不少改进，但其在中国市场的适用性仍有待市场数据的检验。本章将利用中国 A 股市场的有关数据对 RIM－σ^2 模型进行实证分析，以便更客观、具体地分析与评价 RIM－σ^2 模型的优点及其不足之处。

6.1 三阶段剩余收益模型的实证设计

为了通过数据的具体检验来判断本书所提出的 RIM－σ^2 模型，本章将以 TSSV－θ 模型为比较基准，来实证分析与评价 RIM－σ^2 模型。之所以只选择 TSSV－θ 模型作为比较基准，是因为：一方面，RIM－σ^2 模型与 TSSV－θ 模型都是改进的三阶段剩余收益模型，它们都利用了当期的账面价值和明确预测期内的剩余收益进行权益价值评估，两个模型有相似之处，也有不同之处；另一方面，考虑到徐婕（2008）已对 TSSV－θ 模型与奥尔森系列模型做过实证分析，并且发现 TSSV－θ 模型相对于奥尔森系列模型有不少改进，直接基于 TSSV－θ 模型来判断 RIM－σ^2 模型的优越性将更有意义。

6.1.1 待检验的模型形式

待检验的模型一：TSSV－θ 模型

TSSV－θ 模型对被评估对象公司按时间段进行划分，将企业价值分成了三个部分。所选用的价值评估模型为：

$$V_t^{TSSV} = BV_t + \sum_{s=1}^{n} \frac{X_{t+s} - rBV_{t+s-1}}{(1+r)^s} + \theta_3 \frac{BV_{t+n-1}}{(1+r)^n} \quad (6-1)$$

式中：$\theta_3 = \dfrac{\overline{ROE} - r}{r - \overline{ROE}\ (1-\pi)}$为待估计参数；$V_t^{TSSV}$ 表示 t 期公司权益市场价值（本章为了便于实证对比与区分，对基于 TSSV－θ 模型所估计的权益市场价值加了上标 TSSV，即 V_t^{TSSV}）；r 为无风险利率；BV_t 表示企业在 t 期的账面价值；X_t 表示企业在 t 期的净利润；π 表示分红比例；$X_{t+s} - rBV_{t+s-1}$表示第 t＋s 期的剩余收益。

由于 $ROE_t = X_t / BV_t$，式（6－1）还可以进一步分解为如下形式：

$$V_t^{TSSV} = BV_t + \sum_{s=1}^{n-1} \frac{(ROE_{t+s} - r)BV_{t+s-1}}{(1+r)^s} + \frac{(ROE_{t+n} - r)BV_{t+n-1}}{(1+r)^n} + \theta_3 \frac{BV_{t+n}}{(1+r)^n} \quad (6-2)$$

从式（6－2）可以清楚地看出 t 时刻股票的价值只受三个阶段的信息影响，即当期账面价值 BV_t、明确预测期间的剩余收益的现值总和 $\sum_{s=1}^{n-1} \frac{(ROE_{t+s} - r)BV_{t+s-1}}{(1+r)^s}$、t＋n 时刻剩余收益的折现$\frac{(ROE_{t+n} - r)\ BV_{t+n-1}}{(1+r)^n}$和账面价值的折现 $\theta_3 \frac{BV_{t+n}}{(1+r)^n}$。根据徐婕（2008）的分析，t＋n 时刻的账面价值 BV_{t+n}越大，t 时刻的企业价值也就越大；反之，t＋n 时刻的账面价值 BV_{t+n}越小，t 时刻的企业价值也就越小。

待检验的模型二：RIM－σ^2 模型

RIM－σ^2 模型的表达形式为：

$$V_t^{RIM} = BV_t + \sum_{s=1}^{n} \frac{(ROE_{t+s} - r)BV_{t+s-1}}{(1+r)^s} + \theta_1 BV_{t+n} + \theta_2 \Omega_{t+n} \quad (6-3)$$

式中：V_t^{RIM} 表示 t 期公司权益市场价值（本章为了便于实证对比与区分，对基于 RIM－σ^2 模型所估计的权益市场价值加了上标 RIM，即 V_t^{RIM}）；r 为无风险利率；BV_t 表示企业在 t 期的账面价值；$\Omega_{t+n} = \sigma^2 BV_{t+n}$表示净资产增长量的期望方差。待估计的参数为：

$$\theta_1 = \frac{(\overline{ROE} - r)(1+\mu)}{[1 + \overline{ROE}(1-\pi) - r][2r - \overline{ROE}(1-\pi)]}$$

$$\theta_2 = \frac{0.5(\overline{ROE} - r)}{[1 + \overline{ROE}(1-\pi) - r][2r - \overline{ROE}(1-\pi)]}$$

式（6－3）同样可以进一步分解为如下形式：

$$V_t^{RIM} = BV_t + \sum_{s=1}^{n-1} \frac{(ROE_{t+s} - r)BV_{t+s-1}}{(1+r)^s} + \frac{(ROE_{t+n} - r)BV_{t+n-1}}{(1+r)^n} + \theta_1 BV_{t+n} + \theta_2 \Omega_{t+n} \qquad (6-4)$$

从式（6－4）可以清楚地看出 t 时刻股票的价值同样受三个阶段的信息的影响。不过与 TSSV－θ 模型相比，RIM－σ^2 模型所反映的企业价值除了受当期账面价值 BV_t、明确预测期间的剩余收益的现值总和 $\sum_{s=1}^{n-1} \frac{(ROE_{t+s} - r)BV_{t+s-1}}{(1+r)^s}$、t＋n 时刻剩余收益的折现$\frac{(ROE_{t+n} - r)BV_{t+n-1}}{(1+r)^n}$和账面价值 BV_{t+n}的影响外，还受预期的净资产增长率 μ 及其净资产增长量的波动 Ω_{t+n}的影响。

6.1.2 待检验的命题关系

如果本书所提出的 RIM－σ^2 模型是正确的，则可以推断出所引入的单风险因子 Ω_{t+n}是估值模型中不容忽视的关键因素之一，因此其相应的系数 θ_2 的估计会是显著的。

相对于 TSSV－θ 模型，RIM－σ^2 模型之所以需要对剩余收益模型第三阶段引入风险因子 Ω_{t+n}，是因为 Ω_{t+n}并不能由 BV_{t+n}代表，并且 Ω_{t+n}与 BV_{t+n}包含各自不同的信息，即 Ω_{t+n}与 BV_{t+n}不是完全共线性。因此，可以预期，将 Ω_{t+n}与 BV_{t+n}同时回归时，θ_1 与 θ_2 都是显著的。

从 θ_1 与 θ_2 的表达式可以看出，θ_1 与 θ_2 的值可能为正，也可能为负，不过通常情况下两者的符号相同。根据徐婕（2008）的分析可知，第 t＋n 期期末账面价值 BV_{t+n}的值一般与第 t 期期末的企业价值正相关。因此，可以预期实证估计出来的 θ_1 与 θ_2 的值将倾向于同时为正。

通常，对一个公司净资产增长率的预期是正数，即 $\mu > 0$。对比 θ_1 与 θ_2 的表达式还可以发现，一般情况下 $|\theta_1| > |\theta_2|$。因此，可以预期实证估计出来的 θ_1 的绝对值通常大于 θ_2 的绝对值。

根据上述分析，在此提出如下三个待检验的命题：

命题 1：基于 RIM－σ^2 模型所估计的参数 θ_1 与 θ_2 都是显著的。

命题 2：基于 RIM－σ^2 模型所估计的参数 θ_1 与 θ_2 大多数都为正数。

命题 3：基于 RIM－σ^2 模型所估计的参数 θ_1 的绝对值通常大于参数 θ_2 的绝对值。

6.2 实证方法与变量选择

截面数据分析是实证分析中常用的实证方法，它可以清楚地反映解释变量对被解释变量的影响。国外的学者几乎都用截面数据分析的方法对Ohlson模型进行实证分析。为了验证上文所提出的三个命题，并且比较TSSV－θ模型和RIM－σ^2模型的相对优越性，本书采用分年度的截面数据对TSSV－θ模型和RIM－σ^2模型进行实证分析。根据不同年度的截面数据，可以分析TSSV－θ模型和RIM－σ^2模型在不同年份的使用情况。

TSSV－θ模型和RIM－σ^2模型的第二阶段和第三阶段均涉及预测的ROE_t和BV_t。考虑到分析师一般只对公司未来3年的盈利情况进行预测，TSSV－θ模型和RIM－σ^2模型的第二阶段的n均选择3。因此，本章实证中，预测的ROE_t和BV_t用相应年份的历史数据代替，这相当于假定市场上存在对公司未来3年盈利状况的有效预测。无风险收益率采用样本区间内各年的人民币一年期基准利率的均值。表6－1总结了两个模型中各变量的选择方法。

表6－1　　　　实证检验中模型变量的选择

变量符号	TSSV－θ模型	RIM－σ^2模型
P_t	t+1年度4月份最后1个交易日的股票交易价格	t+1年度4月份最后1个交易日的股票交易价格
BV_t	t年度的每股净资产账面价值	t年度的每股净资产账面价值
$(ROE_{t+s}-r_{t+s})BV_{t+s-1}$	t+s年度的企业（预测）剩余收益	t+s年度的企业（预测）剩余收益
BV_{t+n}	t+n年度的（预测）净资产账面价值	t+n年度的（预测）净资产账面价值
Ω_{t+n}		t+n年度的净资产账面价值的平均增量的方差

对模型各变量的选取说明如下：

（1）模型采用Wind数据库合并报表（年报）中相应的年度数据。

（2）BV_t取报告期的每股净资产。由于我国股权分置改革的特殊性，考虑到目前股权分置改革已经基本完成，为了避免数据有大的变动，选用期末总股本数来计算每股净资产，即：

$$BV_t(\text{基于历史数据})=(t\text{年度资产总计}-t\text{年度负债总计})/t\text{年末总股本数}$$

其中，t年度的资产总计包括了t年末的少数股东权益。

（3）各年度的会计信息中的（预测）剩余收益的计算方法为：$(ROE_{t+s} - r_{t+s})BV_{t+s-1}$。无风险利率 r 采用税后储蓄存款年利率。我国 2001—2018 年一年期人民币存款基准利率的均值为 0.025，这个利率就是本书后续实证研究时所使用的折现率。

ROE 表示净资产收益率，采用税后净利润除以第 t 年的净资产，即：

$$ROE_t = t\text{ 年度每股税后净利润}/BV_t$$

（4）实证模型虽然分析的是股票的价值，但是在实际中只能得到股票在证券市场交易的实际价格。按照上市公司报表披露的规定，上市公司必须在 4 月 30 日（含）前披露上一会计年度的报表，为此，股票的价值均选取下年度的 4 月份最后一个交易日（4 月 30 日）的收盘价 P_t（未复权）。当该日为节假日而休市时，则选取前一个交易日的股票收盘价格。

（5）考虑到数据的有限性，预期净资产增长量的波动 Ω_{t+n} 用过去 3 年 BV_t 增长量的方差来表示，即：

$$\Omega_t = \text{第 } t-3 \text{ 年至第 } t-1 \text{ 年 } BV_t \text{ 增长量的方差}$$

6.3　数据说明与统计描述

本章所研究的对象是符合要求的上市公司的所有股票成交价格和每股收益、每股净值等相关财务数据。与本书第 4 章实证一致，仍然选取每年 4 月 30 日的收盘价作为计算依据，如果该日为节假日而休市的话，则相应选取前一个交易日的股票收盘价为计算依据。剔除的样本包括：①观测时刻没有股票成交价格、净资产为负、净利润为负以及财务数据不全的上市公司；②由于金融类企业的财务报表项目和格式与一般上市公司不同，并且金融行业的会计制度与其他企业的会计制度不一样，所以剔除了银行、证券、保险和投资等金融性的上市公司；③对 $RIM-\sigma^2$ 模型进行实证检验时，要求研究期间的数据具有连续性，因此对在研究期间缺失相关数据的样本予以剔除。由于 $RIM-\sigma^2$ 模型引入剩余收益的折现（本书实证取 $n=3$），根据 Wind 数据库提供的数据范围，本章实证分析的年份为 2001—2018 年，扣除 3 年的折现期，则基于历史数据的实证分析是到 2015 年。根据样本数据计算的各变量的描述性统计如表 6－2 所示。

表 6-2　　相关变量的统计描述

年份	样本量	变量	平均值	标准差	最小值	最大值
2001	795	P_t	12.763	4.716	3.19	48.4
		BV_t	3.201	1.435	0.02	10.151
		$(ROE_{t+1}-r_{t+1})BV_t$	0.087	0.323	-2.81	1.206
		$(ROE_{t+2}-r_{t+2})BV_{t+1}$	0.004	2.169	-59.562	2.662
		$(ROE_{t+3}-r_{t+3})BV_{t+2}$	-0.023	1.768	-23.311	15.616
		BV_{t+n}	3.099	1.678	-10.822	10.723
		Ω_{t+n}	0.74	4.274	0	98.154
2002	839	P_t	9.977	4.12	3.16	47.45
		BV_t	3.268	1.452	0.033	10.456
		$(ROE_{t+1}-r_{t+1})BV_t$	0.1	0.637	-14.829	2.662
		$(ROE_{t+2}-r_{t+2})BV_{t+1}$	0.006	1.609	-23.311	15.616
		$(ROE_{t+3}-r_{t+3})BV_{t+2}$	0.031	1.468	-14.713	15.728
		BV_{t+n}	3.034	1.795	-12.481	11.043
		Ω_{t+n}	0.826	3.944	0	89.409
2003	914	P_t	8.803	3.861	3.27	37.43
		BV_t	3.369	1.544	0.028	12.62
		$(ROE_{t+1}-r_{t+1})BV_t$	0.061	1.301	-19.317	15.616
		$(ROE_{t+2}-r_{t+2})BV_{t+1}$	0.037	1.271	-14.713	14.219
		$(ROE_{t+3}-r_{t+3})BV_{t+2}$	1.971	56.302	-16.187	1704.868
		BV_{t+n}	2.952	1.819	-11.687	11.715
		Ω_{t+n}	0.873	5.52	0	152.035
2004	974	P_t	5.807	4.386	1.62	66.75
		BV_t	3.382	1.546	0.024	11.738
		$(ROE_{t+1}-r_{t+1})BV_t$	0.054	0.814	-10.507	9.288
		$(ROE_{t+2}-r_{t+2})BV_{t+1}$	1.88	54.629	-15.095	1704.868
		$(ROE_{t+3}-r_{t+3})BV_{t+2}$	0.296	2.651	-24.937	77.154
		BV_{t+n}	3.602	2.125	-3.95	21.222
		Ω_{t+n}	1.031	3.936	0	95.462

续表

年份	样本量	变量	平均值	标准差	最小值	最大值
2005	916	P_t	6. 414	5. 648	1. 59	91. 41
		BV_t	3. 348	1. 488	0. 015	11. 658
		$(ROE_{t+1}-r_{t+1})BV_t$	0. 189	0. 388	-4. 413	2. 627
		$(ROE_{t+2}-r_{t+2})BV_{t+1}$	0. 24	0. 642	-10. 286	4. 79
		$(ROE_{t+3}-r_{t+3})BV_{t+2}$	0. 158	0. 672	-7. 8	4. 355
		BV_{t+n}	3. 531	2. 045	-3. 416	19. 633
		Ω_{t+n}	1. 793	7. 841	0	196. 496
2006	1060	P_t	16. 165	10. 3	1. 17	100
		BV_t	3. 283	1. 563	0. 006	13. 124
		$(ROE_{t+1}-r_{t+1})BV_t$	0. 272	0. 493	-4. 31	6. 13
		$(ROE_{t+2}-r_{t+2})BV_{t+1}$	0. 158	0. 724	-7. 8	8. 667
		$(ROE_{t+3}-r_{t+3})BV_{t+2}$	0. 215	1. 129	-23. 214	21. 21
		BV_{t+n}	3. 75	2. 251	-4. 213	23. 141
		Ω_{t+n}	1. 928	8. 028	0	204. 704
2007	1192	P_t	15. 605	12. 856	0. 98	183. 13
		BV_t	3. 73	2. 097	0. 008	21. 222
		$(ROE_{t+1}-r_{t+1})BV_t$	0. 161	0. 721	-13. 157	4. 355
		$(ROE_{t+2}-r_{t+2})BV_{t+1}$	0. 245	0. 979	-8. 747	21. 21
		$(ROE_{t+3}-r_{t+3})BV_{t+2}$	0. 367	2. 063	-5. 681	69. 41
		BV_{t+n}	3. 928	2. 362	-1. 414	26. 373
		Ω_{t+n}	1. 568	5. 251	0	118. 887
2008	1134	P_t	12. 083	8. 762	0. 76	116. 35
		BV_t	3. 687	2. 043	0. 009	19. 633
		$(ROE_{t+1}-r_{t+1})BV_t$	0. 229	0. 944	-23. 214	3. 513
		$(ROE_{t+2}-r_{t+2})BV_{t+1}$	0. 343	0. 476	-1. 347	6. 012
		$(ROE_{t+3}-r_{t+3})BV_{t+2}$	0. 311	0. 565	-6. 466	6. 715
		BV_{t+n}	4. 213	2. 499	-1. 496	24. 469
		Ω_{t+n}	1. 483	4. 396	0	81. 358

续表

年份	样本量	变量	平均值	标准差	最小值	最大值
2009	1332	P_t	17.446	13.647	1.17	138
		BV_t	4.108	2.586	0.011	23.141
		$(ROE_{t+1}-r_{t+1})BV_t$	00.35	0.484	-1.347	6.012
		$(ROE_{t+2}-r_{t+2})BV_{t+1}$	.337	0.996	-12.482	26.051
		$(ROE_{t+3}-r_{t+3})BV_{t+2}$	0.245	0.557	-5.008	9.118
		BV_{t+n}	4.328	2.545	-3.016	34.15
		Ω_{t+n}	2.432	7.668	0	163.939
2010	1726	P_t	19.386	14.934	1.17	234.99
		BV_t	5.083	3.561	0.001	29.707
		$(ROE_{t+1}-r_{t+1})BV_t$	0.35	1.014	-14.909	28.152
		$(ROE_{t+2}-r_{t+2})BV_{t+1}$	0.244	0.62	-8.137	9.118
		$(ROE_{t+3}-r_{t+3})BV_{t+2}$	0.165	2.403	-93.932	11.586
		BV_{t+n}	4.608	2.75	-7.706	42.506
		Ω_{t+n}	3.579	14.634	0	496.826
2011	1924	P_t	13.54	10.933	1.81	224.56
		BV_t	5.209	3.075	0.007	28.775
		$(ROE_{t+1}-r_{t+1})BV_t$	0.292	0.809	-5.008	26.335
		$(ROE_{t+2}-r_{t+2})BV_{t+1}$	0.202	2.235	-93.932	11.586
		$(ROE_{t+3}-r_{t+3})BV_{t+2}$	0.24	0.649	-6.154	12.185
		BV_{t+n}	4.786	2.937	-2.738	48.434
		Ω_{t+n}	2.381	9.023	0	320.33
2012	1988	P_t	12.247	10.872	2.01	173.99
		BV_t	4.999	2.846	0.014	34.15
		$(ROE_{t+1}-r_{t+1})BV_t$	0.282	0.566	-4.265	11.586
		$(ROE_{t+2}-r_{t+2})BV_{t+1}$	0.263	0.655	-6.154	12.185
		$(ROE_{t+3}-r_{t+3})BV_{t+2}$	0.17	0.883	-23.973	10.943
		BV_{t+n}	4.689	3.221	-3.464	52.726
		Ω_{t+n}	2.934	11.509	0	359.747

续表

年份	样本量	变量	平均值	标准差	最小值	最大值
2013	2033	P_t	13.386	11.428	1.53	163.88
		BV_t	4.903	2.716	0.003	42.506
		$(ROE_{t+1}-r_{t+1})BV_t$	0.259	0.575	-6.154	11.546
		$(ROE_{t+2}-r_{t+2})BV_{t+1}$	0.159	1.058	-25.739	10.943
		$(ROE_{t+3}-r_{t+3})BV_{t+2}$	0.219	0.557	-5.5	11.27
		BV_{t+n}	4.888	3.562	0.011	60.419
		Ω_{t+n}	3.711	12.483	0	335.682
2014	2125	P_t	26.871	24.305	1.91	370.52
		BV_t	4.977	2.955	0.005	48.434
		$(ROE_{t+1}-r_{t+1})BV_t$	0.196	0.908	-23.973	10.943
		$(ROE_{t+2}-r_{t+2})BV_{t+1}$	0.256	1.028	-5.5	39.387
		$(ROE_{t+3}-r_{t+3})BV_{t+2}$	0.194	4.214	-191.169	16.893
		BV_{t+n}	5.079	3.895	-0.149	76.437
		Ω_{t+n}	4.236	17.589	0	564.781
2015	2225	P_t	21.05	18.039	2.39	251.2
		BV_t	4.988	3.193	0.01	52.726
		$(ROE_{t+1}-r_{t+1})BV_t$	0.275	0.578	-5.5	11.27
		$(ROE_{t+2}-r_{t+2})BV_{t+1}$	0.218	4.13	-191.169	16.893
		$(ROE_{t+3}-r_{t+3})BV_{t+2}$	0.09	2.03	-44.344	22.908
		BV_{t+n}	5.209	4.464	0.082	93.463
		Ω_{t+n}	4.536	29.275	0	865.21

从表6-2我们可以明显看出此期间的各变量的变化特征，即在这一期间股票市场的平均每股价格在8.8元和26.87元之间波动，而每股净资产则保持较小幅度的稳步提升，相应的增量方差随着年度的增加总体上呈现出增长的趋势，但中间年度存在较小幅度的波动。

6.4　RIM $-\sigma^2$ 模型实用性的实证检验及其比较

6.4.1　RIM $-\sigma^2$ 模型的实证分析

假定每年 4 月最后一个交易日的收盘价充分反映了上市公司年报所披露的信息。在此次检验中继续使用上市公司每股价格表示股票的价值。使用历史数据基于最小二乘法对 RIM $-\sigma^2$ 模型进行线性回归，得到回归结果如表 6－3 所示。相应的参数估计结果如图 6－1 和图 6－2 所示。

表 6－3　　RIM $-\sigma^2$ 模型的估计结果

年份	θ_1	θ_1 的 t 值	θ_2	θ_2 的 t 值	F 值	R^2	Adj. R^2
2004	2.6892	3.0589 ****	－0.7110	－1.4971	4.6917	0.0096	0.0075
2005	0.3536	4.5501 ****	0.0318	1.5690	13.9742	0.0297	0.0276
2006	1.1877	9.7033 ****	0.1115	3.2478 ***	70.9116	0.1183	0.1166
2007	1.5428	11.4402 ****	0.2667	4.4014 ***	92.6642	0.1349	0.1335
2008	0.5155	6.1364 ****	0.3370	7.0607 ***	63.2424	0.1006	0.0990
2009	0.8819	7.8528 ****	0.6480	17.3811 ***	224.0844	0.2522	0.2511
2010	1.3065	12.3697 ****	0.1242	6.2522 ***	114.9907	0.1178	0.1167
2011	0.7887	11.0639 ****	0.0420	1.8084 *	74.6646	0.0721	0.0712
2012	0.2831	4.1782 ****	0.0506	2.7194 ***	18.0018	0.0178	0.0168
2013	0.0679	1.0160	0.1055	5.5316 ***	21.0029	0.0203	0.0193
2014	0.2425	1.8959 **	0.3402	12.0016 ***	80.5724	0.0706	0.0697
2015	0.1156	1.3782	0.0505	3.9373 ***	11.0809	0.0099	0.0090

注：****、***、**、* 分别表示在 0.01、0.05、0.1、0.2 水平下统计显著。

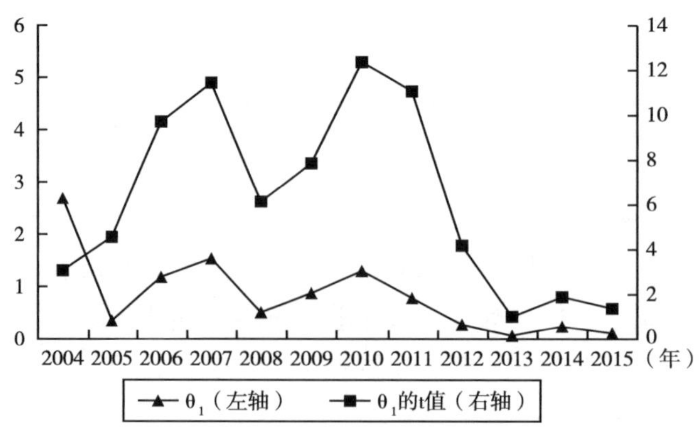

图 6－1　θ_1 的估计结果

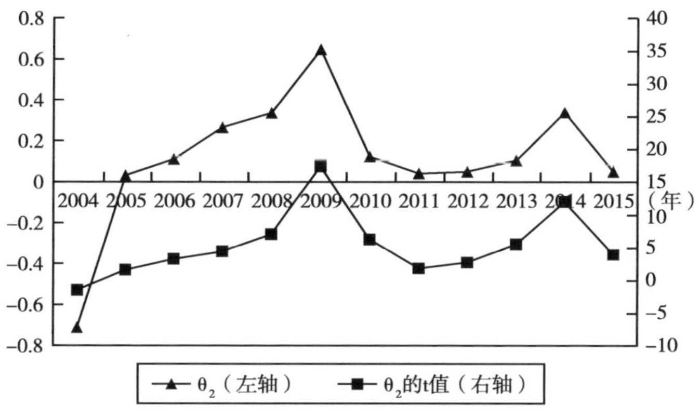

图 6-2　θ_2 的估计结果

就上述估计结果而言，从模型的显著性来看，各年份所估计的 F 统计量所对应的回归结果的置信度均超过了 99%，显示了模型的拟合效果是不错的。

从参数的显著性来看，参数 θ_1 除去 2013 年和 2015 年，参数 θ_2 除去 2014 年和 2015 年，其他年份的显著性均超过了 99% 的置信水平，这更进一步说明风险因子与股票价值的影响不容忽视。这与命题 1 的观点具有很高的一致性。

从参数的符号来看，2004 年所估计的 θ_2 与 θ_1 符号相反，不过该年 θ_2 估计为负数并非显著。其他年份的 θ_2 与 θ_1 估计符号都相同，且都为正数，这与命题 2 的观点非常一致。

从估计系数的相对大小来看，除 2013 年和 2014 年外，θ_2 的估计绝对值均小于 θ_1 的估计绝对值，这与命题 3 的观点一致。

6.4.2　TSSV-θ 模型的实证分析

为了对比本书所提出的 RIM-σ^2 模型的拟合效果，本书基于历史数据估计了 TSSV-θ 模型（采用与 RIM-σ^2 模型估计相同的样本数据进行 TSSV-θ 模型的估计与分析），估计结果如表 6-4 所示。相应的参数估计结果如图 6-3 所示。基于历史数据的 RIM-σ^2 模型和 TSSV-θ 模型回归结果的 Adj. R^2 的折线图如图 6-4 所示。从调整的判定系数看，各年度 RIM-σ^2 估计的调整判定系数与 TSSV-θ 模型估计的调整判定系数都比较接近。总体而言，基于历史数据的 RIM-σ^2 模型回归结果的 Adj. R^2 要比基于历史数据的 TSSV-θ 模型回归结果的 Adj. R^2 大一些。这再次表明对剩余收益估值模型引入风险因子是合理的。

表 6-4　　　　TSSV-θ 模型的实证结果

年份	θ_3	θ_3 的 t 值	F 值	R^2	Adj. R^2
2001	-0.4968	-4.2977****	18.4701	0.0228	0.0215
2002	-0.4623	-5.3229****	28.3331	0.0327	0.0316
2003	1.4619	1.4206*	2.0182	0.0022	0.0011
2004	2.2532	2.6708****	7.1331	0.0073	0.0063
2005	0.4081	5.0444****	25.4460	0.0271	0.0260
2006	1.4124	11.4062****	130.1007	0.1095	0.1087
2007	1.8023	12.7840****	163.4308	0.1208	0.1201
2008	0.7474	8.5710****	73.4615	0.0609	0.0601
2009	1.4136	10.9134****	119.1029	0.0822	0.0815
2010	1.5314	13.6662****	186.7656	0.0977	0.0972
2011	0.8826	12.0784****	145.8865	0.0705	0.0701
2012	0.3666	5.3401****	28.5165	0.0142	0.0137
2013	0.2230	3.3531****	11.2435	0.0055	0.0050
2014	0.5563	4.0034****	16.0272	0.0075	0.0070
2015	0.2221	2.5721***	6.6159	0.0030	0.0025

注：****、***、* 分别表示 0.01、0.05、0.2 水平下统计显著。

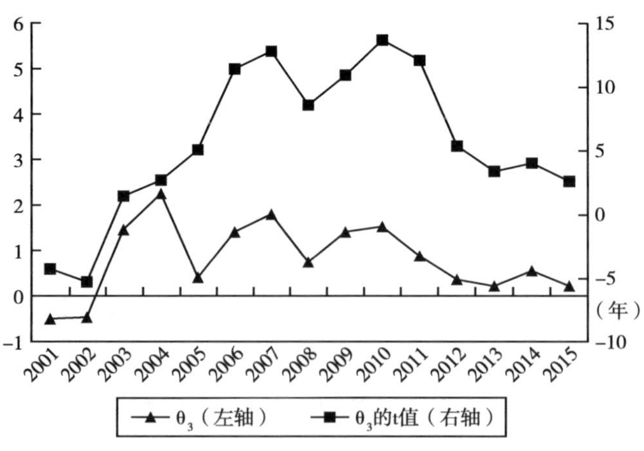

图 6-3　θ_3 的估计结果

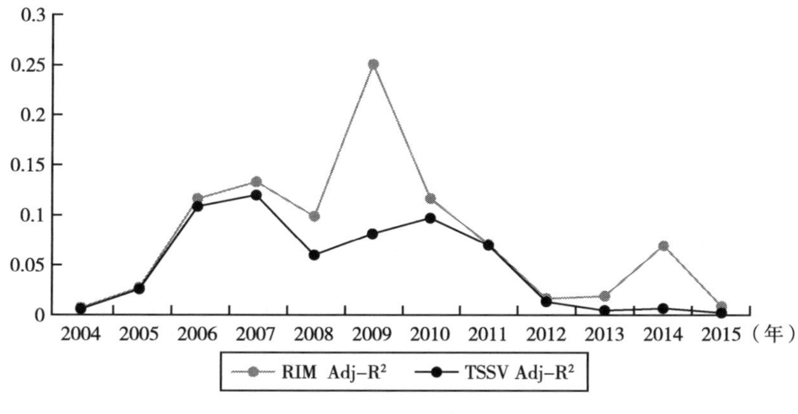

图 6 -4　回归模型的 Adj - R^2

比较表 6 - 3 和表 6 - 6 可以发现，在针对我国资本市场数据的实证检验中，RIM - σ^2 模型比 TSSV - θ 模型具有更好的解释能力。

【本章小结】

本章基于 RIM - σ^2 模型的性质，总结出用于实证检验的 3 个命题。实证结果都在一定程度上支持了实证检验的 3 个命题。从 RIM - σ^2 模型与 TSSV - θ 模型的实证比较来看，RIM - σ^2 模型估计的调整判定系数均比 TSSV - θ 模型估计的调整判定系数好些，说明 RIM - σ^2 模型比 TSSV - θ 模型具有更好的解释能力。这在一定程度上表明对剩余收益估值模型引入风险因子是合理的。总体而言，RIM - σ^2 模型比 TSSV - θ 模型在理论上和实证上都有较大的改进。

7 单风险因子剩余收益的应用

上一章利用中国资本市场2001—2018年的上市公司数据对RIM－σ^2模型进行实证分析，结果表明在奥尔森剩余收益估值模型的基础上引入单风险因子是合理的，并通过对比发现RIM－σ^2模型比TSSV－θ模型在理论上和实证上都有较大的改进。为了进一步分析本书所构建的RIM－σ^2模型的实际应用效果，本章仍将根据样本数据所估计的RIM－σ^2模型进行模型预测能力的分析。为了对比需要，同样利用相同的样本数据所估计的TSSV－θ模型进行预测分析。在得出RIM－σ^2模型比TSSV－θ模型具有更好的运用优势的结论的基础上，选择代表性的个股——烽火通信（600498），对RIM－σ^2模型进行运用分析。

7.1 RIM－σ^2模型的总体运用分析

本书选择历史数据对RIM－σ^2模型和TSSV－θ模型分别进行预测分析，以验证两个模型的总体运用。值得一提的是，从稳健性角度考虑，笔者的博士论文还进行了样本预测数据的实证与运用分析。但鉴于本书的篇幅，同时后续模型的进一步拓展运用会进行稳健性检验，为了避免重复，而且不进行稳健性检验并不影响本章的比较分析，本章不再采用样本的预测数据进行稳健性的检验分析。

下列分析所使用的变量选择及说明，可参见上一章的表6－1。

考虑到我国证券市场分析师的预测数据不够完善，为了更稳健地分析本章所提出的RIM－σ^2的实际应用效果，在此将利用基于历史数据所估计的RIM－σ^2模型进行模型预测能力的分析。为了对比需要，同样利用基于历史数据所估计的TSSV－θ模型进行预测分析。

首先，本书将RIM－σ^2模型和TSSV－θ模型预测的n个股票的预测价值进行算术平均，得到各年度的平均预测价值$\overline{V}_t^{RIM}$和$\overline{V}_t^{TSSV}$，即：

$$\overline{V}_t^j = \frac{\overline{V}_{t1}^j + \overline{V}_{t2}^j + \cdots + \overline{V}_{tm}^j}{n}, j = RIM, TSSV \tag{7-1}$$

然后，根据下年度4月30日的收盘价进行算术平均，得到该年度的股票平均价值，即：

$$V_t = \frac{P_{t1} + P_{t2} + \cdots + P_{tn}}{n} \tag{7-2}$$

根据式（7-1）和式（7-2）可以计算得到表7-1。

表7-1　　基于历史数据的模型预测水平

年份	V_t	$\overline{V}_t^{RIM}$	$\overline{V}_t^{TSSV}$	$\overline{V}_t^{RIM} - V_t$	$\overline{V}_t^{TSSV} - V_t$	$\overline{V}_t^{RIM} - \overline{V}_t^{TSSV}$
2002	9.977	-17.104	-11.707	-27.081	-21.684	-5.398
2003	8.803	8.901	9.227	0.098	0.423	-0.325
2004	5.807	14.989	14.506	9.183	8.699	0.484
2005	6.414	22.79	20.572	16.376	14.158	2.218
2006	16.165	46.548	43.911	30.384	27.747	2.637
2007	15.605	56.312	51.445	40.707	35.84	4.867
2008	12.083	40.836	38.308	28.753	26.225	2.528
2009	17.446	81.259	49.182	63.814	31.737	32.077
2010	19.386	85.218	64.722	65.832	45.336	20.496
2011	13.54	63.166	59.983	49.625	46.443	3.183
2012	12.247	33.195	29.108	20.948	16.862	4.086
2013	13.386	31.008	20.852	17.621	7.466	10.156
2014	26.871	66.093	24.615	39.223	-2.256	41.479
2015	21.05	30.599	18.082	9.549	-2.969	12.518
平均	14.1986	40.2721	30.9147	26.0737	16.7162	9.3576

注：V_t 为下年度4月30日股票收盘价格所表示的股票内在价值的平均水平，$\overline{V}_t^{RIM}$ 为基于 $RIM-\sigma^2$ 模型所预测的股票内在价值的平均水平，$\overline{V}_t^{TSSV}$ 为基于 TSSV $-\theta$ 模型所预测的股票内在价值的平均水平。

从表7-1可以看出，不论是基于 $RIM-\sigma^2$ 模型还是基于 TSSV $-\theta$ 模型，都存在一定的高估现象，低估的年数比较少。2002年两个模型的预测值均为负数，这可能是利用模型的第一年预测值和前期方差计算导致的。除此之外，$RIM-\sigma^2$ 在其他年份全部为高估，而 TSSV $-\theta$ 则在2014

年和 2015 年为低估。

从表 7－1 我们无法确认 RIM－σ^2 和 TSSV－θ 哪个模型更优。本书认为基于式（7－1）和式（7－2）的预测效果分析可能并不是很合理，因为式（7－1）和式（7－2）不能反映出不同公司的差异以及各年度内股票间的结构性差异。特别是对不同价格水平的股票一视同仁，容易受到量纲（权重）的影响。为此本书采用式（7－3）和式（7－4）进行预测相对值的比较分析。

$$\hat{v}_{ti}^{j} = \frac{V_{ti}^{j}}{P_{ti}}, i = 1, \cdots, n, j = RIM, TSSV \quad (7-3)$$

首先根据上文估计的剩余收益模型预测出各年份股票的平均预测价值 V_t^{RIM} 和 V_t^{TSSV}，然后将预测的股票价值除以代表相应年份公司价值的股票收盘价，由此得到 RIM－σ^2 模型和 TSSV－θ 模型的预测相对值，最后根据式（7－4）计算各年份相对预测的平均值。

$$V_t^{j} = \frac{\hat{v}_{t1}^{j} + \hat{v}_{t2}^{j} + \cdots + \hat{v}_{tn}^{j}}{n} = \frac{\frac{V_{t1}^{j}}{P_{t1}} + \frac{V_{t2}^{j}}{P_{t2}} + \cdots + \frac{V_{tn}^{j}}{P_{tn}}}{n}, j = RIM, TSSV \quad (7-4)$$

显然，预测相对值越接近 1 表明其预测效果越好。考虑到平均值比较容易受到异常样本的影响，为了观察模型对不同价值规模的预测差异，在此也计算了各年份分别在 10%、25%、50%、75% 和 90% 分位点的相对预测值。基于历史数据的 RIM－σ^2 模型和 TSSV－θ 模型所预测的相对值分别如表 7－2 和表 7－3 所示。基于历史数据的 RIM－σ^2 模型和 TSSV－θ 模型所预测的相对均值和中位数的折线图分别如图 7－1 和图 7－2 所示。

表 7－2　　基于历史数据的 RIM－σ^2 模型的预测结果

年份	均值	10%	25%	50%	75%	90%
2002	－1.871	－3.140	－2.401	－1.739	－1.182	－0.755
2003	1.178	0.353	0.602	0.885	1.181	1.464
2004	3.215	1.048	1.697	2.556	3.579	4.689
2005	4.255	1.651	2.466	3.838	5.371	7.056
2006	3.144	1.291	1.923	2.764	3.872	5.168
2007	4.215	1.650	2.628	3.711	5.477	7.249
2008	3.774	1.507	2.179	3.191	4.622	6.258

续表

年份	均值	10%	25%	50%	75%	90%
2009	4.654	1.560	2.258	3.428	5.295	8.159
2010	5.101	2.001	2.913	4.153	6.097	8.453
2011	5.756	2.266	3.301	4.971	7.013	9.533
2012	3.514	1.136	1.822	2.801	4.096	5.646
2013	2.645	0.623	0.985	1.557	2.690	4.371
2014	2.475	0.457	0.772	1.322	2.378	4.627
2015	1.583	0.398	0.609	0.972	1.610	2.645
平均	3.117	0.915	1.554	2.458	3.721	5.326

表 7－3　　基于历史数据的 TSSV－θ 模型的预测结果

年份	均值	10%	25%	50%	75%	90%
2002	−1.321	−2.382	−1.803	−1.278	−0.812	−0.475
2003	1.209	0.381	0.620	0.901	1.202	1.485
2004	3.079	1.086	1.628	2.406	3.252	4.216
2005	3.906	1.509	2.313	3.643	5.142	6.738
2006	3.063	1.294	1.908	2.746	3.904	5.127
2007	3.989	1.514	2.417	3.570	5.226	7.156
2008	3.786	1.507	2.193	3.376	4.965	6.519
2009	3.556	1.357	1.989	3.039	4.613	6.296
2010	4.254	1.628	2.357	3.533	5.411	7.648
2011	5.530	2.116	3.118	4.740	6.940	9.461
2012	3.190	1.015	1.623	2.650	4.072	5.903
2013	2.208	0.676	1.021	1.735	2.811	4.303
2014	1.237	0.402	0.614	1.008	1.613	2.388
2015	1.223	0.348	0.565	0.920	1.578	2.431
平均	2.779	0.889	1.469	2.356	3.566	4.943

从表 7－2 和表 7－3 可以看出，基于 RIM－σ^2 模型和 TSSV－θ 模型的预测效果比较相近。其中，不论是根据预测相对值的平均值，还是根据预测相对值的中位数，两个模型整体上都表现出普遍对股票价值高估的现象。

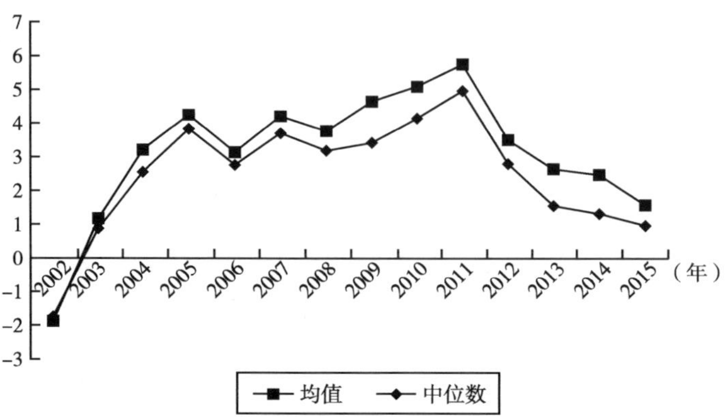

图 7－1　基于历史数据的 RIM－σ^2 模型的预测结果

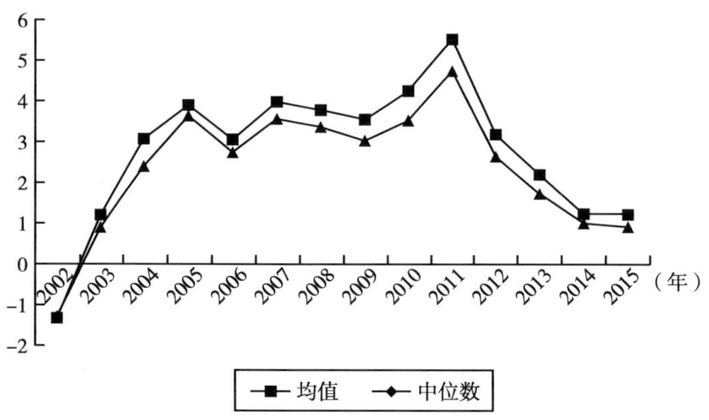

图 7－2　基于历史数据的 TSSV－θ 模型的预测结果

从图 7－1 和图 7－2 可以清楚地看出预测的均值和中位数也具有非常相似的随时间起伏波动的特征。为了更细致地比较 RIM－σ^2 模型和 TSSV－θ 模型预测能力的差异，在此将基于历史数据的 RIM－σ^2 模型的预测结果减去基于 TSSV－θ 模型的预测结果，得到表 7－4。

表 7－4　基于历史数据的 RIM－σ^2 模型与 TSSV－θ 模型的预测结果之差

年份	均值	10%	25%	50%	75%	90%
2002	－5.409	－8.783	－5.650	－3.860	－2.676	－1.867
2003	－0.326	－0.668	－0.247	－0.060	－0.018	－0.011
2004	0.477	－1.164	0.447*	1.234*	1.948*	2.613*
2005	2.218	－0.632*	－0.412*	－0.049*	1.339	5.009

续表

年份	均值	10%	25%	50%	75%	90%
2006	2.637	-4.354*	-2.947*	-1.667*	0.750	8.804
2007	4.867	-2.176*	-1.415*	-0.320*	3.475	13.396
2008	2.551	-10.362*	-6.825*	-3.885*	-0.074*	17.177
2009	32.083	-11.100*	-7.165*	-2.734*	18.949	82.649
2010	20.467	-1.878*	-1.070*	-1.070*	14.765	53.588
2011	3.184	-1.361*	-0.830*	-0.233*	3.064	9.670
2012	4.159	-4.980*	-3.126*	-1.246*	4.085	14.078
2013	10.164	-12.836*	-8.155*	-3.076*	9.124	32.276
2014	41.438	-10.376*	-6.052*	1.482	31.979	100.274
2015	12.496	-6.377*	-4.130*	-1.812*	5.634	26.136
平均	9.358	-5.504*	-3.398*	-1.235*	6.596	25.985

注：* 表示 RIM - σ^2 模型的预测效果好于 TSSV - θ 模型的预测效果。

表 7 - 4 给出了各年份基于历史数据的 RIM - σ^2 模型与 TSSV - θ 模型的预测结果之差。相对均值小于 1 的项，若其差大于 0，表明此项对应的 RIM - σ^2 模型的预测效果好于 TSSV - θ 模型的预测效果；反之，相对均值大于 1 的项，若其差小于 0，表明此项对应的 RIM - σ^2 模型的预测效果好于 TSSV - θ 模型的预测效果。

从表 7 - 4 可以看出，在 2002—2015 年共 75 项里（含最后的平均值部分），有 40 项对应的是 RIM - σ^2 模型的预测效果好于 TSSV - θ 模型的预测效果，比例为 53.33%；并且表 7 - 4 最后一行平均值中的 5 项中有 3 项表明 RIM - σ^2 模型的预测效果好于 TSSV - θ 模型的预测效果，比例达到 60%。以上结果均体现了 RIM - σ^2 模型比 TSSV - θ 模型有更好的预测效果。

7.2 RIM - σ^2 模型的个股运用分析

上一节对 RIM - σ^2 模型的运用进行了分析，结果均证明了其合理性和在中国市场的适用性，并且 RIM - σ^2 模型比 TSSV - θ 模型有更好的运用效果。但不难发现，我们利用的是中国市场的所有有效样本股票的平均值（平均价值或平均价格），而这些股票间的差异值巨大，直接表现是各股票价格或价值间的权重差异非常大，这不可避免地会影响模型的实际运用效果。基于此，本节将选择有代表性的股票——烽火通信（600498）进行预测运用分析。

烽火通信科技股份有限公司成立于1999年，目前是国内唯一集光通信领域三大战略技术于一体的科研与产业实体，先后被国家批准为“国家光纤通信技术工程研究中心”、“亚太电信联盟培训中心”、“MII光通信质量检测中心”、“国家高技术研究发展计划成果产业化基地”等，在我国信息技术的研究、产业发展与国家安全方面具有独特的战略地位。烽火通信入选的指数有：上证180、沪深300指数、中证100指数、富时指数。

由于RIM－σ^2模型的第二阶段和第三阶段均涉及到预测的ROE_t和BV_t，考虑到分析师一般只对公司未来3年的盈利情况进行预测，RIM－σ^2模型的第二阶段的n均选择3。同时考虑到分析师的预测数据有限，在此主要基于历史数据进行个股预测分析，即个股预测的ROE_t和BV_t用相应年份的历史数据代替，这相当于假定市场上存在对公司未来3年盈利状况的有效预测。针对历史数据需要提前3年的这一要求，本书选择2001—2015年的数据。

针对烽火通信的模型变量选择与上一章所述一致。其回归结果如表7－5所示。

表7－5　　基于历史数据的RIM－σ^2模型的回归结果

参数θ_1	1.6872
参数θ_2	0.5596
相关系数R^2	0.4036
调整后的相关系数$\overline{R}^2$	0.3042
F统计量	4.0607
t统计量（θ_1）	1.9377
t统计量（θ_2）	2.4126

从个股回归的结果来看，首先，回归结果均满足本书创建RIM－σ^2模型时所提出的三个待检验命题：参数θ_1和参数θ_2的t统计量分别为1.9377和2.4126，均为显著，满足命题一；参数θ_1和参数θ_2的系数均为正数，满足命题二；参数θ_1系数比参数θ_2系数大，满足命题三。其次，回归得到的相关系数R^2为0.4036，调整后的相关系数$\overline{R}^2$为0.3042，同时F分布统计量为4.0607，查表可知，置信度超过95%。针对个股进行结果

分析，模型总体的显著性明显。

为了更直观地表示检验结果，根据上述回归所得出的系数，计算出的回归值（预测股价）与实际历史股价的比较结果如表 7－6、图 7－3 所示。

表 7－6　基于 RIM－σ^2 模型的股票 600498 预测结果分析

时间	实际价格 A	预测值 B	相对值 C = A/B
2001	22.15	15.16	1.46
2002	11.35	15.40	0.74
2003	9.67	15.67	0.62
2004	6.46	16.71	0.39
2005	6.22	18.00	0.35
2006	14.38	20.83	0.69
2007	12.26	23.18	0.53
2008	16.05	25.56	0.63
2009	28.13	31.79	0.88
2010	29.70	33.36	0.89
2011	26.88	34.22	0.79
2012	28.55	33.63	0.85
2013	11.33	20.96	0.54
2014	29.40	24.64	1.19
2015	23.94	24.98	0.96
平均	18.43	23.61	0.77

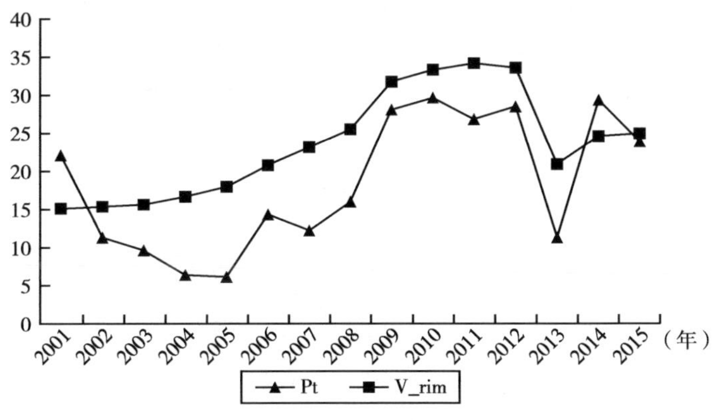

图 7－3　预测值与实际值之间的比较

从表 7－6 和图 7－3 可以发现，实际值基本上围绕预测值波动，并且大多数年份的实际值小于预测值，相差最大的是 2005 年，最接近的是 2014 年和 2015 年。由此也可以发现，该股的估值越来越成熟与科学。

【本章小结】

本章从总体和个股两个方面对 RIM－σ^2 模型进行了实证检验，结果表明该模型在中国市场具有较好的适用性，体现了其优越性和有效合理性，在一定程度上可以作为预测公司权益价值的一种有效的补充工具。

8　双风险因子调整的剩余收益经营与投资最优决策

本书第 4 章引入了单风险因子——市场风险，对剩余收益模型进行了改进拓展。本章拟考虑双风险因子——经营风险和金融风险，对剩余收益模型进行更深入的研究。

8.1　企业投资本质与风险识别

公司投资的本质，从公司金融的角度定义，是指在一定期间内，通过改变自身的资本存量来换取未来公司财富的增值活动。根据投资形式进行分类，主要有：按照投资期限可以分为短期投资和长期投资；按照投资对象可以分为对内投资和对外投资；按照投资的具体形式可以分为直接投资和间接投资，也有学者把其分为实业投资和股权投资。现有研究认为公司进行投资的目的主要有两方面：一是为了获取收益；二是为了分散风险。

可以发现，从会计的角度来说，上述分类均是从资产负债表的左边，即资产类来考量的。事实上，在资产负债表的右边有相对应的投资资产来源。为了准确核算相应的投资收益，除了清楚地核算投资资产的收益与风险外，还应该考虑其投资资产来源的成本和风险，单纯考虑资产负债表的左边资产是不完整的。基于此，本书从会计净资产（或自身资本存量）的角度出发，将公司投资分为净经营性资产投资和净金融性资产投资。净经营性资产等于经营性资产减去经营性负债，而净金融性资产则等于金融性资产减去金融性负债。

很显然，这两部分净资产所承担的风险属性不一样，净经营性资产承担的是经营性风险，而净金融性资产承担的是金融性风险。由此衍生出两个问题：一是如何定义与识别经营性风险和金融性风险？二是在经营性风险和金融性风险一定的情况下，如何分配公司的净资产投资，以使公司的价值最大化？

本章基于企业多元化投资结构理论，创新性地从资产负债表的右边，即净资产的角度，将公司净资产分为净经营性资产和净金融性资产；两种不同类型的净资产具有不同的风险属性，即净经营性资产承担经营性风险，净金融性资产承担金融性风险。在一般形式三阶段剩余收益模型的基础上，构建双风险因子调整的剩余收益经营与投资决策模型（Operation and Investment Decision Model of Dual - risks RIM，OIDM - DRRIM），并利用中国资本市场经验数据进行实证检验，以此验证 OIDM - DRRIM 模型的可行性与适用性。

8.2 模型构建

8.2.1 假设条件

由前文可知，一般形式的三阶段剩余收益模型的基本表达式为：

$$V_t = BV_t + \sum_{\tau=1}^{n} \frac{E[X_{t+\tau} - rBV_{t+\tau-1}]}{(1+r)^{\tau}} + \sum_{\tau=n+1}^{\infty} \frac{E[X_{t+\tau} - rBV_{t+\tau-1}]}{(1+r)^{\tau}} \tag{8-1}$$

式中：V_t 表示公司在第 t 期的权益价值；BV_t 表示公司在第 t 期的净资产账面价值；r 表示无风险利率；$NI_{t+\tau}$ 表示公司在 $t+\tau$ 期的净利润；$NI_{t+\tau} - r \times BV_{t+\tau-1}$ 表示第 $t+\tau$ 期的剩余收益。

从式（8 - 1）可知，公司权益价值主要由以下三部分组成：

BV_t：公司现有的净资产，代表公司过去经营状况所积累的公司价值。

$\sum_{\tau=1}^{n} \frac{E[X_{t+\tau} - rBV_{t+\tau-1}]}{(1+r)^{\tau}}$：基于现有信息可以有效预测公司未来 n 年的经营状况所能实现的剩余收益现值。

$\sum_{\tau=n+1}^{\infty} \frac{E[X_{t+\tau} - rBV_{t+\tau-1}]}{(1+r)^{\tau}}$：根据现有信息难以有效预测公司未来第 n + 1 年开始到无穷的经营状况所能实现的剩余收益现值。

基于一般剩余收益模型的理论基础，针对式（8 - 1）中第三阶段不可明确预测的剩余收益，本章提出如下假设条件：

假设 1：公司的净资产（BV）可以区分为净经营性资产（OA）和净

金融性资产（FA），相对应地，公司的净利润可以区分为净经营性资产产生的净利润（NIOA）和净金融性资产产生的净利润（NIFA）。公司各期均存在如下恒等关系：

$$BV_{\tau} = OA_{\tau} + FA_{\tau}$$

$$NI_{\tau} = NIOA_{\tau} + NIFA_{\tau}$$

假设2：从第 n+1 年开始到未来的永续期，公司存在一个长期的平均净经营性资产收益率$\overline{RNOA}$。公司第 n+1 年开始到未来无穷远的各期净经营性资产收益率为随机变量，且每一期的净经营性资产收益率服从正态分布，即 $RNOA_{\tau} \sim N[\overline{RNOA},\ D(RNOA)]$，$\tau \geqslant n+1$。

$$RNOA_{\tau} = \frac{NIOA_{\tau}}{OA_{\tau-1}}$$

假设3：公司第 n+1 年开始到未来无穷远的各期净经营性资产增长率 $\mu_{1\tau} = \dfrac{OA_{\tau+1} - OA_{\tau}}{OA_{\tau}}$为随机变量，且每一期的净经营性资产增长率服从均值为 μ_1、方差为 σ_1^2 的正态分布，即 $\mu_{1\tau} \sim N(\mu_1,\ \sigma_1^2)$，$\tau \geqslant n+1$。

假设4：从第 n+1 年开始到未来的永续期，公司存在一个长期的平均净金融性资产收益率$\overline{RNFA}$。公司第 n+1 年开始到未来无穷远的各期净金融性资产收益率为随机变量，且每一期的净金融性资产收益率服从正态分布，即 $RNFA_{\tau} \sim N\ [\overline{RNFA},\ D\ (RNFA)]$，$\tau \geqslant n+1$。

$$RNFA_{\tau} = \frac{NIFA_{\tau}}{FA_{\tau-1}}$$

假设5：公司第 n+1 年开始到未来无穷远的各期净金融性资产增长率 $\mu_{2\tau} = \dfrac{FA_{\tau+1} - FA_{\tau}}{FA_{\tau}}$为随机变量，且每一期的净金融性资产增长率服从均值为 μ_2、方差为 σ_2^2 的正态分布，即 $\mu_{2\tau} \sim N(\mu_2,\ \sigma_2^2)$，$\tau \geqslant n+1$。

假设6：公司第 n+1 年开始历年的净收益分红比例为 π，其中净经营性资产产生的净收益分红比例为 π_1，净金融性资产产生的净收益分红比例为 π_2。

K. R.（2014）指出，净资产可以分为净经营性资产和净金融性资产。会计领域的财务管理与公司理财学科经常将公司净资产区分为净经营性资产和净金融性资产，在此基础上，将公司的净利润区分为净经营性资产产生的净利润和净金融性资产产生的净利润，并分别计算 RNOA 和 RNFA。由此假设 1 是合理的。

李刚（2005）以电子通信行业为类，对上市公司净资产收益率分布进行实证分析，认为净资产收益率近似服从正态分布。企业经营利润率会围绕行业平均利润率上下波动，基于中心极限定理，净经营性资产收益率服从正态分布。由此，假设 2 是合理的。

金融性资产的收益率与经营性资产的收益率相比，具有较大的波动性与随机性。刘攀等（2015）指出，金融资产收益率服从标准正态分布，同时以我国沪深 300 指数为例，比较了正态、SKST、AEPD、AST 和 ALD 分布对金融收益率典型事实特征的描述，以及在这些分布的假设设定下样本 VaR（Value at Risk）的测度效果，未发现哪一类模型在度量 VaR 上具有绝对优势。林勇等（2002）比较了有效市场假设与分形市场假设，认为有效市场假设对应于正态分布，而分形市场假设对应于“肥尾”分布。根据现有研究文献可以发现，有许多研究者提出金融资产收益率服从正态分布，也有许多研究者从不同的角度提出金融资产收益率具有“尖峰肥尾”的特征，如封建强（2001）提出了 t 分布。现有广泛应用的金融计量模型，如资产组合模型、CAPM、APT 以及 Black Shcoles 定价模型等都以收益率服从正态分布为基础进行计算。由此，假设 4 的提出也是合理的，同时与假设 2 作区分，即净经营性资产收益率和净金融性资产收益率虽然都服从正态分布，但两者的均值与方差是不相同的，两者的平均收益率和风险水平是不一样的。

很显然，在假设 2 和假设 4 的基础上，进一步提出假设 3 和假设 5 也是合理的。

基于公司股利支付政策的固定股利支付比率，在假设 1 的基础上，提出假设 6 是合理的。

8.2.2 引理提出

引理：假定 x 是一个服从均值为 u、方差为 σ^2 的正态分布的随机变量，即 $x \sim N(u, \sigma^2)$，则有：$E(e^x) = e^{u+0.5\sigma^2}$。

8.2.3 模型推理与分析

由假设 3 和假设 5 可知，净经营性资产增长率和净金融性资产增长率可以分别近似表示为对数形式，即：

$$\begin{cases} \mu_{1\tau} = \dfrac{OA_{\tau+1} - OA_{\tau}}{OA_{\tau}} \approx \ln \dfrac{OA_{\tau+1}}{OA_{\tau}} \\ \mu_{2\tau} = \dfrac{FA_{\tau+1} - FA_{\tau}}{FA_{\tau}} \approx \ln \dfrac{FA_{\tau+1}}{FA_{\tau}} \end{cases} \tag{8-2}$$

于是有：

$$\begin{cases}OA_{\tau+1}=OA_{\tau}e^{\delta_{1\tau}}\\FA_{\tau+1}=FA_{\tau}e^{\delta_{1\tau}}\end{cases}\tag{8-3}$$

在给定 τ 时刻的信息时，OA_{τ}、FA_{τ} 为已知量，对式（8－3）两边取条件期望，根据引理可得：

$$\begin{cases}E_{\tau}(OA_{\tau+1})=OA_{\tau}E_{\tau}(e^{\delta_{1\tau}})=OA_{\tau}e^{\mu_1+0.5\sigma_1^2}\\E_{\tau}(FA_{\tau+1})=FA_{\tau}E_{\tau}(e^{\delta_{2\tau}})=FA_{\tau}e^{\mu_2+0.5\sigma_2^2}\end{cases}\tag{8-4}$$

由于 $NI_{t+s}=RNOA_{t+s}\cdot OA_{t+s-1}+RNFA_{t+s}\cdot FA_{t+s-1}$，根据一般的三阶段剩余收益模型［式（8－1）］可知：

$$\begin{aligned}V_t&=BV_t+\sum_{s=1}^{n}\frac{(ROE_{t+s}-r)BV_{t+s-1}}{(1+r)^s}+\sum_{s=n+1}^{\infty}\frac{(ROE_{t+s}-r)BV_{t+s-1}}{(1+r)^s}\\&=BV_t+\sum_{s=1}^{n}\frac{(ROE_{t+s}-r)BV_{t+s-1}}{(1+r)^s}+\sum_{s=n+1}^{\infty}\frac{(RNOA_{t+s}-r)OA_{t+s-1}}{(1+r)^s}\\&\quad+\sum_{s=n+1}^{\infty}\frac{(RNFA_{t+s}-r)FA_{t+s-1}}{(1+r)^s}\end{aligned}\tag{8-5}$$

又因为：

$$\begin{cases}OA_{t+1}=OA_t[1+RNOA_{t+1}(1-\pi_1)-r]\\FA_{t+1}=FA_t[1+RNFA_{t+1}(1-\pi_2)-r]\end{cases}\tag{8-6}$$

从第 t＋n＋1 期到第 t＋s－1 期有如下关系式：

$$\begin{cases}OA_{t+s-1}=OA_{t+n+1}[1+RNOA_{t+s-1}(1-\pi_1)-r]^{s-n-2}\\FA_{t+s-1}=FA_{t+n+1}[1+RNFA_{t+s-1}(1-\pi_2)-r]^{s-n-2}\end{cases}\tag{8-7}$$

将其代入式（8－5）可得：

$$\begin{aligned}V_t&=BV_t+\sum_{s=1}^{n}\frac{(ROE_{t+s}-r)BV_{t+s-1}}{(1+r)^s}\\&\quad+\sum_{s=n+1}^{\infty}\frac{(RNOA_{t+s}-r)\,[1+RNOA(1-\pi_1)-r]^{s-n-2}OA_{t+n+1}}{(1+r)^s}\\&\quad+\sum_{s=n+1}^{\infty}\frac{(RNFA_{t+s}-r)\,[1+RNFA(1-\pi_2)-r]^{s-n-2}FA_{t+n+1}}{(1+r)^s}\end{aligned}\tag{8-8}$$

由于在 t≤τ≤n 时，能对公司的经营状况做出有效预测，因此，在 t 时刻，$BV_{t+\tau}$（τ＝1，…，n）为已知数值，而 BV_{t+n+1} 为未知的随机变量。于是，对式（8－8）两边取条件期望，可得：

$$
\begin{cases}
E_t(V_t) = BV_t + \sum_{s=1}^{n} \frac{(ROE_{t+s} - r)BV_{t+s-1}}{(1+r)^s} \\
\quad + \sum_{s=n+1}^{\infty} E_t\left\{\frac{(RNOA_{t+s} - r)\left[1 + RNOA(1-\pi_1) - r\right]^{s-n-2} OA_{t+n+1}}{(1+r)^s}\right\} \\
\quad + \sum_{s=n+1}^{\infty} E_t\left\{\frac{(RNFA_{t+s} - r)\left[1 + RNFA(1-\pi_2) - r\right]^{s-n-2} FA_{t+n+1}}{(1+r)^s}\right\}
\end{cases}
\tag{8-9}
$$

根据假设 2 和假设 4 可得：

$$
\begin{aligned}
E_t(V_t) &= BV_t + \sum_{s=1}^{n} \frac{(ROE_{t+s} - r)BV_{t+s-1}}{(1+r)^s} \\
&+ E_t(OA_{t+n+1}) \frac{\overline{RNOA} - r}{\left[1 + \overline{RNOA}(1-\pi_1) - r\right]^{n+2}} \sum_{s=n+1}^{\infty} \frac{\left[1 + RNOA(1-\pi_1) - r\right]^s}{(1+r)^s} \\
&+ E_t(FA_{t+n+1}) \frac{\overline{RNFA} - r}{\left[1 + \overline{RNFA}(1-\pi_2) - r\right]^{n+2}} \sum_{s=n+1}^{\infty} \frac{\left[1 + RNFA(1-\pi_2) - r\right]^s}{(1+r)^s}
\end{aligned}
\tag{8-10}
$$

对式（8－10）右边的无穷级数进行求和，可得：

$$
\begin{aligned}
E_t(V_t) &= BV_t + \sum_{s=1}^{n} \frac{(ROE_{t+s} - r)BV_{t+s-1}}{(1+r)^s} \\
&+ \frac{\overline{RNOA} - r}{\left[1 + \overline{RNOA}(1-\pi_1) - r\right]\left[2r - \overline{RNOA}(1-\pi_1)\right]} E_t(OA_{t+n+1}) \\
&+ \frac{\overline{RNFA} - r}{\left[1 + \overline{RNFA}(1-\pi_2) - r\right]\left[2r - \overline{RNFA}(1-\pi_2)\right]} E_t(FA_{t+n+1})
\end{aligned}
\tag{8-11}
$$

根据式（8－4），可将式（8－11）进一步表示为：

$$
\begin{aligned}
E_t(V_t) &= BV_t + \sum_{s=1}^{n} \frac{(ROE_{t+s} - r)BV_{t+s-1}}{(1+r)^s} \\
&+ \frac{\overline{RNOA} - r}{\left[1 + \overline{RNOA}(1-\pi_1) - r\right]\left[2r - \overline{RNOA}(1-\pi_1)\right]} OA_{t+n} e^{\mu_1 + 0.5\sigma_1^2} \\
&+ \frac{\overline{RNFA} - r}{\left[1 + \overline{RNFA}(1-\pi_2) - r\right]\left[2r - \overline{RNFA}(1-\pi_2)\right]} FA_{t+n} e^{\mu_2 + 0.5\sigma_2^2}
\end{aligned}
\tag{8-12}
$$

分别对 $e^{\mu_1 + 0.5\sigma_1^2}$、$e^{\mu_2 + 0.5\sigma_2^2}$进行泰勒展开，并代入式（8－12），可得：

$$V_t = BV_t + \sum_{s=1}^{n} \frac{(ROE_{t+s} - r)BV_{t+s-1}}{(1+r)^s}$$
$$+ \frac{(\overline{RNOA} - r)(1 + \mu_1 + 0.5\sigma_1^2)OA_{t+n}}{[1 + \overline{RNOA}(1 - \pi_1) - r][2r - \overline{RNOA}(1 - \pi_1)]}$$
$$+ \frac{(\overline{RNFA} - r)(1 + \mu_2 + 0.5\sigma_2^2)FA_{t+n}}{[1 + \overline{RNFA}(1 - \pi_2) - r][2r - \overline{RNFA}(1 - \pi_2)]} \qquad (8-13)$$

式（8－13）为本章构建的双风险因子调整的剩余收益经营与投资决策模型。从该模型可以发现，公司的价值受净经营性资产和净金融性资产的影响，同时也受其他因素的影响，并且各阶段影响的公司价值也不一样，具体为：

（1）第一阶段：主要是公司当期（即第 t 期）的净资产（BV_t）。

（2）第二阶段：在可明确的预测期内，主要是从 t＋1 开始到第 t＋n 期各期的净资产（BV_{t+s}）和净资产收益率（ROE_s），s＝1，…，n。

（3）第三阶段：在不可明确的预测期内，主要是第 t＋n 期（即第二阶段的期末）的净经营性资产（OA_{t+n}）和净金融性资产（FA_{t+n}），以及第 n＋1 期以后的预期净经营性资产平均收益率（$\overline{RNOA}$）和净金融性资产平均收益率（$\overline{RNFA}$）、各净资产收益的分红比例（π_1、π_2）、预期净经营性资产增长率（μ_1）和预期净经营性资产增长率波动方差（σ_1^2）、预期净金融性资产增长率（μ_2）和预期净金融性资产增长率波动方差（σ_2^2）。

特别地，当 $\pi_1 = \pi_2 = 0$ 时，有：

$$V_t = BV_t + \sum_{s=1}^{n} \frac{(ROE_{t+s} - r)BV_{t+s-1}}{(1+r)^s} + \frac{(\overline{RNOA} - r)(1 + \mu_1 + 0.5\sigma_1^2)OA_{t+n}}{(1 + \overline{RNOA} - r)(2r - \overline{RNOA})}$$
$$+ \frac{(\overline{RNFA} - r)(1 + \mu_2 + 0.5\sigma_2^2)FA_{t+n}}{(1 + \overline{RNFA} - r)(2r - \overline{RNFA})} \qquad (8-14)$$

而当 $\pi_1 = \pi_2 = 1$ 时，有：

$$V_t = BV_t + \sum_{s=1}^{n} \frac{(ROE_{t+s} - r)BV_{t+s-1}}{(1+r)^s} + \frac{(\overline{RNOA} - r)(1 + \mu_1 + 0.5\sigma_1^2)OA_{t+n}}{(1 - r)2r}$$
$$+ \frac{(\overline{RNFA} - r)(1 + \mu_2 + 0.5\sigma_2^2)FA_{t+n}}{(1 - r)2r} \qquad (8-15)$$

对式（8－13）简化整理后，可得到如下估值模型：

$$V_t = BV_t + \sum_{s=1}^{n} \frac{(ROE_{t+s} - r)BV_{t+s-1}}{(1+r)^s} + \alpha_1 OA_{t+n} + \beta_1 FA_{t+n}$$
$$+ \alpha_2 \sigma_1^2 OA_{t+n} + \beta_2 \sigma_2^2 FA_{t+n} \qquad (8-16)$$

其中：

$$\alpha_1=\frac{(\overline{RNOA}-r)(1+\mu_1)}{[1+\overline{RNOA}(1-\pi_1)-r][2r-\overline{RNOA}(1-\pi_1)]}$$

$$\beta_1=\frac{(\overline{RNFA}-r)(1+\mu_2)}{[1+\overline{RNFA}(1-\pi_2)-r][2r-\overline{RNFA}(1-\pi_2)]}$$

$$\alpha_2=\frac{0.5(\overline{RNOA}-r)}{[1+\overline{RNOA}(1-\pi_1)-r][2r-\overline{RNOA}(1-\pi_1)]}$$

$$\beta_2=\frac{0.5(\overline{RNFA}-r)}{[1+\overline{RNFA}(1-\pi_2)-r][2r-\overline{RNFA}(1-\pi_2)]}$$

由于σ_1^2、σ_2^2分别表示不可明确的预测期内的净经营性资产增长率的期望方差和净金融性资产增长率的期望方差，则σ_1^2与OA_{t+n}的乘积表示不可明确的预测期内的净经营性资产增长量的期望方差，σ_2^2与FA_{t+n}的乘积表示不可明确的预测期内的净金融性资产增长量的期望方差，分别记为：

$$\begin{cases}\phi_{t+n}=\sigma_1^2\cdot OA_{t+n}\\ \varphi_{t+n}=\sigma_2^2\cdot FA_{t+n}\end{cases}\tag{8-17}$$

于是式（8－16）的三阶段剩余收益模型还可以表示为如下形式：

$$V_t=BV_t+\sum_{s=1}^{n}\frac{(ROE_{t+s}-r)BV_{t+s-1}}{(1+r)^s}+\alpha_1OA_{t+n}+\beta_1FA_{t+n}+\alpha_2\phi_{t+n}+\beta_2\varphi_{t+n}\tag{8-18}$$

其中：

$$\begin{cases}\alpha_1=\dfrac{(\overline{RNOA}-r)(1+\mu_1)}{[1+\overline{RNOA}(1-\pi_1)-r][2r-\overline{RNOA}(1-\pi_1)]}\\ \beta_1=\dfrac{(\overline{RNFA}-r)(1+\mu_2)}{[1+\overline{RNFA}(1-\pi_2)-r][2r-\overline{RNFA}(1-\pi_2)]}\\ \alpha_2=\dfrac{0.5(\overline{RNOA}-r)}{[1+\overline{RNOA}(1-\pi_1)-r][2r-\overline{RNOA}(1-\pi_1)]}\\ \beta_2=\dfrac{0.5(\overline{RNFA}-r)}{[1+\overline{RNFA}(1-\pi_2)-r][2r-\overline{RNFA}(1-\pi_2)]}\\ \phi_{t+n}=\sigma_1^2\cdot OA_{t+n},\varphi_{t+n}=\sigma_2^2\cdot FA_{t+n}\end{cases}$$

本章对式（8－18）进行实证研究，以检验该模型的适应性。

8.3 实证检验

8.3.1 系数范围与价值替代

基于会计的实际意义，各相关系数的理论预测范围如表 8 – 1 所示。

表 8 – 1　　系数取值范围

系数	理论取值范围
α_1	$(-\infty, +\infty)$
α_2	$(-\infty, +\infty)$
β_1	$(-\infty, +\infty)$
β_2	$(-\infty, +\infty)$
σ_1	$[0, +\infty)$
σ_2	$[0, +\infty)$
ϕ	$(-\infty, +\infty)$
φ	$(-\infty, +\infty)$

基于有效市场假说，在有效市场中，资本市场上股票的价格为其内在价值的反映。在权益价值判断的实证研究中，学者们均假设股票的价格为其价值。由此，本书的实证研究也采用同样的方法，即式（8 – 18）左边的价值 V_t 就用同期的股票价格 P_t 来替代。

8.3.2 变量定义与数据说明

本书实证研究中涉及的经验数据，都为 Wind 数据库合并报表（年报）中相应的年度数据。本书中各个变量的说明及计算方法如下：

P 表示股票每股价格（未复权）。

FA 表示资产负债表日每股净金融性资产的账面价值。

OA 表示资产负债表日每股净经营性资产的账面价值。

BV 表示每股净资产账面价值，在任何一期，均有 $BV_t = OA_t + FA_t$。

ROE 表示净资产收益率。

r 表示无风险报酬率，本实证中，r 采用一年期的银行存款定期利率。

R 表示折现率，等于 1 加无风险报酬率，即 $R = 1 + r$。

ϕ 表示不可明确的预测期内的每股净经营性资产增长量的期望方差，可以用过去两年的净经营性资产增长量的方差计算得出。

φ 表示不可明确的预测期内的每股净金融性资产增长量的期望方差，可以用过去两年的净金融性资产增长量的方差计算得出。

本书选取2001—2018年中国资本市场沪深两市所有的上市公司作为实证研究对象。由于金融性企业的财务报表编制有其金融行业的特殊性，本书实证样本中剔除掉银行、证券、保险、投资等金融性企业，同时扣除ST、*ST，以及数据缺失的样本，最后总共获得了20401个样本观察值。实证所使用的相关财务数据以及股票的市场价格均来自万德（Wind）数据库系统。股价P选取每年4月30日的收盘价，原因是根据规定，上市公司的年报必须在下一年的4月30日前披露，如果4月30日当日为节假日而休市，则选取前一个交易日的股票收盘价格作为计算依据。FA为净金融性资产，可以由金融性资产和金融性负债相减得出，金融性资产选取交易性证券、持有至到期投资、一年以内到期的长期债券投资、应收利息、货币资金、短期投资净额、可供出售的金融资产净额、长期股权投资净额以及长期应收款净额共九项。其中，由于2007年会计制度改革，交易性证券2007年以后计入短期投资，持有至到期投资计入长期债券投资，其他科目没有发生变化。金融性负债选取一年以内到期的长期负债、应付利息以及应付债券三项。OA为净经营性资产，可以由经营性资产减去经营性负债得到。经营性资产等于总资产减去金融性资产，经营性负债等于总负债减去金融性负债。

8.3.3 实证检验结果

基于式（8-18），用Stata统计软件对样本数据进行回归分析，得到的实证结果如表8-2所示。

表8-2　　回归检验结果

变量	回归结果
截距	10.1156
	(<0.0001)***
α_1	-3.2545
	(<0.0001)***
β_1	2.3716
	(<0.0001)***
α_2	1.2800E-07
	(<0.05)*

续表

变量	回归结果
β_2	-1.2800E-07
	(<0.05) *
观测值	20401
F	30.7 ***
调整的 R^2	0.0058

注：*、*** 分别代表在 10%、1% 的置信水平下显著。

从表 8-2 可以看出，净金融性资产与企业价值呈现 1% 显著负相关，净经营性资产与企业价值呈现 1% 显著正相关；净金融性资产增长量的期望方差与企业价值呈现 10% 显著负相关，净经营性资产增长量的期望方差与企业价值呈现 10% 显著正相关。表 8-2 的实证结果表明式（8-18）所构建的模型对中国资本市场具有非常好的适用性。

8.3.4 稳健性检验

为了进一步检验实证结果的稳健性，对式（8-18）中涉及的无风险利率由一年期人民币存款基准利率 2.25% 替换成一年期国债利率 3.54%。对样本数据进行回归，实证结果如表 8-3 所示。

表 8-3 稳健性检验

变量	回归结果
截距	10.2761
	(<0.0001) ***
α_1	-3.1948
	(<0.0001) ***
β_1	2.4637
	(<0.0001) ***
α_2	1.2500E-07
	(<0.05) *
β_2	-1.2500E-07
	(<0.05) *
观测值	20401
F	30.3 ***
调整的 R^2	0.0057

注：*、*** 分别代表在 10%、1% 的置信水平下显著（双尾）。

从表 8 – 3 可以看出，与上文结果类似，净金融性资产与企业价值呈现 1% 显著负相关，净经营性资产与企业价值呈现 1% 显著正相关；净金融性资产增长量的期望方差与企业价值呈现 10% 显著负相关，净经营性资产增长量的期望方差与企业价值呈现 10% 显著正相关；调整的 R^2 保持在相似的水平。总体而言，与表 8 – 2 的回归结果类似。这从实证的角度进一步证明了式（8 – 18）所构建的模型对中国资本市场的适用性。

8.4　净经营性资产与净金融性资产的关系研究

从上述基于双风险因子调整的剩余收益经营与投资决策模型的理论推理与实证检验，可以发现公司的价值受公司在第二阶段期末的净经营性资产和净金融性资产的影响，那么两者之间的比例关系是否会影响公司的价值？若有影响，是如何影响？基于此，提出如下假设条件。

假设 7： 公司在不可明确的预测期内的第三阶段，即从 n + 1 期开始的未来无穷期，公司净金融性资产与净经营性资产的比例保持为一个固定常数 ω_1，即 $\omega_1 = \dfrac{FA_\tau}{OA_\tau}$，$\tau \geqslant n+1$，则：

$$FA_\tau = \omega_1 \cdot OA_\tau$$

从假设 3 可知，$\mu_{1\tau} = \dfrac{OA_{\tau+1} - OA_\tau}{OA_\tau} \sim N(\mu_1,\ \sigma_1^2)$，$\tau \geqslant n+1$，则：

$$\mu_{2\tau} = \frac{FA_{\tau+1} - FA_\tau}{FA_\tau} = \frac{\omega_1 \cdot OA_{\tau+1} - \omega_1 \cdot OA_\tau}{\omega_1 \cdot OA_\tau} = \frac{OA_{\tau+1} - OA_\tau}{OA_\tau} \sim N(\mu_1, \sigma_1^2) \tag{8-19}$$

根据上述推理分析，则式（8 – 13）可以变换为：

$$\begin{aligned} V_t = {} & BV_t + \sum_{s=1}^{n} \frac{(ROE_{t+s} - r)BV_{t+s-1}}{(1+r)^s} \\ & + \frac{(\overline{RNOA} - r)(1 + \mu_1 + 0.5\sigma_1^2)OA_{t+n}}{[1 + \overline{RNOA}(1 - \pi_1) - r][2r - \overline{RNOA}(1 - \pi_1)]} \\ & + \frac{(\overline{RNFA} - r)(1 + \mu_1 + 0.5\sigma_1^2)\omega_1 \cdot OA_{t+n}}{[1 + \overline{RNFA}(1 - \pi_2) - r][2r - \overline{RNFA}(1 - \pi_2)]} \end{aligned} \tag{8-20}$$

对式（8 – 20）求 V_t 对 ω_1 的一阶导数，经整理可得：

$$\frac{\partial V_t}{\omega_1} = \frac{(\overline{RNFA} - r)(1 + \mu_1 + 0.5\sigma_1^2) \cdot OA_{t+n}}{[1 + \overline{RNFA}(1 - \pi_2) - r][2r - \overline{RNFA}(1 - \pi_2)]} \tag{8-21}$$

从式（8－21）可以发现，影响公司价值的斜率（即净金融性资产与净经营性资产之间比例关系的变化）将受到净金融性资产平均收益率 $\overline{RNFA}$、回报率 r、净经营性资产平均增长率 μ_1、净经营性资产增长率方差 σ_1^2、第 t＋n 期末的净经营性资产 OA_{t+n}、净金融性资产产生的净收益分红比例 π_2 等的影响。

同样道理，可以做出如下假设：

假设 8：公司在不可明确预测期内的第三阶段，即从 n＋1 期开始的未来无穷期，公司净经营性资产与净金融性资产的比例保持为一个固定常数 ω_2，即 $\omega_2=\dfrac{OA_\tau}{FA_\tau}$，$\tau \geqslant n+1$，则：

$$OA_\tau=\omega_2 \cdot FA_\tau$$

从假设 5 可知，$\mu_{2\tau}=\dfrac{FA_{\tau+1}-FA_\tau}{FA_\tau} \sim N(\mu_2,\ \sigma_2^2)$，$\tau \geqslant n+1$，则：

$$\mu_{1\tau}=\frac{OA_{\tau+1}-OA_\tau}{OA_\tau}=\frac{\omega_2 \cdot FA_{\tau+1}-\omega_2 \cdot FA_\tau}{\omega_2 \cdot FA_\tau}=\frac{FA_{\tau+1}-FA_\tau}{FA_\tau} \sim N(\mu_2,\sigma_2^2) \quad (8-22)$$

根据上述推理分析，则式（8－13）也可以变换为：

$$\begin{aligned} V_t = & BV_t+\sum_{s=1}^{n}\frac{(ROE_{t+s}-r)BV_{t+s-1}}{(1+r)^s} \\ & +\frac{(\overline{RNOA}-r)(1+\mu_2+0.5\sigma_2^2)\omega_2 FA_{t+n}}{[1+\overline{RNOA}(1-\pi_1)-r][2r-\overline{RNOA}(1-\pi_1)]} \\ & +\frac{(\overline{RNFA}-r)(1+\mu_2+0.5\sigma_2^2)FA_{t+n}}{[1+\overline{RNFA}(1-\pi_2)-r][2r-\overline{RNFA}(1-\pi_2)]} \end{aligned} \quad (8-23)$$

对式（8－23）求 V_t 对 ω_2 的一阶导数，经整理可得：

$$\frac{\partial V_t}{\omega_2}=\frac{(\overline{RNOA}-r)(1+\mu_2+0.5\sigma_2^2)FA_{t+n}}{[1+\overline{RNOA}(1-\pi_1)-r][2r-\overline{RNOA}(1-\pi_1)]} \quad (8-24)$$

从式（8－24）可以发现，影响公司价值的斜率（即净经营性资产与净金融性资产之间的比例关系）将受到净经营性资产平均收益率 $\overline{RNOA}$、回报率 r、净金融性资产平均增长率 μ_2、净金融性资产增长率方差 σ_2^2、第 t＋n 期末的金融性净资产 FA_{t+n}、净经营性资产产生的净收益分红比例 π_1 等的影响。

8.5 基于双风险因子调整的剩余收益经营与投资最优决策模型

根据式（8－21）和式（8－24），整理可得：

$$\frac{FA_{t+n}}{OA_{t+n}}=\frac{[1+\overline{RNOA}(1-\pi_1)-r][2r-\overline{RNOA}(1-\pi_1)](\overline{RNFA}-r)(1+\mu_1+0.5\sigma_1^2)}{[1+\overline{RNFA}(1-\pi_2)-r][2r-\overline{RNFA}(1-\pi_2)](\overline{RNOA}-r)(1+\mu_2+0.5\sigma_2^2)} \tag{8-25}$$

式（8－25）是基于对未来第三阶段非明确期所预测的因素（包括净经营性资产平均收益率$\overline{RNOA}$和净金融性资产平均收益率$\overline{RNFA}$、回报率 r、净经营性资产平均增长率 μ_1 和净金融性资产平均增长率 μ_2、净经营性资产增长率方差 σ_1^2 和净金融性资产增长率方差 σ_2^2、净经营性资产产生的净收益分红比例 π_1 和净金融性资产产生的净收益分红比例 π_2），为了使公司价值最大化而在明确期第二阶段末（第三阶段非明确期的期初）设置的净金融性资产与净经营性资产之间的最优配置比例。

8.6 结　　论

本章将公司的净资产按其属性划分为净经营性资产和净金融性资产，并基于不同的风险考量，从理论上构建了双风险因子调整的剩余收益经营决策模型。同时利用中国资本市场经验数据实证检验了该模型的有效性与适用性。基于此，公司针对第三阶段的非明确期，可以在预测未来经营风险和金融风险以及相应的平均经营回报和平均金融回报等因素的条件下，对第二阶段明确期做出最佳的净资产配置（即净经营性资产和净金融性资产之间的比例关系）安排，以此做出最优的经营与投资决策，使公司价值最大化。

第一，在产能过剩，或未来市场不明朗，经营风险过高时，应降低净经营性资产的经营与投资比例；相反则增加净经营性资产的经营与投资比例。

第二，在金融市场风险高的时期，比如 2008 年的金融危机时期，应降低净金融性资产的经营与投资比例；相反则增加净金融性资产的经营与投资比例。

【本章小结】

在 RIM - σ^2 的基础上，引入两个风险因子，即经营性风险因子和金融性风险因子，构建剩余收益经营与投资最优决策模型（OIDM - DRRIM）。一方面，利用中国资本市场数据实证检验了 OIDM - DRRIM 的适用性；另一方面，可以计算出净经营性资产和净金融性资产的最优比例关系，使企业价值最大化。

9 基于产品生命周期的多阶段剩余收益项目决策模型

从第 4 章的单因子剩余收益模型到第 8 章的双因子剩余收益模型，剩余收益模型主要用于公司权益价值的评估，并且 Ohlson 系列剩余收益模型完美地对接了会计历史信息。由此引发问题：剩余收益模型是否可以像自由现金流折现模型、股利折现模型等估值模型那样用于对项目的投资决策？是否可以运用常用的净现值（NPV）等方法来计算投资价值？计算投资价值时需要哪些数据？该如何进行评估决策？本章拟从项目决策阶段来探讨剩余收益模型的运用。

9.1 项目投资的决策

项目投资决策一直以来是公司财务和投资学领域重点研究与关注的内容之一。项目投资决策的本质是净现值（Net Present Value，NPV）大于或等于零，净现值也是项目投资决策的核心方法。其他辅助或衍生的方法有回收期法（The Payback Period Method）、回收期折现法（The Discounted Payback Period Method）、平均会计回报法（The Average Accounting Return Method）、内含报酬率（The Internal Rate of Return，IRR）等。

不管用什么决策方法，均需要对项目未来的现金流入流出做出估计，并运用一定的估值模型进行折现，如现金流折现模型（DCF）、股利折现模型（DDM）、股利增长模型（或高登模型）等。本书的第 2 章内容已分析了 DCF、DDM 等存在的不足，并提出了本书的核心，即剩余收益模型的拓展与运用。鉴于此，本章探索剩余收益模型在项目投资决策中的运用。

任何项目的投资均存在一定的生命周期，比较常见的投入期、成长期、成熟期和衰退期这四个周期。显然，在不同的项目生命周期的不同阶段，超常盈余并不一致。由此，本书拟借鉴甘柳等、李珠瑞等的模型构建方法，基于产品生命周期理论，对剩余收益模型进行拓展研究，从理论上构建基于产品生命周期的多阶段剩余收益项目投资决策模型，并进一步对所构建的模型进行管理运用与数据赋值检验研究。

9.2 理论基础

9.2.1 剩余收益模型理论基础

Edwards，E. O. and P. W. 提出了剩余收益模型表达式：

$$V_t = BV_t + \sum_{\tau=1}^{\infty} \frac{E[X_{t+\tau} - rBV_{t+\tau-1}]}{(1+r)^{\tau}} \tag{9-1}$$

式中：BV_t 表示项目在第 t 期末的净资产账面价值；r 表示无风险利率；$X_{t+\tau}$表示项目在第 $t+\tau$ 期的净利润；$X_{t+\tau} - rBV_{t+\tau-1}$表示第 $t+\tau$ 期的超常剩余收益（又称剩余收益）。

式（9－1）涉及未来无限期的剩余收益的折现求和，使得估值的计算存在困难。由此 Feltham－Ohlson 提出线性信息动态关系的假设，得到如下线性剩余收益模型：

$$\begin{cases} V_t = BV_t + \sum_{\tau=1}^{\infty} R_f^{-\tau} E_t(X_{t+\tau}) \\ X_{t+1} = \alpha X_t + \upsilon_{t+1} + \varepsilon_{1t+1} \\ \upsilon_{t+1} = \beta \upsilon_t + \varepsilon_{2t+1} \end{cases} \tag{9-2}$$

式中：$X_{t+\tau}$表示第 $t+\tau$ 期的剩余收益；υ 表示影响剩余收益 X 的其他因素；ε_1、ε_2 表示均值为零的随机变量；R_f 表示折现率；α、β 为相应变量因素的系数，为已知常数；其他字母表示的意思同上。

式（9－2）通过对模型中的剩余收益加入线性信息动态条件，使得未来收益和净账面价值等会计数据具有一定的规律性，从而可以用本期的会计数据来预测未来的会计数据，由此解决了项目未来会计数据无法直接获得的问题。

9.2.2 产品生命周期发展理论基础

Dean（1950）首次提出了产品生命周期的概念，他认为根据产品在市场中的逐渐演化过程，可以将产品划分为推广、成长、成熟和衰亡四个阶段，不同的阶段产品的定位不同。而美国哈佛大学教授 Raymond Vernon

(1966）在从生命周期视角研究产品发展过程中阶段性问题的基础上，形成了著名的产品生命周期理论。产品生命周期（product life cycle，简称PLC），是指产品的市场寿命，即一种产品进入市场后，它的销售量和利润都会随时间推移而改变，呈现一个由少到多再由多到少的过程，如同人的生命一样，由诞生、成长到成熟，最终走向衰亡，这就是产品的生命周期现象。该理论广泛运用于企业的产品开发和项目决策，已经成为一门非常重要的科学，并广泛运用于管理相关领域。美国 Booz 等（1957）基于市场销售变化规律的角度将产品生命周期划分为进入期、成长期、成熟期和衰退期（见图 9－1）。Gort 等（1982）则在定性和定量分析产品生命周期的基础上对内生型产业生命周期的演化进行了相关研究，根据产业中的厂商数量将产业划分为引入期、大量进入期、稳定期、大量退出期和成熟期五个阶段，建立了产业经济学意义上的第一个产业生命周期模型——G—K 模型。

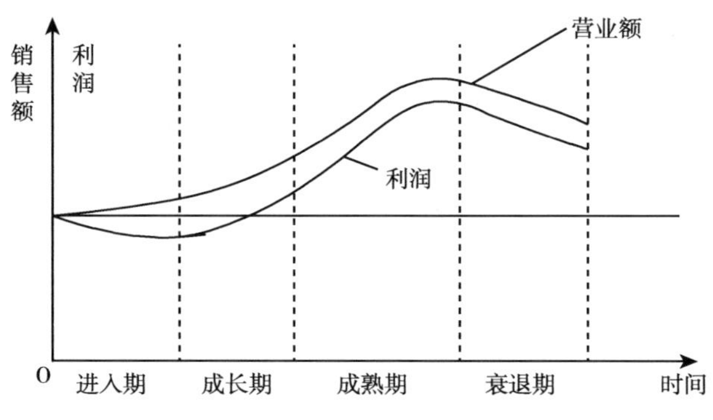

图 9－1　产品生命周期模型

万君康（1999）基于研究的出发点及应用重点等，对不同的产品生命周期理论进行了总结（见表 9－1）。

表 9－1　　不同角度产品生命周期理论的区别

研究角度	研究起始时期	研究出发点	应用重点	与经济及社会发展的联系	学科范畴
从市场销售变化规律角度	50 年代中期	产品市场销售	企业营销与产品开发	重点关注市场销售规律及企业竞争力	市场学、经营管理学
从国际交换与分工的角度	60 年代初期	产品国内外循环	跨国经营与产品创新	重点关注产品、资本及技术的国际流动	产品与经济学、国际贸易
从可持续发展角度	70 年代初期	产品与环境	可持续产品评价与环境管理	重点关注经济与社会的可持续发展	生态经济学、产业生态学

产品生命周期理论发展比较早，至今已相对成熟，产品生命周期可以分为四个阶段已形成共识。本书将产品的生命周期分为投入期、成长期、成熟期和衰退期这四个周期。

综上可以发现，首先，剩余收益估值模型和产品生命周期理论均比较成熟，在各自领域均已获得学者们的广泛共识。但两者的结合研究，至今仍比较匮乏。其次，剩余收益估值模型对公司权益价值进行评估是基于公司净资产及其产生的超常剩余收益，项目投资决策也是基于其未来的投资收益和现时的投资支出，两者具有共性。如果把一个投资项目当作一个公司，那么剩余收益估值模型理论也可以用于项目价值评估。最后，剩余收益估值模型对公司权益价值进行估值时假设公司是持续或永续经营的，这也是 Feltham – Ohlson 系列收益模型中提出的线性信息动态关系假设的基础。项目投资不可能持续或永续，一般都具有有限的持续期，并且项目投资具有明显的产品生命周期特性。

鉴于此，本书从经营管理学的学科范畴展开，在剩余收益模型的基础上，基于图 9 – 1 所述的产品生命周期及其各阶段的不同特征，力图构建更能反映产品各个发展阶段特征的多阶段剩余收益项目决策模型。

9.3 模型的构建

9.3.1 一般型模型的构建

根据上述剩余收益模型以及产品生命周期的理论基础，项目的价值可以根据其四个不同发展阶段分别进行估算。

第一阶段，即投入期，是指当期 t 时刻。由于此时项目未来的价值尚未体现，故其真正的价值就是其实际投资，也就是项目实际投资的账面净资产。

第二阶段，即成长期，是指自 t + 1 时刻项目开始运营到未来的第 m 年。这一阶段的产品经营属于成长阶段，其收益具有高速增长的特征。

第三阶段，即成熟期，是指自 m + 1 时刻项目运营到未来的第 n 年。这一阶段的企业经营状况相对稳定，其收益具有在一定区间内波动的特征。

第四阶段，即衰退期，是指自 n + 1 时刻开始到项目结束或退出期（第 ξ 期）。这一阶段的产品经营处于衰退期，其收益逐年变小，直至项目结束经营或更新换代（转换至下一个生命周期，重新开始）。

基于上述分析，假设每年的折现率均为 R，则可以对一般剩余收益模型［式（9－1）］进行分解，得到：

$$V_t = BV_t + \sum_{\tau=t+1}^{m} \frac{E(ROE_\tau - r) \cdot BV_{\tau-1}}{R^{\tau-t}} + \sum_{\tau=m+1}^{n} \frac{E(ROE_\tau - r) \cdot BV_{\tau-1}}{R^{\tau-t}} + \sum_{\tau=n+1}^{\xi} \frac{E(ROE_\tau - r) \cdot BV_{\tau-1}}{R^{\tau-t}} \quad (9-3)$$

式（9－3）就是本书提出的基于产品生命周期的多阶段剩余收益项目决策模型的一般表达式。项目的价值主要由以下四部分组成。

（1）BV_t：企业现有项目投入的账面价值，它代表项目投资所积累的在 t 时刻的价值。本书称之为第一阶段的价值，记 V_1。

（2）$\sum_{\tau=t+1}^{m} \frac{E(ROE_\tau - r) \cdot BV_{\tau-1}}{R^{\tau-t}}$：代表项目从 t＋1 年开始到第 m 年的成长期所能实现的剩余收益的现值。本书称之为第二阶段的价值，记 V_2。

（3）$\sum_{\tau=m+1}^{n} \frac{E(ROE_\tau - r) \cdot BV_{\tau-1}}{R^{\tau-t}}$：代表项目从 m＋1 年开始到第 n 年的成熟期所能实现的剩余收益的现值。本书称之为第三阶段的价值，记 V_3。

（4）$\sum_{\tau=n+1}^{\xi} \frac{E(ROE_\tau - r) \cdot BV_{\tau-1}}{R^{\tau-t}}$：代表项目从 n＋1 年步入衰退期到项目结束期所能实现的剩余收益的现值。本书称之为第四阶段的价值，记 V_4。

由此，项目的累计投资价值现值为：$V_t = V_1 + V_2 + V_3 + V_4$。

9.3.2　运用型模型的构建

很显然，上述多阶段剩余收益项目决策模型［式（9－3）］的一般表达式对项目价值进行估值的实用性较差，因为多阶段剩余收益模型的四个阶段中，企业的发展速度和特征均是不同的。各阶段的投资回报率（ROE）应该是反映产品生命周期的阶段性特征的，但模型未能具体反映。基于此，本章进行进一步研究，以构建运用型的项目定价估值模型。

（1）定义及假设条件

定义：$ROE_\tau = \frac{NI_\tau}{BV_{\tau-1}}$，即净资产回报率等于当期净利润除以期初的账面净资产。

式中：ROE_τ 表示第 τ 期的净资产回报率；NI_τ 表示第 τ 期的净利润；$BV_{\tau-1}$表示第 τ－1 期期末的净资产账面值。

同时，本章提出如下假设前提。

假设1：在第二阶段，即从 t+1 年开始到第 m 年的成长期，项目的 ROE 为 $ROE_\tau=\alpha g_2^{\tau-t}$，即在该成长阶段，各期的 ROE 是以 g_2 为底数的时间指数函数。其中，α 是已知的调整系数，$g_2>1$，$\tau\in(t+1, m)$。很显然，在成长期，企业净资产回报率是逐年递增的。

该假设的合理性在于：一方面，Byung Jin K 和 Tong Suk K 以及李娜等总结了七种具有代表性的经济与管理常设函数：幂函数、指数函数、HARA 函数、对数函数、幂函数复合函数、线性函数、指数函数复合函数。郭凯明等用指数函数来假设企业家精神和经济增长。另一方面，根据产品生命周期的特征，产品在这个阶段属于成长期，其收益是随着时间（年份）持续增长的，故 ROE 也是持续增加的，因而适合递增的指数函数。由于各产品不同以及考虑到其他因素的影响，故增加一个调整系数 α。

假设2：在第三阶段，即从 m+1 年开始到第 n 年的成熟期，项目的剩余收益符合 Feltham – Ohlson 剩余模型收益中的线性动态关系假设。在该阶段，相邻两期的剩余收益存在一定的线性关系。很显然，该阶段的净资产回报率会在一定的区间内波动，符合 Feltham – Ohlson 提出的相邻两期存在线性动态关系的假说。

假设3：第四阶段，即从 n+1 年开始到项目结束的衰退期，企业的 ROE 为 $ROE_\tau=\beta g_4^{\tau-n}$，在该衰退阶段，各期的 ROE 是以 g_4 为底数的时间指数函数。其中，β 是已知的调整系数，$g_4<1$，$\tau\in(n+1,\xi)$，$\xi\in(n, +\infty)$。很显然，在衰退期，企业净资产回报率是逐年减少的。

该假设的合理性类似于假设1，但由于该阶段的产品收益是递减的，故适合递减的指数函数。同样道理，基于产品的不同以及其他因素的影响，增加一个调整系数 β。

假设4：不考虑项目中途的现金分红、其他方式的收回或减少投资。

（2）运用型模型的推理与分析

基于上述多阶段剩余收益项目决策模型的一般表达式，根据产品生命周期理论及上述假设，对每一阶段的价值分别进行推理与分析。

①第一阶段价值 V_1。很显然，由于项目尚处于投入阶段，该阶段的项目价值就是 $V_1=BV_t$。

②第二阶段价值 V_2。

根据式（9-3），可以知道该成长期的价值为：

$$V_2=\sum_{\tau=t+1}^{m}\frac{E(ROE_\tau-r)\cdot BV_{\tau-1}}{R^{\tau-t}}$$

根据假设 1，由于 $BV_{\tau+1} = BV_{\tau} \cdot (1 + \alpha g_2^{\tau+1})$，将上式展开并整理可得：

$$V_2 = BV_t \left[(\alpha g_2 - r) + \sum_{\tau=t+2}^{m} \frac{(\alpha g_2^{\tau-t} - r) \prod_{i=1}^{\tau-t-1} (1 + a g_2^i)}{R^{\tau-t}} \right] \quad (9-4)$$

式中：BV_t 表示第一阶段期末或第二阶段期初的账面净资产值；V_2 表示第二阶段折现到第 t 期的价值，即第二阶段的价值；其他字母代表的意思同上。

③第三阶段价值 V_3。

根据式（9－3），可以知道该成熟期的价值为：

$$V_3 = \sum_{\tau=m+1}^{n} \frac{E(ROE_{\tau} - r) \cdot BV_{\tau-1}}{R^{\tau-t}}$$

根据假设 2，上式可以转变为：

$$\begin{cases} V_3 = \sum_{\tau=m+1}^{n} \frac{E(ROE_{\tau} - r) \cdot BV_{\tau-1}}{R^{\tau-t}} = \sum_{\tau=m+1}^{n} \frac{EX_{\tau}}{R^{\tau-t}} \\ X_{\tau+1} = \phi X_{\tau} + \upsilon_{\tau+1} + \varepsilon_{1\tau+1} \\ \upsilon_{\tau+1} = \varphi \upsilon_{\tau} + \varepsilon_{2\tau+1} \end{cases} \quad (9-5)$$

将式（9－5）展开并整理可得：

$$V_3 = \frac{1}{R - \phi} \left\{ \phi \left(\frac{X_m}{R^{m-t}} - \frac{X_n}{R^{n-t}} \right) + \frac{R\varphi \left[1 - \left(\frac{\varphi}{R} \right)^{n-m} \right]}{(R - \varphi) R^{m-t}} \upsilon_m \right\}, 0 < \varphi < 1 \quad (9-6)$$

式中：X_m、X_n 分别表示该阶段期初和期末（即第二阶段的期末、第四阶段的期初）的剩余收益；υ_m 表示影响期初剩余收益的其他因素；ϕ、φ 分别表示剩余收益和其他因素变量的系数，为已知参数；其他字母表示的意思同上。

④第四阶段价值 V_4。

根据式（9－3），可以知道该衰退期的价值为：

$$V_4 = \sum_{\tau=n+1}^{\xi} \frac{E(ROE_{\tau} - r) \cdot BV_{\tau-1}}{R^{\tau-t}}$$

根据假设 3，由于 $BV_{\tau+1} = BV_{\tau} \cdot (1 + \beta g_4^{\tau+1})$，将上式展开并整理可得：

$$V_4 = BV_n \left[(\beta g_4 - r) + \sum_{\tau=n+2}^{\xi} \frac{(\beta g_4^{\tau-n} - r) \prod_{i=1}^{t-n-1} (1 + \beta g_4^i)}{R^{\tau-t}} \right] \quad (9-7)$$

式中：BV_n 表示第三阶段期末或第四阶段期初的账面净资产值；其他字母代表的意思同上。

（3）多阶段剩余收益模型

在多阶段剩余收益项目决策模型一般表达式的基础上，基于假设 1 至假设 4，可以得到实证型多阶段剩余收益定价模型：

$$V_t = BV_t + BV_t\left[(\alpha g_2 - r) + \sum_{\tau=t+2}^{m}\frac{(\alpha g_2^{\tau-t} - r)\prod_{i=1}^{\tau-t-1}(1+\alpha g_2^i)}{R^{\tau-t}}\right]$$

$$+ \frac{1}{R-\phi}\left\{\phi\left(\frac{X_m}{R^{m-t}} - \frac{X_n}{R^{n-t}}\right) + \frac{R\varphi\left[1-\frac{\varphi}{R}\right]^{n-m}}{(R-\varphi)R^{m-t}}v_m\right\}$$

$$+ BV_n\left[(\beta g_4 - r) + \sum_{\tau=n+2}^{\xi}\frac{(\beta g_4^{\tau-n} - r)\prod_{i=1}^{\tau-n-1}(1+\beta g_4^i)}{R^{\tau-t}}\right] \quad (9-8)$$

并且：

$$\begin{cases} X_{\tau+1} = \phi X_\tau + \upsilon_{\tau+1} + \varepsilon_{1\tau+1} \\ \upsilon_{\tau+1} = \varphi\upsilon_\tau + \varepsilon_{2\tau+1} \end{cases}，当 \tau \in (m+1, n)$$

式中：BV_t、BV_n 分别表示项目在第一阶段、第三阶段的期末的账面净资产值；g_2^i、g_4^i 分别表示第二阶段、第四阶段在第 i 年的 ROE 的增长率，$g_2 > 1$，$g_4 < 1$；α、β 分别表示 g_2^i、g_4^i 的调整项，为已知常数；X_m、X_n 分别表示第三阶段期初和期末的剩余收益；υ_m 表示影响第三阶段期初剩余收益的其他因素；ϕ、φ 分别表示在第三阶段影响剩余收益和其他因素的系数，为已知常数；r 表示无风险利率；R 表示折现率，等于 1 加无风险利率 r，即 $R = 1 + r$。

9.3.3 考虑分红的多阶段剩余收益模型

本章中提出的假设 4 对项目来说是一种推理的特例，现在由特殊到一般，必须考虑项目的分红（包括每年固定的投资回收）现实，如现在流行的 PPP 项目，资金提供方每年从项目收回一定固定比例的收益。由此，本书提出假设 5。

假设 5： 项目在每一期的分红比例为 Ω，即每期的分红金额为 $NI_\tau\Omega$，则留存净利润为 $NI_\tau(1-\Omega)$。

由假设 5，很容易知道：

在第二阶段：$BV_{\tau+1} = BV_\tau[1 + \alpha g_2^t(1-\Omega)]$；

在第四阶段：$BV_{\tau+1} = BV_{\tau}[1 + \beta g_4^t(1-\Omega)]$。

由此，在式（9－8）的基础上考虑项目分红的多阶段剩余收益模型可以表示为：

$$V_t = BV_t + BV_t\left\{[\alpha g_2(1-\Omega) - r] + \sum_{\tau=t+2}^{m}\frac{(\alpha g_2^{\tau-t} - r)\prod_{i=1}^{\tau-t-1}[1+\alpha g_2^i(1-\Omega)]}{R^{\tau-t}}\right\}$$

$$+ \frac{1}{R-\phi}\left\{\phi\left(\frac{X_m}{R^{m-t}} - \frac{X_n}{R^{n-t}}\right) + \frac{R\varphi\left[1-\frac{\varphi}{R}\right]^{n-m}}{(R-\varphi)R^{m-t}}v_m\right\}$$

$$+ BV_n\left[[\beta g_4(1-\Omega) - r] + \sum_{\tau=n+2}^{\xi}\frac{(\beta g_4^{\tau-n} - r)\prod_{i=1}^{\tau-n-1}[1+\beta g_4^i(1-\Omega)]}{R^{\tau-t}}\right] \quad (9-9)$$

式中：Ω 表示项目净利润的分红比例；其他字母所代表的意义同上。

9.4 拓展性研究

9.4.1 成熟阶段的行业平均回报率

式（9－8）和式（9－9）的多阶段剩余收益定价模型虽然针对产品业生命周期的不同特征来计算各周期的价值，但仍没有离开 Feltham－Ohlson 系列剩余收益模型中的线性信息动态关系假设，即在本章的假设 2 中，针对第三阶段的剩余收益价值，仍然假设企业各年的剩余收益满足线性信息动态关系假设。

事实上，在产品步入成熟期后，经过前期的投入并获得超额回报后，其净资产回报率将会趋向于行业平均回报率。由此，我们针对第三阶段，可以将假设 2 修改为假设 6。

假设 6：在第三阶段，即从 m＋1 年开始到第 n 年的成熟期，项目将获得行业的平均投资回报率$\overline{ROE}$。

由此，企业第三阶段的价值和总体权益价值将分别为以下两种情况。

（1）不考虑项目分红

项目在第三阶段，即成熟期的价值为：

$$V_3 = \left[\left(\frac{1+\overline{ROE}}{R}\right)^{n-m} - 1\right]\cdot BV_m \quad (9-10)$$

相应地，项目的价值为：

$$V_t = BV_t + BV_t\left[(\alpha g_2 - r) + \sum_{\tau=t+2}^{m} \frac{(\alpha g_2^{\tau-t} - r)\prod_{i=1}^{\tau-t-1}(1 + \alpha g_2^i)}{R^{\tau-t}}\right] + \frac{\left(\frac{1+\overline{ROE}}{R}\right)^{n-m} - 1}{R^{m-t}} BV_m$$

$$+ BV_n\left[(\beta g_4 - r) + \sum_{\tau=n+2}^{\xi} \frac{(\beta g_4^{\tau-n} - r)\prod_{i=1}^{\tau-n-1}(1 + \beta g_4^i)}{R^{\tau-t}}\right] \quad (9-11)$$

同时：

$$BV_n = (1 + \overline{ROE})^{n-m} \cdot BV_m = (1 + \overline{ROE})^{n-m} \cdot \prod_{i=1}^{m-t-1}(1 + \alpha g_2^i) \cdot BV_t$$

（2）考虑项目分红

项目在第三阶段，即成熟期的价值为：

$$V_3 = \left[\left(\frac{1 + \overline{ROE}(1-\Omega)}{R}\right)^{n-m} - 1\right] \cdot BV_m \quad (9-12)$$

相应地，项目的价值为：

$$V_t = BV_t + BV_t\left\{[\alpha g_2(1-\Omega) - r] + \sum_{\tau=t+2}^{m} \frac{(\alpha g_2^{\tau-t} - r)\prod_{i=1}^{\tau-t-1}[1 + \alpha g_2^i(1-\Omega)]}{R^{\tau-t}}\right\}$$

$$+ \frac{\left(\frac{1+\overline{ROE}-\Omega}{R}\right)^{n-m} - 1}{R^{m-t}} BV_m + BV_n\left\{[\beta g_4(1-\Omega) - r]\right.$$

$$\left.+ \sum_{\tau=n+2}^{\xi} \frac{(\beta g_4^{\tau-n} - r)\prod_{i=1}^{\tau-n-1}[1 + \beta g_4^i(1-\Omega)]}{R^{\tau-t}}\right\} \quad (9-13)$$

同时：

$$BV_n = [1 + \overline{ROE}(1-\Omega)]^{n-m} \cdot BV_m$$

$$= [1 + \overline{ROE}(1-\Omega)]^{n-m} \prod_{i=1}^{m-t-1}[1 + \alpha g_2^i(1-\Omega)] \cdot BV_t$$

9.4.2 项目的价值最大化

从上述有关项目的价值模型中很容易发现，随着时间的推移，项目的价值 V_t 会越来越大，但是否会无限增长呢？很显然，项目价值不可能无限增长，当其价值增大到某种程度后会下降，故在产品的生命周期中，项目的价值应该是先上升后下降的关系（见图 9－2）。

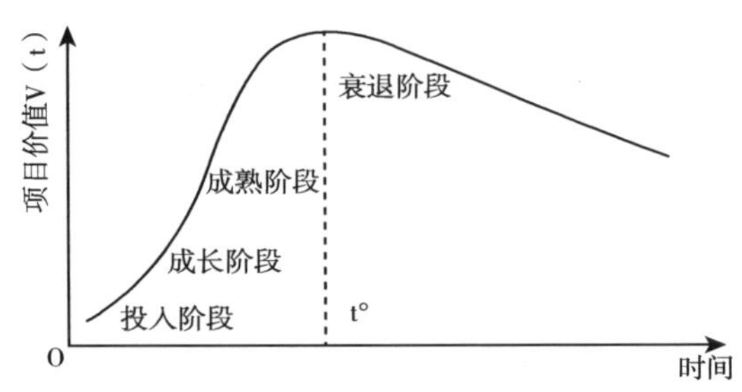

图 9－2　产品生命周期的价值体系

那么，什么时候是项目价值最大化的时刻呢？

我们对式（9－8）或式（9－9）［或式（9－11）与式（9－13）］求一阶导数，并令其等于零。

$$V'_{\tau=t^*}=0$$

可以得到：

$$\beta g_4^{t^*}=r \tag{9-14}$$

式（9－14）得出的结果非常符合常识，即当项目的净资产回报率等于无风险利率时（t^* 时刻），项目的价值达到最大。超过该时刻 t^*，则项目的价值越来越小。此时，投资者要么将产品升级换代，重新进入另外一个产品生命周期；要么终止该项目，重新投资于另外一个新的项目。否则，从经济及理性的角度，原产品继续经营对投资者来说是不经济的，从某种程度上说，也是一种资源的浪费。

正因为如此，本书的下列项目决策与分析及数值实验均基于净资产回报率大于等于无风险回报率，这也符合现实。从理性的角度考虑，当净资产的回报率低于无风险回报率时，决策者应终止项目运营。

9.5　项目决策与分析

不考虑项目分红或投资者在产品经营过程中收回投资的情况，利用 NPV 方法，可以对项目做出正确的决策。

$$NPV=V_t-I_t$$

I_t 为项目的投资额。很显然，不管投资期（建设期）是多长时间，均存在 $I_t=BV_t$，由此：

$$NPV=BV_t+BV_t\left[(\alpha g_2-r)+\sum_{\tau=t+2}^{m}\frac{(\alpha g_2^{\tau-t}-r)\prod_{i=1}^{\tau-t-1}(1+\alpha g_2^{i})}{R^{\tau-t}}\right]+\frac{\left(\frac{1+\overline{ROE}}{R}\right)^{n-m}-1}{R^{m-t}}BV_m$$

$$+BV_n\left[(\beta g_4-r)+\sum_{\tau=n+2}^{\xi}\frac{(\beta g_4^{\tau-n}-r)\prod_{i=1}^{\tau-n-1}(1+\beta g_4^i)}{R^{\tau-t}}\right]-I_t$$

即

$$NPV=BV_t\left[(\alpha g_2-r)+\sum_{\tau=t+2}^{m}\frac{(\alpha g_2^{\tau-t}-r)\prod_{i=1}^{\tau-t-1}(1+\alpha g_2^i)}{R^{\tau-t}}\right]+\frac{\left(\frac{1+\overline{ROE}}{R}\right)^{n-m}-1}{R^{m-t}}BV_m$$

$$+BV_n\left[(\beta g_4-r)+\sum_{\tau=n+2}^{\xi}\frac{(\beta g_4^{\tau-n}-r)\prod_{i=1}^{\tau-n-1}(1+\beta g_4^i)}{R^{\tau-t}}\right]_t \tag{9-15}$$

很显然，当式（9－15）中的 NPV≥0 时，该项目投资是可行的；当 NPV＜0 时，该项目投资是不可行的。

在净资产回报率均大于等于无风险回报率的情况下，从式（9－15）很容易发现，m 越大，NPV 越大；同样地，n 越大，NPV 也越大。

9.6 数值实验

借鉴李春好等（2017）、周忠宝等（2015）和李美娟等（2013）等模拟验证分析方法，基于实务考量，模型［式（9－11）或式（9－13）］中相关参数的理论取值范围如表 9－2 所示。

表 9－2　参数取值范围

变量	理论取值范围
BV_t	$(-\infty, +\infty)$
m	$[1, +\infty)$
n	$[1, +\infty)$
ξ	$[1, +\infty)$
r	$(0, +\infty)$
R	$(1, +\infty)$
g_2	$(1, +\infty)$
g_4	$(0, 1)$
α	$(0, +\infty)$
β	$(0, +\infty)$
$\overline{ROE}$	$(0, +\infty)$
Ω	$[0, 1]$

假设 $BV_t=1$，$r=5\%$，即 $R=1.05$，系数 α 和 β 均取值 0.3，在不考虑分红，即 $\Omega=0$ 的情况下，其他各参数的不同取值与多阶段剩余收益的项目决策如表 9－3 所示。

表 9－3　NPV 计算

m	n	g_2	g_4	$\overline{ROE}$	NPV
3	3	1.02	0.8	0.3	5.02
4	3	1.02	0.8	0.3	6.57
4	4	1.02	0.8	0.3	8.36
4	4	1.04	0.8	0.3	8.68
4	4	1.04	0.7	0.3	6.77
4	4	1.04	0.7	0.35	8.18

从表 9－3 可以发现，产品所处生命周期的增长期（m）越长，NPV 越大，符合推论 1；同样地，产品所处生命周期的成熟期（n）越长，NPV 也越大，符合推论 2。进一步发现，当产品处于生命周期的增长期时，其增长率（g_2）越高，NPV 越大；当产品处于生命周期的衰退期时，其下降率（g_4）越高，NPV 越小；当产品处于生命周期的成熟期时，其平均回报率越高，NPV 越大。

如果改变系数 α 和 β 的取值，其变化趋势与表 9－3 相同。

9.7　研究结论

本章在剩余收益模型的基础上，引入产品生命周期理论，从理论上构建了多阶段剩余收益项目决策模型，并对模型进行逻辑推导、运用分析和赋值检验。结果表明，新构建的模型可以作为一种项目投资决策评估模型。本章的主要贡献表现如下。

第一，拓展了剩余收益模型的应用。剩余收益模型主要用于对公司权益价值进行估值，而 Ohlson 系列收益模型与会计信息有用观完美结合，有利于会计的实证研究。本章将其扩展到项目投资决策，并运用成熟的产品生命周期理论构建剩余收益项目决策模型，通过赋值分析并检验了该模型的可行性。

第二，有效解决了剩余收益模型中存在的无穷项问题。由于项目具有生命周期特征，故其存在一定的有限期间，或者根据价值最大化选择确定的经济运行期间，不存在一般剩余收益中存在的无穷项问题。《企业进入创新活跃期：来自中国企业创新动向指数的报告——2016·中国企业家成长与发展专题调查报告》指出，在经济高速发展的当今，产品的生命周期越来越短。本书的研究符合产品生命周期有限的现实，并不需要设定项目无限期发展或增长这一不太符合实际的假设。

第三，有利于寻求项目投资决策时的价值最大化。之前的众多项目投资决策模型只是计算出项目的投资价值（如 NPV），未能深入分析了解项目价值存在最大化的时刻。本书构建的剩余收益项目决策模型可以计算出项目价值最大化的时点（t^*）。另外，本书所构建的模型有利于投资人对项目投资进行深入分析并做出正确的决策。

一是尽量投资处于成长期（g_2）且持续时间（m）长的项目或产品。这就要求决策者选择发展前景好、进入壁垒高的项目或产品进行投资。

二是选择投资成熟期回报率（$\overline{ROE}$）高且持续时间（n）长的项目或产品。这就要求决策者虽然不能做到垄断或产生高的壁垒以阻止新进入者，但应选择高附加值的行业，而不是低附加值的传统行业。

三是选择衰退期相对慢的项目或产品。这要求决策者选择不会被马上替代的项目或产品，可以最大程度地获得剩余价值，增加投资收益。

【本章小结】

本章在一般剩余收益模型的基础上，运用规范研究、逻辑推理等方法，基于产品生命周期理论（即项目处于产品生命周期的不同阶段时，其净资产收益率不同，增长期的净资产收益率持续上升，衰退期的净资产收益率持续下降，而成熟期的净资产收益率围绕行业平均水平波动），从理论上就项目投资价值的评估构建了多阶段剩余收益项目决策模型，并就所构建的多阶段剩余收益项目决策模型进行参数赋值分析。研究结果表明，新构建的决策模型具有较好的理论和运用价值，可以作为一种有效的项目投资决策模型。本书的研究拓展了剩余收益模型的应用，从主要用于对公司权益价值的估值拓展至对项目投资决策的评估，有利于寻求项目投资决策的价值最大化。

10 中国实体企业“脱实向虚”了吗?

第8章引入经营性风险和金融性风险要素构建了双风险因子剩余收益模型。在此基础上，可以根据风险因子的识别实现企业的价值最大化。以此为标准，本章从另一个角度探究我国实体企业的“脱实向虚”情况。

10.1 我国实体企业与“脱实向虚”

实体经济的蓬勃发展是国民经济的基石，实体强则经济强、国家强。习近平总书记指出：“从大国到强国，实体经济发展至关重要，任何时候都不能脱实向虚。”2008年经济危机后，在实体经济持续疲软、资产部门持续膨胀的背景下，我国经济呈现出了“脱实向虚”的趋势，这引起了党和国家领导人的密切关注。习近平总书记在第七十届联合国大会上指出：“2008年爆发的国际经济金融危机告诉我们，放任资本逐利，其结果将是引发新一轮危机。”在2016年中央经济工作会议上，习近平总书记指出：“振兴实体经济是供给侧结构性改革的主要任务，供给侧结构性改革要向振兴实体经济发力、聚力。不论经济发展到什么时候，实体经济都是我国经济发展以及在国际经济竞争中赢得主动的根基。我国经济是靠实体经济起家的，也要靠实体经济走向未来。”（中共中央文献研究室，2017）2018年10月28日，习近平总书记在广东视察时强调：“实体经济是一国经济的立身之本、财富之源，国家强大要靠实体经济。”党的十九大报告明确提出，要“深化金融体制改革，增强金融服务于实体经济的能力”。美国政府近年来也一直在努力促进实体经济的回归，特别是制造业。这足以说明实体经济对国民经济可持续健康发展具有重要意义。

我国经济研究学者们对我国经济的“脱实向虚”进行了大量的研究。在宏观层面上，已有文献主要从行业就业人数占比、行业产值占比、行业利润占比的角度来度量金融化并以此判断一国经济的“脱实向虚”情况。

特别是 Krippner（2005）提出的宏观层面“脱实向虚”的测度方法，即基于活动的（Activity - centered）和基于利润累积的（Accumulation - centered）两个测度方法。在学术界，宏观角度的研究成果已经非常丰富，从宏观或行业层面对经济金融化进行测评与经济后果分析已基本达成共识，并一致认为我国经济存在“脱实向虚”并且呈逐年增长的趋势，但宏观层面的数据分析无法观察到微观个体之间的差异。近年来，宏观上被纳入实体经济范畴的大量实体公司积极投资金融资产，其投资渠道与获利渠道日趋金融化，非金融企业呈现出显著的金融化趋势。实体企业金融化倾向越来越严重，并影响了我国的经济结构。

宏观上属于实体经济范畴的实体企业金融化程度不断加深，将比真正的虚拟经济带来更严重的后果，严重侵蚀实体经济的基石。特别是在新冠肺炎疫情将对我国经济造成一定冲击的情况下，研究实体企业的“脱实向虚”并提出发展我国实体经济的对策建议，对我国经济发展具有重要的现实意义。

在宏观经济“脱实向虚”的背景下，研究者们基于微观视角提出了一个金融化（financialization）的概念，并以金融化程度的高低来判断微观视角的实体经济是否“脱实向虚”。

然而，现有微观视角的实体企业金融化测评存在明显不足：第一，没有站在公司价值最大化的角度来考虑，如公司产品及产能过剩，将部分资产投入金融市场中去获得更大的价值，这并不能表明该公司就是“脱实向虚”，否则浪费公司资源的同时浪费国家的资源，并不能促进中国经济的发展。第二，简单地用金融资产占公司资产的比重大小来衡量，没有考虑公司对市场风险，特别是对金融性风险和经营性风险的识别与判断，没有考虑公司的规模大小与经营属性。第三，该指标是一个时点概念，由此计算出来的结果并不能真正反映该实体公司是否“脱实向虚”。例如公司从市场上获得拟投资实体主业的资金，但投资实体需要一个较长的过程，此时公司将暂时闲置的资金部分金融化，以有效利用资金获得最大化收益，就不能说该实体公司是“脱实向虚”。第四，混淆了公司不同资产间的会计计价基础。基于会计准则，金融资产在会计报表中一般以公允价值入账，而经营资产在会计报表中一般以历史成本（净值）入账，将两者直接对比来判断金融化的高低将产生误差。第五，没有考虑公司属性，中国同时存在国有企业和民营企业，现有公司金融化指标无法确定这两种属性的公司之间是否存在差异。第六，基于现有评价指标所计算出来的结果，并不能从微观上对企业或从宏观上对国家提出有效的政策建议。一是无法从计算结果中直接判断企业金融化的高低；二是无法从结果中反映出企业金融化高或低的原因；三是无法直接判断实体企业是否存在“脱实向虚”。

鉴于此，本书基于微观测评视角，从公司净资产出发，将净资产分为净经营性资产和净金融性资产，根据净经营性资产承担经营性风险，净金融性资产则承担金融性风险的属性，在剩余收益模型的基础上，以公司价值最大化为目标，构建双风险因子模型，并运用该模型来测评实体经济金融化程度以及是否“脱实向虚”。本章的研究贡献主要有5点：第一，弥补了现有研究关于微观视角的实体企业金融化衡量指标的上述六个方面的缺陷与不足；第二，严格从公司价值最大化判断的角度出发，真正体现了公司金融化倾向；第三，在评估实体企业金融化的基础上，进一步测评实体企业是否“脱实向虚”；第四，考虑到中国特定的国情和行业性质，进一步分析了不同属性（国有企业和非国有企业）以及不同规模实体企业“脱实向虚”的差异；第五，补充和完善了有关实体企业金融化和“脱实向虚”的文献研究。

10.2 实体企业“金融化”测评

实体经济是指一切为满足人民各种物质、文化需求而进行的商品与服务生产、流通工作。实体企业金融化是经济“脱实向虚”的微观表现，是指企业在资产配置中更多地将资源配置在金融资产上。经济金融化在微观实体层面的一个重要表现是实体企业的金融投资活动逐渐活跃。而目前关于企业金融化的准确定义，学术界没有一致答案。金融化的定义随界定范围的不同而不同，既可以是宏观层面的金融深化，也可以是微观层面的公司投资渠道的金融化。在微观层面，从非金融公司的投资渠道和获利渠道的角度来度量经济的金融化。Stockhammer（2004）将金融化定义为非金融类企业参与金融市场。而Krippner（2005）和Palley（2008）所提出的金融化的定义被广泛接受。Krippner（2005）认为金融化是利润的获取更多来自金融渠道而非生产贸易领域。Palley（2008）认为金融化是金融市场、金融机构和金融精英在经济政策和经济收益方面影响力上升的一个过程，这个过程导致金融部门地位上升，财富和收入从实体领域向金融部门转移，加深了收入分配的不平等。

张成思和张步昙（2015）认为“公司金融化”就是非金融企业的金融化行为，非金融企业利用金融资源进行实体投资时，并不是企业金融化的实质过程，也不是实体经济的“脱实向虚”，只有当实体企业将投资伸向金融领域时，才是真正意义上的企业金融化。郭祎和庆贺（2018）以负债与总营业盈余所呈现的过高比例反映了非金融企业对债务过度依赖的金融化现象。Arrighi（1994）从利润的角度出发，认为企业积累利润的方式逐渐依赖于金融渠道，并将其作为衡量金融化的另一个角度。Crotty（2005）和 Orhangazi（2008）在度量企业金融化时采用了利息、股息支付和股票回购与现金流之比这一指标。

戴赜等（2018）根据文献总结出企业金融化是指非金融企业减少实体经济投资而增加金融资产（包括房地产等具有投资属性的商品）投资的趋势，并总结出三种企业金融化的识别和度量方式。

第一种，基于资产科目的企业金融化：企业金融化（资产）=企业金融资产/总资产×100%。运用该企业金融化指标测评实体经济“脱实向虚”的代表性文献有 Crotty（2005）、Demir（2009a）、刘珺等（2014）、宋军和陆旸（2015）、胡奕明等（2017）、杨洋（2019）等。

第二种，基于利润来源的企业金融化：企业金融化（利润）=金融投资收益/经营利润×100%。运用该指标识别与度量企业金融化的代表性文献有 Krippner（2005）、Orhangazi（2008）、张成思和张步昙（2015，2016）等。

第三种，基于资产与负债相关性的识别方式：Shin 和 Zhao（2013）、王永钦等（2015）利用金融资产和金融负债的相关性来识别企业金融化。该方法的理论基础源于融资优序理论。具体地，企业先减少现金及现金等价物等金融资产，购买长期的非金融资产；当金融资产都转化为长期的非金融资产后，如果企业的投资需求仍然不能被全部满足，则企业会借入外部资金，即金融负债会上升。这时金融资产与金融负债是反方向变动的。当企业借入银行资金并从事金融投资时，金融负债和金融资产都会上升，即同向变动。因此，根据金融资产和金融负债变化的相关性，可识别企业金融化行为。运用该识别方法的代表性文献有蔡则祥（2004）、宋仁霞（2008）、Jiang 等（2010）、Du 等（2017）等。

总体来说，Akkemik（2014）认为微观的金融化定义是指金融投资作为非金融企业一项收益活动日趋增加的趋势。如果实体企业在生产或服务过程中，将其全部或大部分资产投入到具有金融属性的企业或产品中去，则该实体企业是“脱实向虚”的，该实体企业将主业（生产产品或提供服务）转移到股票投资、交易性房地产投资等具有金融属性的产品或服务中去。

10.3 模型构建与运用

10.3.1 模型运用

根据第 8 章的双因子风险，公司在第二阶段末的净经营性资产和净金融性资产保持如下的比例关系时，公司的价值最大。

$$\omega^* = \frac{FA_{t+n}}{OA_{t+n}} = \frac{(1+\overline{RNOA}-r)(2r-\overline{RNOA})(\overline{RNFA}-r)(1+\mu_1+0.5\sigma_1^2)}{(1+\overline{RNFA}-r)(2r-\overline{RNFA})(\overline{RNOA}-r)(1+\mu_2+0.5\sigma_2^2)} \tag{10-1}$$

式（10－1）为本章的实体企业金融化测评模型。

10.3.2 理论分析

（1）金融化测评，即目标值直接判断

式（10－1）是基于实体企业价值最大化目标和对未来经营性风险、金融性风险判断的关于净金融性资产和净经营性资产的最优配置比例。

可以判断，ω^* 值的大小反映了实体企业的金融化程度。ω^* 值越大，表明该企业对未来的净资产配置越倾向于净金融性资产，故其金融化程度越高，反之金融化程度越低。

式（10－1）相比现有测评方法的主要改进之处在于：一是企业基于未来预期判断进行金融化资源配置；二是考虑了企业的价值最大化目标；三是引入了不同的风险属性。但仅根据 ω^* 值仍无法判断该实体企业是否“脱实向虚”。

（2）“脱实向虚”测评，即比较值差异判断

式（10－1）是企业在对未来资产风险判断基础上，根据企业的价值最大化目标而做出的企业资源最优配置，而非企业目前的实际资源配置。此时，我们可以计算企业目前的一个实际资源配置比例：$\omega = \frac{FA'_{t+n}}{OA'_{t+n}}$。

如果 $\omega > \omega^*$，表明企业实际的金融化程度大于目标值，我们判断该企业存在“脱实向虚”，并且二者的差值越大，“脱实向虚”越严重。由此，$\omega - \omega^*$ 的值为本书构建的“脱实向虚”测评指标。考虑到公司的规模不同，而 $\omega - \omega^*$ 是一个绝对值，可以用比值 $(\omega - \omega^*)/\omega^*$ 作为“脱实向虚”测评指标的替代。

10.4 研究设计

10.4.1 研究假设与研究设计

2008 年经济危机后，在实体经济持续疲软、资产部门持续膨胀的背景下，我国经济中呈现出了“脱实向虚”的趋势，金融资产收益率高于实体企业（解维敏，2018）。我国实体企业具有不同的特征属性，其中一个是产权特征，即国有企业和非国有企业。我国的基本经济制度是以公有制为主体，多种所有制经济共同发展。国有企业是公有制经济的具体体现。习近平总书记在 2016 年 11 月用“六个力量”来定位国有企业，即“要使国有企业成为党和国家最可信赖的依靠力量，成为坚决贯彻执行党中央决策部署的重要力量，成为贯彻新发展理念、全面深化改革的重要力量，成为实施‘走出去’战略、‘一带一路’建设等重大战略的重要力量，成为壮大综合国力、促进经济社会发展、保障和改善民生的重要力量，成为我们党赢得具有许多新的历史特点的伟大斗争胜利的重要力量”（吕大鹏，2017）。很显然，基于国有企业的使命和政府对国有企业的管理，国有企业会谨慎对待“脱实向虚”。鉴于此，本章提出如下假设：

假设 1：与非国有企业相比，国有企业倾向于抑制“脱实向虚”。

在面临市场不确定性的情况下，规模小的企业，为了降低经营风险，会把有限的资源分配一部分到金融市场。正所谓“船小好掉头”，以传统经营为主的小企业，由于获取的经营利润有限，更愿意去投资金融市场；随着我国房地产的一路发展，它们也更愿意去投资金融性房地产，更容易“脱实向虚”。同时，基于融资约束理论，以及中小企业面临融资难的现实，规模小的企业也会增加金融投资以缓解财务困境。

相反，企业规模越大，其投资的土地、厂房和设备等经营性资产就越多，相应地，其主业更为稳定，销售规模也更大，市场占有率更高，经营性风险更低，较少将资源投资到风险不确定的金融性市场，从而不会脱离其主业。基于此，本书提出如下假设：

假设 2：实体企业的规模与“脱实向虚”显著负相关。

截至 2019 年 6 月，在我国 A 股市场上市的 3626 家企业中，家族企业有 1152 家，其比例已经超过 30%（于晓东等，2020）。家族企业是家族系统与企业系统的结合体，同时追求企业经济目标和家族非经济目标。家族企业的战略选择除了考虑企业经济目标之外，也会考虑家族非经济目标即社会情感财富（Socio - emotional Wealth，SEW）的保护和发展（Gómez - Mejía 等，2010）。SEW 是家族企业有别于其他正式组织的一个最重要特征（李艳双等，2016）。对于实体家族企业而言，加大实业投资力度、提高实业生产活动的盈利能力，是提升企业价值并进一步增强家族认同感、维护 SEW 的关键。鉴于此，本书提出如下假设：

假设 3：相对于非家族企业，家族企业更为抑制“脱实向虚”。

我国改革开放以来，不同区域的经济发展水平并不一致，各区域企业对金融市场的认识不同，参加金融市场的深度与程度也不一样。特别明显的是，作为具有金融属性的投资性房地产，区域间的房地产价格差异巨大，彭俞超等（2018）运用 2003—2013 年数据实证检验发现，房地产投资与金融效率存在显著的地区差异。另外，不同区域间的产业定位、发展阶段均不同，企业属性也差异巨大。鉴于此，本书继续提出如下假设：

假设 4：不同区域间实体企业的“脱实向虚”存在显著差异。

10.4.2 数据来源与样本选择

本书从万得（Wind）数据库选取 2008—2020 年我国沪深两市的实体企业作为研究对象。对于实体企业的定义，借鉴曾国安和曹文文（2013）所提出的狭义实体企业的定义，即从事金融活动（包括投资、银行、保险等金融或类金融性企业）和房地产业以外的所有企业（曾国安等，2013）。而对于家族企业的界定，则借鉴了娄阳和耿玮（2020）的定义（娄阳等，2020），将满足下列要求的企业定义为家族企业：①最终控制权能归结到一个自然人或一个家族；②该自然人或家族对上市公司具有实质控制权；③最终控制人直接或间接是上市公司第一大股东。在此基础上，剔除净资产为负、ST 或 *ST 公司以及等财务数据不全的实体企业，最后共获得了 15106 个样本。

10.4.3 研究设计与变量定义

根据本章构建的实体企业“脱实向虚”测评指标，为检验假设 1 至假设 4，建立如下回归方程：

$$Y_{it} = \beta_0 + \beta_1 SOE_{it} + \beta_2 Size_{it} + \beta_3 Famfirm + \beta_4 Zhu_{it} + \beta_4 Chang_{it} + \sum Control_{it} + \varepsilon_{it} \quad (10-2)$$

关于变量的定义如下：

因变量 Y_{it}：表示实体企业 i 在第 t 年的“脱实向虚”值（即 $Y_{it}=\omega_{it}-\omega_{it}^*$）。当 $\omega_{it}-\omega_{it}^*>0$ 时，Y 取 1，表明实体企业存在“脱实向虚”；否则取 0，表明该企业没有“脱实向虚”。

自变量 SOE_{it}：当实体企业的控股股东或大股东是国有资本时，取 1，否则取 0。

自变量 $Size_{it}$：指实体企业的规模，取实体企业总资产的自然对数。

自变量 $Famfirm_{it}$：指实体企业是不是属于家族企业，若是则取 1，否则取 0。

自变量 Zhu_{it}和 $Chang_{it}$：分别指珠江三角洲和长江三角洲地区，以其他地区（非珠江三角洲和长江三角洲）为基准组，当企业属于珠江三角洲或长江三角洲地区的实体企业时，则取 1，否则取 0。

控制变量 $Control_{it}$：为控制变量。

随机变量 ε_{it}：指均值为零的随机变量。

具体变量名称及定义如表 10－1 所示。

表 10－1　　　　变量名称与定义

类型	变量名称及代码	变量具体定义
因变量	“脱实向虚” Y	即 $Y=\omega-\omega^*$，若 $Y>0$，则取 1，否则取 0，
自变量	企业属性 SOE	国有企业为 1，非国有企业为 0
	企业规模 Size	期末资产总额的自然对数
	家族企业 FamFirm	是否为家族企业，1 = 家族企业，0 = 非家族企业
	珠江三角洲 Zhu	公司所处区域为珠江三角洲，则取 1，否则取 0
	长江三角洲 Chang	公司所处区域为长江三角洲，则取 1，否则取 0
控制变量	上市时间 Age	公司上市年份距离样本年份之间年数
	资产回报率 ROA	当期净利润/期末资产总额
	托宾 Q 值 Tobin's Q	市场价值/账面价值
	资产负债率 Leverage	期末负债总额/期末资产总额
	营业收入增长率 Growth	总资产增长额/期初资产总额
	经营净现金流 CFO	经营活动净现金流量与总资产的比例
	资产周转率 Turnover	总营业额/资产总值
	流动比率 Liquidity	速动资产/流动负债
	四大审计师 Big4	四大会计师事务所为 1，否则为 0
	行业集中指数 HHI	Herfindahl－Hirschman Index，反映行业竞争程度
	第一大股东持股比例 Top1	第一大股东持股数/年末流通股数

续表

类型	变量名称及代码	变量具体定义
控制变量	工资水平 Salary	公司前三大高管工资自然对数
	董事会规模 Board	董事会人数取自然对数
	董事长与总经理职位 Dual	董事长和总经理两职合一，两职合一取 1，否则为 0
	独立董事规模 Independant	独立董事占董事会规模，独立董事/董事会规模
	年度虚拟变量 Year	为该年度时取值为 1，否则为 0

关于因变量 Y “脱实向虚” 的计算，首先根据式（10－1）计算 ω^* 的值，然后计算金融资产和经营资产的实际比值 ω（$\omega=\frac{FA}{OA}$），由此得出 $Y=\omega-\omega^*$。计算过程中涉及的相关会计指标定义如下。

FA：指实体企业各年的净金融性资产，等于金融资产减去金融负债。其中：金融资产借鉴王红建等（2017）和宋军等（2015），具体包括交易类金融资产、投资性房地产、长期金融股权投资及委托理财与信托产品四类。交易类金融资产主要包括交易性金融资产、衍生金融资产、短期投资净额、可供出售金融资产净额、持有至到期投资净额和长期债权投资净额等；投资性房地产使用资产负债表中投资性房地产净额，由于我国房地产的市场化改革，房地产越来越具有金融资产的特性，逐渐成为重要的投资产品，所以将其定义为一种特殊的金融产品；长期金融股权投资根据资产负债表中长期股权投资的明细获得；委托理财与信托产品主要包括委托贷款、理财产品及信托产品投资余额，具体通过其他流动性资产明细获得。而金融负债则借鉴王永钦等（2015）的定义，但一方面，据此计算的很多样本数据存在金融负债大于金融资产的情况，导致净金融资产为负数；另一方面，实体企业借助财务杠杆，利用金融资源进行实体经济投资并不属于企业金融化，也不是企业“脱实向虚”的体现，而是正常的企业经营融资行为。因此，除非明确负债的用途是用于金融资产的，否则本书全部纳入经营负债中。

OA：指公司各年的净经营性资产，等于经营资产减经营负债。在企业的所有资产和负债中，分别扣除上述金融性资产和金融性负债，则为经营性资产和经营性负债。

$\overline{RNFA}$：指净金融性资产回报率，等于金融资产净收益除以净金融性资产，即 $\overline{RNFA}=NIFA/FA$。其中，NIFA＝利息收入＋手续费及佣金收入－利息支出－手续费及佣金支出＋公允价值变动净收益＋投资净收益－所对应部分的所得税。

$\begin{matrix}\text{所对应部分}\\ \text{的所得税}\end{matrix}$ = 总的所得税 ×（利息收入 + 手续费及佣金收入

− 利息支出 − 手续费及佣金支出 + 公允价值变动净收益 + 投资净收益）/利润总额

$\overline{RNOA}$：指净经营性资产回报率，等于经营资产净收益除以净经营性资产，即$\overline{RNOA}$ = NIOA/OA。其中，NIOA = 净利润 − NIFA。

r：指无风险收益率，在本书实证中，r 采用一年期的银行存款定期利率。

μ_1 和 μ_2：衡量了净资产的增长率，其中，$\mu_1 = \frac{OA_t - OA_{t-1}}{OA_{t-1}}$，$\mu_2 = \frac{FA_t - FA_{t-1}}{FA_{t-1}}$。

σ_1 和 σ_2：衡量了净资产的变动，其中，$\sigma_1^2 = (\mu_{1_t} - \mu_{1_{t-1}})^2$，$\sigma_2^2 = (\mu_{2_t} - \mu_{2_{t-1}})^2$。

本章的变量均采用万得数据库合并报表（年报）中相应的年度数据。

10.4.4 描述性统计分析

根据式（8 − 1）和式（10 − 1）中关于第二阶段的年数（即 n 值），企业一般会就其未来三年做出财务预测，即可以认为企业未来 3 年属于经营可明确的预测期。在本书后续的实证研究中，假设第二阶段的可明确预测期为 3 年，即 n = 3，由此，虽然样本所属期间是 2008—2020 年，扣除 3 年后，后续实际回归的计算期只能到 2017 年。

（1）金融化与“脱实向虚”分析

从样本数量和资产、收入占比等角度分析实体企业样本的金融化和“脱实向虚”（见表 10 − 2）。

表 10 − 2　　金融化与“脱实向虚”分析

描　述	比值
存在金融化现象（即 $\omega > 0$）的数量占总样本数的比例	90.3%
存在“脱实向虚”现象（即 $Y = \omega - \omega^* > 0$）数量占总样本数的比例	13.65%
存在“脱实向虚”的样本总资产之和占所有样本总资产之和的比例	9.51%
存在“脱实向虚”的样本净收入之和占所有样本净收入之和的比例	10.40%

从表 10 − 2 可以发现，在所有样本数量中有高达 90.3% 的实体企业存在金融化倾向，即我国实体企业普遍存在金融化现象。但同时也发现，从

样本数量占比、资产占比或收入占比来看，实体企业“脱实向虚”的比例并不是很高，三者的比重均小于15%，即我国实体企业普遍存在金融化现象（数量占比超过90%），但“脱实向虚”现象并不是很严重（均未超过15%）。

（2）变量描述性统计分析

有关样本的变量描述性统计如表10－3所示。

表10－3　变量的描述性统计

变量	均值	标准差	最小值	最大值
Financialization	0.1365	0.3433	0	1
SOE	0.4528	0.4978	0	1
Size	22.0142	1.3107	15.4177	28.5087
FamFirm	0.5449	0.4980	0	1
Chang	0.3124	0.4635	0	1
Zhu	0.1406	0.3477	0	1
Age	16.9315	6.8795	3.0833	30.3639
ROA	6.5589	10.1922	－298.5655	727.5291
Tobin's Q	2.2462	3.7432	0.1528	393.0135
Leverage	0.4590	0.9363	0.0017	96.9593
Growth	5.0961	454.2052	－3.2500	59411.55
CFO	0.0468	0.0899	－4.2696	2.4573
Turnover	0.6875	0.5717	0.0006	11.4156
Liquidity	2.4417	4.1674	0	204.7421
Big4	0.05872	0.2351	0	1
HHI	0.1420	0.1572	0	1
Top1	35.2006	16.4686	0	100
salary	14.1418	0.7256	10.8967	17.3524
board	2.1588	0.2009	1.0986	2.8904
dual	0.0068	0.0824	0	1
independent	0.3713	0.0549	0.0910	0.8000

表10－3中因变量的均值表明了实体企业“脱实向虚”的程度，只有0.1365，即总样本中，有13.65%的实体企业存在“脱实向虚”的现象，与表10－2具有同样的结果。

10.5 实证研究

10.5.1 实证结果分析

根据构建的模型［式（10－1）］，利用Stata15.1软件对样本数据进行回归分析，结果如表10－4所示。

表10－4　　回归结果

	Financialization		
	未加入控制变量	加入控制变量	加入年度固定效应
SOE	-0.0186* (-1.93)	-0.0317*** (-3.39)	-0.0265*** (-2.69)
Size	-0.0154*** (-9.33)	-0.0046* (-1.90)	-0.0049** (-1.99)
FamFirm	-0.0296*** (-3.05)	-0.0282*** (-3.07)	-0.0257*** (-2.65)
Chang	0.0052 (1.15)	0.0064 (1.39)	0.0059 (1.28)
Zhu	0.0118* (1.96)	0.0178*** (2.91)	0.0122** (1.99)
Age		0.0050*** (14.63)	0.0033*** (9.05)
ROA		0.0002 (0.55)	-0.0008*** (-2.72)
TbQ		0.0069*** (4.95)	0.0025 (1.34)
Leverage		-0.1381*** (-10.09)	-0.1407*** (-10.03)
Growth		-0.0002 (-0.81)	-0.0001 (-1.49)
CFO		-0.1298*** (-4.25)	-0.0560* (-1.81)

续表

	Financialization		
	未加入控制变量	加入控制变量	加入年度固定效应
Turnover		-0.0020 (-0.54)	-0.0026 (-0.73)
Liquidity		-0.0007 (-1.19)	-0.0012** (-2.11)
Big4		0.0113 (1.22)	0.0018 (0.21)
HHI		0.0011 (0.09)	-0.0023 (-0.18)
Top1		0.0000 (0.20)	-0.0002 (-1.36)
salary		-0.0179*** (-5.36)	0.0001 (0.02)
Board		-0.0142 (-1.16)	-0.0400*** (-3.29)
Dual		-0.0145 (-0.72)	0.0177 (1.17)
Independent		-0.0360 (-0.85)	-0.0436 (-1.10)
_cons	0.4534*** (11.73)	0.4940*** (8.18)	0.3496*** (5.82)
N	15106	15053	15053
F	145.0403	26.8721	74.6488
r^2_a	0.0480	0.0239	0.0570
p	0.0000	0.0000	0.0000

注：*、**、***分别代表10%、5%、1%的显著性水平，括号内为标准误。

从表10-4可以发现，企业属性SOE、企业规模Size和家族企业FamFirm三个变量均显示在10%或1%的显著水平下统计显著，并且系数均为负数。结果表明，与非国有企业相比，国有企业倾向于抑制“脱实向虚”，假设1成立；实体企业的规模与“脱实向虚”显著负相关，假设2成立；相对于非家族企业，家族企业更为抑制“脱实向虚”。同时，我们也发现，地区Zhu变量显示在10%或1%的显著水平下统计显著，系数为正，但地区 Chang 变量并不显著。该结果表明，与其他地区相比，珠三角区域的企业更倾向于“脱实向虚”，这可能是因为珠三角区域的实体企业大多属于传统的企业，在转型过程中存在更多的“脱实向虚”倾向，而长三角区域的实体企业则与其他地区的实体相比，其“脱实向虚”的程度并不存在显著性的差异。由此假设 4 成立。

10.5.2 稳健性检验

（1）改变自变量的计算

前述实证所用式（10－1）中 ω^* 关于参数 μ_1 和 μ_2 的计算，分别是计算明确期内的平均净经营性资产增值率和平均净金融性资产增长率的算术平均值，现改用几何平均值计算，回归结果如表 10－5 所示。

表 10－5　　稳健性检验一

	Financialization		
	未加入控制变量	加入控制变量	加入年度固定效应
SOE	－0.0482*** （－3.67）	－0.0264** （－1.96）	－0.0258* （－1.94）
Size	－0.0369*** （－14.79）	－0.0033 （－0.94）	－0.0095*** （－2.59）
FamFirm	－0.0605*** （－4.59）	－0.0415*** （－3.15）	－0.0417*** （－3.22）
Chang	0.0148** （2.14）	0.0112* （1.65）	0.0108 （1.57）
Zhu	0.0346*** （3.58）	0.0185** （2.00）	0.0197** （2.04）
Age		0.0030*** （5.50）	0.0039*** （6.37）
ROA		－0.0005 （－0.86）	0.0001 （0.12）
TbQ		0.0037* （1.89）	0.0011 （0.45）
Leverage		－0.4070*** （－20.15）	－0.3919*** （－18.35）
Growth		－0.0001 （－0.24）	－0.0002 （－1.18）

续表

	Financialization		
	未加入控制变量	加入控制变量	加入年度固定效应
CFO		-0.0089 (-0.20)	-0.0151 (-0.33)
Turnover		-0.0001 (-0.02)	0.0019 (0.39)
Liquidity		0.0029 *** (3.31)	0.0033 *** (2.91)
Big4		-0.0277 ** (-2.08)	-0.0173 (-1.44)
HHI		0.0193 (1.04)	0.0203 (1.05)
Top1		0.0002 (0.73)	0.0003 (1.39)
salary		0.0169 *** (3.39)	0.0115 ** (2.27)
Board		-0.0744 *** (-4.19)	-0.0574 *** (-3.35)
Dual		-0.0051 (-0.11)	-0.0143 (-0.33)
Independent		0.0144 (0.23)	0.0343 (0.58)
_cons	0.9625 *** (16.64)	0.2858 *** (3.24)	0.3963 *** (4.49)
N	14543	14490	14490
F	25.2464	48.0609	31.8298
r^2_a	0.0232	0.0610	0.0644
p	0.0000	0.0000	0.0000

注：*、**、*** 分别代表 10%、5%、1% 的显著性水平，括号内为标准误。

（2）改变样本数量

对样本进行双侧缩尾 1% 处理，以防极端值和异常值对研究结果的干扰，然后重新回归得到结果如表 10-6 所示。

表 10－6　稳健性检验二

	Financialization		
	未加入控制变量	加入控制变量	加入年度固定效应
SOE	－0.0186* (－1.93)	－0.0312*** (－3.33)	－0.0266*** (－2.70)
Sizenew	－0.0157*** (－9.33)	－0.0032 (－1.29)	－0.0044* (－1.73)
FamFirm	－0.0297*** (－3.05)	－0.0279*** (－3.04)	－0.0258*** (－2.66)
Chang	0.0053 (1.16)	0.0072 (1.57)	0.0064 (1.39)
zhu	0.0119** (1.97)	0.0185*** (3.01)	0.0126** (2.04)
Agenew		0.0050*** (14.45)	0.0032*** (9.01)
ROAnew		0.0000 (0.01)	－0.0010*** (－2.88)
TbQnew		0.0107*** (5.83)	0.0036 (1.55)
Leveragenew		－0.1423*** (－9.14)	－0.1504*** (－9.10)
Growthnew		0.0025 (0.98)	0.0023 (0.92)
CFOnew		－0.1402*** (－4.26)	－0.0570* (－1.69)
Turnovernew		－0.0018 (－0.37)	－0.0041 (－0.85)
Liquiditynew		－0.0014 (－1.14)	－0.0026* (－1.82)
Big4		0.0109 (1.18)	0.0015 (0.17)
HHInew		－0.0006 (－0.05)	－0.0043 (－0.32)
Top1new		0.0000 (0.30)	－0.0002 (－1.24)

续表

	Financialization		
	未加入控制变量	加入控制变量	加入年度固定效应
salarynew		-0.0192*** (-5.57)	-0.0000 (-0.00)
Boardnew		-0.0140 (-1.12)	-0.0411*** (-3.31)
Dual		-0.0119 (-0.59)	0.0192 (1.26)
Independentnew		-0.0443 (-0.99)	-0.0503 (-1.18)
_cons	0.4611*** (11.71)	0.4809*** (7.67)	0.3528*** (5.65)
N	15106	15053	15053
F	145.0365	27.6148	74.6678
r^2_a	0.0480	0.0246	0.0572
p	0.0000	0.0000	0.0000

注：*、**、***分别代表10%、5%、1%的显著性水平，括号内为标准误。

表10-5和表10-6的稳健性检验结果与表10-4的实证结果一致，均支持本章提出的4个假设。

10.6 结论与管理启示

本章在奥尔森剩余收益模型的基础上，引入金融性风险和经营性风险，基于公司价值最大化的目标，构建双风险因子的实体企业“脱实向虚”测评模型，并以2008—2020年中国上市实体企业为样本进行检验。研究发现：第一，中国的实体经济整体呈现金融化倾向，但没有出现严重的“脱实向虚”现象。第二，与非国有企业相比，国有企业更倾向于抑制“脱实向虚”。第三，实体企业的规模与“脱实向虚”显著负相关。第四，相比于非家族企业，家族实体企业的“脱实向虚”的程度更低。第五，不同区域间的实体企业“脱实向虚”的程度存在显著性差异。相比于其他区域的企业，珠三角地区的实体企业更具“脱实向虚”倾向，而长三角区域的企业不存在显著的差异。

本章的主要管理启示有：第一，企业的最终目的是使其价值最大化，将闲置资金投入金融市场是其理性的市场行为，中国政府部门在防范实体企业“脱实向虚”时，不是限制实体企业将资产投资于金融市场，而是考虑企业的经营风险和金融风险，并将其控制在合理范围内。第二，企业要有效识别并承担金融性风险和经营性风险，并通过优化自身的资产配置来实现其价值最大化。第三，金融市场应同等地对待国有企业和非国有企业。在资本市场上出现区别对待国有企业和非国有企业的行为时，监管部门应格外关注，并进一步关注中小企业融资难的问题。第四，进一步支持中小企业实体经济的发展，它们是我国实体经济的重要部分。第五，在中美之间的战略竞争持续发酵、美国对中国的高科技持续打压、新冠肺炎疫情持续影响全球经济的背景下，更需要政府部门加大对我国实体企业的政策支持力度，特别是对中小企业发展的扶持，以促进我国实体经济的发展，促进我国经济的双向循环，特别是内循环，进而夯实我国国民经济的基石。

【本章小结】

本章在奥尔森剩余收益模型理论的基础上，基于微观视角并考虑企业净资产的不同风险属性，构建了实体企业“脱实向虚”的双因子测评模型，并运用2008—2020年我国上市实体企业的样本进行测评检验，发现了我国实体企业“脱实向虚”的一些趋势与特征。

11 研究结论及展望

11.1 研究结论

起源于西方的价值评估理论和剩余收益模型，经过漫长的发展与演变，到今天已经形成了较为完整的能够应用于实践的理论体系。虽然中国现有的资本市场与西方国家的成熟资本市场相比仍有不小的差距，但是剩余收益模型相较于股利折现模型等其他估值模型，在国内资本市场仍具有不可比拟的优势和适用性：一方面，剩余收益模型创造性地将会计的信息观融入对公司内在价值的估计中；另一方面，股利折现模型中未来无限期股利难以预测的问题通过线性动态方程的引入得到了顺利解决。

本书在对 Feltham－Ohlson 模型进行系统性理论分析和逻辑推导的基础上，尝试引入中国资本市场特有风险因子构建单风险因子剩余收益估值模型（RIM－σ^2 模型），并创造性地从净资产的角度出发引入经营风险和金融风险对剩余收益模型进行了进一步的改进和拓展，同时结合调整后的模型在中国资本市场的实证检验结果讨论其有效性和适用性。另外，本书基于产品生命周期理论构建了多阶段剩余收益项目决策模型（OIDM－DRRIM 模型），在拓展了模型原有的企业权益价值的估值应用的同时，探究了价值最大化下资源最优配置比例。在上述研究的基础上，本书从微观视角出发，根据企业不同的净资产具有不同的风险属性，构建以企业价值最大化为目标的实体企业金融化及“脱实向虚”的双风险因子测评模型，讨论我国实体经济“脱实向虚”的现象。

11.1.1 实证应用研究总结

本书首先回顾了国内外相关估值模型的理论推导及实证研究，并详细阐述了 Feltham－Ohlson 系列模型。在此基础上，利用 2001—2018 年中国

A 股市场不同区间的全样本有效观察值作为研究样本，对 Feltham – Ohlson 模型三种形式的线性信息动态方程及其估值方程进行了实证检验，并设计了对照试验即修正的奥尔森剩余收益模型。从总体实证结果来看，Feltham – Ohlson 系列估值模型在中国资本市场是具有一定适用性的，但是其三种不同形式的线性信息动态方程及估值方程的适用程度不同。其中，得益于方程中财务数据在中国市场中更客观的反映，线性信息动态方程 LIM2* 及其对应的估值方程在中国市场上的适用程度要优于线性信息动态方程 LIM1* 和线性信息动态方程 LIM3*，这表现在回归得到的各项系数与理论要求的符合性、方程和公式的解释力度等方面。本书根据实证结果推测，线性动态方程的适用性很可能会受到我国特殊的证券市场环境以及当时的相关制度的影响，如股权分置改革、新的会计制度启用、2006 年和 2007 年的牛市，甚至亚洲金融危机，等等。

首先，本书通过检验发现，Ohlson 的剩余收益线性信息动态方程在我国 A 股市场的解释力并不高，这或许说明：一方面，我国股票价格在研究期间不能反映其真正内在价值的大小，因此我国资本市场的效率有待提高；另一方面，奥尔森的剩余收益模型存在不足之处，从而引出本书对奥尔森模型的理论改进研究。

其次，本书基于一般形式三阶段剩余收益模型，构建出了新的单风险因子剩余收益模型（RIM – σ^2 模型），并经过理论上的对比分析，说明了 RIM – σ^2 模型的优越性。为了检验该模型的实际应用效果，本书利用 2001—2018 年中国资本市场上市公司的经验数据对其进行了与 TSSV – θ 模型的对比分析，检验结果证明了风险因子引入的合理性，同时 RIM – σ^2 模型较高的 Adj – R^2 系数也说明了其更高水平的解释能力。

我国资本市场股票间的差异值巨大，直接表现为各股票价格或价值之间的权重差异非常大，这不可避免地会影响模型采用市场整体股票均值的实际运用效果。因此，在比较得出 RIM – σ^2 模型相较于 TSSV – θ 模型在总体层面具有更好的运用优势的基础上，本书进一步选择代表性的个股——烽火通信（600498）对 RIM – σ^2 模型进行运用分析。结果表明该模型在中国市场具有较好的适用性，体现了其优越和有效合理性，在一定程度上可以作为预测公司价值的一种有效的补充工具。

再次，在 RIM – σ^2 模型的基础上，本书创造性地引入两个风险因子，即经营性风险因子和金融性风险因子，构建出剩余收益经营与投资最优决策模型，并结合产品生命周期理论搭建多阶段剩余收益项目决策模型，将模型的应用范围由企业权益价值估值拓展至项目定价估值。根据该模型，投资者可以计算出项目最大化的时点（t^*），对项目投资进行深入分析并做出相对正确的投资决策。

最后，本书从微观的角度出发，基于公司价值最大化的目标，构建双风险因子的实体企业金融化和“脱实向虚”判断模型，并以2008—2017年中国上市实体企业为样本进行检验，结合实证结果讨论我国实体经济“脱实向虚”的发展趋势。检验发现实体企业产权属性或企业规模同该现象之间存在显著相关关系，“脱实向虚”现象更倾向于国有企业和较大规模的企业。

11.1.2 理论模型研究总结

实证应用结果表明，Feltham - Ohlson 系列剩余收益模型虽然在中国市场具有一定的适用性，且较其他权益估值模型有较好的实用性，但模型的总体应用效果并不很理想。因此，本书基于一般的三阶段剩余收益模型提出了一个新的模型，即线性风险因子调整的三阶段剩余收益模型（RIM - σ^2 模型）。

RIM - σ^2 模型将企业价值的评估分成三个不同的阶段并加以计算，解决了以下两方面的问题：一是解决了关于无穷项求和无法实际计算的问题；二是引入了线性的预期风险因子，完善了对不确定性市场风险因素的考虑。实际上，Feltham 与 Ohlson 早在1999年也考虑过剩余收益模型在风险因素方面的改进，只不过 Ohlson 是通过贴现因子的变化来考虑风险因素的影响，即通过调整的贴现因子来反映风险因子对价值评估的影响，但该方法不便于直观定量地刻画，也不便于具体地实证分析与应用。本书所构建的 RIM - σ^2 模型，以另一个方式来刻画风险因子对价值评估的影响，所引入的风险因子将作为一个模型的线性变量，同时还引入了其他一些新的会计信息变量，从而使模型能够更充分地利用现有财务会计等信息进行企业权益价值评估。

通过对现有一般形式三阶段剩余收益模型进行理论分析和逻辑推导，本书发现 RIM - σ^2 模型具有其自身的优越性。第一，RIM - σ^2 模型具有更加合理的假设基础；第二，RIM - σ^2 模型除了常规变量外，还包含了投资者对明确预测期外的净资产收益率的预期（$\overline{ROE}$）、净资产增长率的预期（μ）、净资产增长率（或增长量）波动性的预期（σ^2 或 Ω_{t+n}）等，对会计信息的利用更加充分；第三，RIM - σ^2 模型中经过完整的数学推导后得到的参数 θ_1、θ_2，一定程度上避免了实际应用时的主观因素影响，同时更细致的变量分解也利于企业价值影响效应的后续研究；第四，线性关系的构建使得 RIM – σ^2 模型更易于理论分析与实证检验。

为了进一步检验本书所提出的 RIM – σ^2 模型的适用性与优越性，本书还基于 RIM – σ^2 模型的性质，总结出用于实证检验的 3 个命题，从模型的适用性和预测能力两方面进行实证分析。对 RIM – σ^2 模型与 TSSV – θ 模型的实证分析，证实了 RIM – σ^2 模型所导出的 3 个命题，有力说明了 RIM – σ^2 模型在中国资本市场更高水平的解释能力。检验还发现不论是基于预测数据的拟合回归，还是基于历史数据的拟合回归，RIM – σ^2 模型都比 TSSV – θ 模型有更好的适用性和更强的预测能力，特别是基于历史数据的实证结果比基于预测数据的实证结果更好地支持了本书所提出的 RIM – σ^2 理论模型的适用性。检验结果总体上体现了 RIM – σ^2 模型相比以往剩余收益模型的较大改进。

除了市场风险因素的引入外，本书创新性地从资产负债表右侧的净资产出发，根据资产属性的不同在 RIM – σ^2 模型的基础上引入经营性风险因子和金融性风险因子，并进一步探究其所对应的净经营性资产与净金融性资产两者之间的比例关系对公司价值的影响，最终在企业价值最大化目标下，构建出基于双风险因子调整的剩余收益经营与投资最优决策模型，弥补了之前投资决策模型未能深入分析价值最大化的缺陷。

基于构建的双因子剩余收益模型，本书以公司价值最大化为目标，运用该模型计算得出企业净金融性资产同净经营性资产的比例（ω^*），以此来测评实体经济金融化程度，进而将企业的一个实际资源配置比例（$\omega - \omega^*$）作为本书“脱实向虚”的测评指标。

另外，本书将剩余收益模型同成熟的产品生命周期理论相融合，赋予投资回报率（ROE）以生命周期的阶段性特征，并将项目分红纳入模型考虑范围，由特殊到一般，从理论上构建出多阶段剩余收益定价模型。进一步地，为了脱离 Feltham – Ohlson 系列剩余收益模型中的线性信息动态关系假设，使得模型估值结果在产品成熟阶段同实际价值拟合度更高，调整假设该阶段的投资回报率为行业平均水平。研究还发现，随着时间的推移，项目的价值 V_t 会越来越大，并在项目的净资产回报率等于无风险利率时（t^* 时刻）达到最大值。最终，本书通过运用分析及赋值检验的方法检验了该模型的实用性及上述推论的正确性。

11.2 研究启示

剩余收益模型的提出和发展，是资本市场发展进程中不可或缺的助推剂，其在国内市场的适用性等相关后续研究更是我国资本证券市场长期平稳运行的定心丸，对我国社会主义经济建设实现高质量发展有着十分重要的现实意义。

11.2.1 推动资本市场走向理性繁荣

近年来，随着资本市场改革的不断深化，资本逐渐呈现出向优质标的倾斜的态势，投资者更需要警惕低质量个股的投资风险，价值投资日渐成为主流趋势。本书所构建的一系列调整剩余收益模型，考虑了中国资本市场特有的风险因素以及经营风险和金融风险，能够有效地帮助投资者对公司内在价值进行较为可靠的评估分析，进而培养其价值投资理念的秉持，避免市场情绪波动对投资决策产生的不利影响，推动我国资本市场整体走向理性繁荣。

第一，社会化教育和个体学习相结合提升投资者理性。理性程度的提高，就是投资者自身权益的最大保护。投资者要主动了解上市公司情况和所投资产品的情况，还要了解宏观经济和相关产业周期问题等。投资者估值分析能力的提高，除了靠自身努力“修炼”，还要依托社会化、公益化的投资者教育基础设施。在证监会主导下，目前我国已建立从国家到地方各级的投资者教育基地。建设投资者教育基地，符合我国中小投资者众多的现实，是资本市场建设的一个创举。相关部门下一步应完善相关设施和服务，细化和深化投资者教育职能。

第二，完善制度规则，使金融机构担起“理性投资引领者”的职责。专业服务机构应当担起“理性投资引领者”的职责，因为它们是中小投资者认识市场的“窗口”、参与市场的“通道”，也是市场风险的“密切接触者”。这些机构既要了解投资者风险承担能力，又要讲明白投资产品的风险程度，实现投资者与投资风险“对表”，从而构筑起保护投资者的第一道防线。应当进一步统筹监管机构和行业协会职责，有效利用估值模型等相关工具及时对市场上的低质量投资产品进行筛选和监管，并建立完善日常稽核制度，促使专业服务机构严格执行适当性管理，加强投资者教育，承担起引领理性投资的主体责任。

第三，把资本市场内容纳入公民培训和教育体系。提升全体社会成员的资本知识水平，是促进资本市场理性繁荣的长久大计。虽然我国投资者队伍已逐步壮大，多层次资本市场建设已初具规模，但相对发达市场而言，我国居民的资本市场意识、现代投资意识仍然不足。我们还没有建立起与资本市场发展阶段相匹配的干部教育和公民教育体系。在国家层面应当建立相关制度，弥补干部培训体系和公民教育体系中资本市场内容的短板，推动行业单位、高等院校、媒体和社会公益等多平台相关工作的同步开展。

11.2.2 促进企业资源配置更加高效合理

资金是企业系统的组成要素之一，是每个企业不可缺少的经营资源。企业在进行投入—转换—产出的生产经营活动中，必须有一股资金流，用于购置设备、购买材料、发放工资、支付销售与管理费用等。与欧美等成熟资本市场不同，我国目前许多企业还面临着融资难的发展困境，尤其对急需资金周转的中小企业而言，资金更是稀缺资源。因此，企业有必要有效识别并承担金融性风险和经营性风险，通过优化自身的资产配置来实现其价值最大化。本书所提出的双因子剩余收益经营与投资决策模型对公司内决策者就未来涉及净资产战略配置的决策具有重要的理论和实践意义。

第一，在产能过剩或未来市场不明朗导致经营风险较高的时期，应降低净经营性资产的经营与投资比例，加强资金的周转及管理，努力实现去产能化；反之，应增加净经营性资产的经营与投资比例。

第二，在金融市场风险高的时期，比如 2008 年的金融危机时期或是疫情高发阶段资本市场波动频繁的时期，应降低净金融性资产的经营与投资比例，对投资项目价值进行审慎评估；反之，应增加净金融性资产的经营与投资比例。

11.2.3 保障宏观市场经济风险的可导可控

本书通过我国实体经济金融化以及“脱实向虚”评价指标双因子剩余收益模型的构建，发现我国上市公司实体企业的确存在“脱实向虚”的现象。当前，我国宏观市场经济风险总体可控，但实体经济的运行和发展仍旧存在不少隐患。应当把稳固实体经济发展、主动防控金融风险放在更加重要的位置，并与服务我国整体经济高质量发展、深化金融供给侧结构性改革相结合，逐步筑牢风险防范的藩篱，全力保障宏观市场经济风险的可引导、可控制。

首先，中国政府各部门在防范实体企业“脱实向虚”时，不是简单地限制实体企业将资产投资于金融市场，而是要宏观管理市场风险，特别是实体企业的经营风险和资本市场的金融风险，防范各类系统性风险。

其次，实体企业是我国经济发展的基石，要大力支持我国实体企业的发展，进一步规范互联网巨头的寡头经济，夯实国有企业，发展中小企业，促进我国经济的双向循环，特别是内循环经济的发展。

11.2.4 进一步优化营商环境

营商环境是企业等市场主体在市场经济活动中所涉及的体制机制性因素和条件，其优劣直接影响市场主体的兴衰、生产要素的聚散、发展动力的强弱。经济社会发展的动力，源于市场主体的活力和社会创造力，很大程度上取决于营商环境。本书通过对我国上市公司经验数据的实证研究发现，现有估值模型等工具整体上都表现出对股票价值低估的现象，表明我国资本市场在信息披露方面仍存在诸多缺陷，而完善信息披露制度正是持续推进“放管服”等改革、优化营商环境的重要环节。

11.3 研究存在的不足

本书在对 Feltham – Ohlson 模型进行系统性理论分析和逻辑推导的基础上，尝试引入中国资本市场特有风险因子、经营性风险因子以及金融性风险因子等因素，构建了单风险因子剩余收益估值模型（RIM – σ^2 模型）与剩余收益经营与投资最优决策模型（OIDM – DRRIM 模型），并在此基础上结合产品生命周期理论和我国实体经济“脱实向虚”的现象进一步构建了相关模型和指标评价体系，极大地丰富了剩余收益模型领域的相关研究，并综合探讨了其在中国市场的适应性及改进方向。尽管如此，本书的研究还存在以下不足之处。

第一，我国资本证券市场弱式有效性的制约。

本书中所有模型和评价指标的构建都高度依赖于目标企业公开披露的财务报表及其他相关信息，这导致模型的使用效果将在一定程度上受到目标企业相关会计信息质量的影响。我国资本证券市场起步至今，虽然相关法律法规的不断出台和颁布使得会计信息披露的质量逐渐提高，但目前的普遍观点认为，我国资本市场仍旧处于弱式有效市场的阶段，信息披露的质量仍有很大的提高空间。近年来，有关上市公司财务造假的事件层出不穷，披露会计信息可靠性、相关性的问题尤其突出，这将严重影响相关研究的准确性。

第二，RIM – σ^2 模型的不足之处。

剩余收益模型的改进效果仍比较有限。例如，不管是基于预测数据还是历史数据所估计的模型的预测结果，RIM – σ^2 模型的预测普遍存在低估股票价值的现象。这或许跟中国资本市场的特征有关，这些特征并没有很好地融入模型的改进中。本书在研究公司价格时，仅仅考虑公司的价值，但价格的影响因素有公司的规模、国家的宏观政策、国内外经济形势以及资本市场走势等。本书统一将这些因素作为其他因素予以考虑，忽略了各因素的特殊性，这可能对本书的研究产生一定程度的影响。

第三，模型适用性检验中有关行业因素的考虑不够细致。

RIM - σ^2 模型中的两个参数 θ_1、θ_2 直接影响了企业价值的第三阶段，它体现了第三阶段不同层面的因素（如水平指标因素 BV_{t+n}、波动指标因素 Ω_{t+n}）的影响效应。这些影响效应在一定程度上受预期净资产增长率、预期净收益率、资本成本与分红比例等因素的影响。通常不同行业的这些因素会有差别，因此参数 θ_1、θ_2 也可以反映出企业价值的第三阶段的行业属性。可能存在模型在不同行业会有水平适用性不同的情况，而本书并未就行业因素对适用性的影响进行进一步的研究，期望后续研究能够弥补这一不足。

11.4 后续研究展望

本书的主要研究目的在于找寻评估企业内在价值更为科学和准确的方法，进而分析出对企业价值具有决定性影响的因子，为企业的健康运营以及中国特色社会主义经济的高质量发展提供参考。

后续的实证研究需要超越历史的会计盈余信息和账面价值，寻求其他更便于观察、能够更准确预测未来非正常收益的财务或非财务指标，即公司估值研究领域中未来主要的挑战在于怎样更加科学地预测未来无限期的收益。因此，有必要对现有的估值模型进行进一步的改进和拓展。

同时，将公司规模、所处区域、外部宏观经济环境等公司价值的其他影响因素，尤其是具有中国特色社会主义市场经济特征的影响因素，引入本书所提出的模型，使得模型的估计效果更加贴合中国资本市场的实际情况，这也是本书后续的主要研究方向之一。

本书后续研究将针对所提出的双因子模型（OIDM - DRRIM 模型），运用上市公司的经验数据进行一系列的实证检验，并根据回归结果进行相应的调整和改进。另外，基于该模型所构建的中国实体经济金融化和“脱实向虚”评价指标体系，根据企业产权性质和规模大小，进一步设计出不同类型的具有针对性的评价指标，也是本书后续拓展研究的方向之一。

参考文献

[1] Alexander A. Robichek, James C. Horne. Abandonment Value And Capital Budgeting [J]. Journal of Finance, 1967, 22.

[2] Ali A., L. S. Hwang and M. A. Trombley. Title: Residual – income – based valuation predicts future stock returns: Evidence on mispricing vs. risk explanations. Journal: Accounting Review. 2003: 377 – 396.

[3] Akkemik K A., Özen Ş. Macroeconomic and institutional determinants of financialisation of non – financial firms: Case study of Turkey [J]. Socio – Economic Review, 2014, 12 (1): 71 – 98.

[4] Arrighi, G. The Long Twentieth Century: Money, Power, and the Origins of Our Times. London: Verso, 1994.

[5] Baginski S. P. and J. M. Wahlen. Title: Residual income risk, intrinsic values, and share prices. Journal: Accounting Review. 2003: 327 – 351.

[6] Ball, R., and Brown, P. An Empirical Evaluation of Accounting Income Numbers. Journal of Accounting Research. 1968 (6) No. 2 (Autumn): 159 – 178.

[7] Beaver, W. The Information Content of Annual Earnings Announcements. Journal of Accounting Research. 1968 supplement: 67 – 92.

[8] Bernard, V. L. The Feltham – Ohlson Framework: Implications for Empiricists. Contemporary Accounting Research, 1995 (11) No. 2 (Spring): 733 – 747.

[9] Biddle, Chen and Zhang. When Capital Follows Profitability: Non – linear Residual Income Dynamics. Review of Accounting Studies, 2001 (6): 229 – 265.

[10] Booz, Allen, Hamilton. Management of New Products [M]. New York: Booz, Allen & Hamilton, 1957.

[11] Byung Jin K, Tong Suk K. Option – implied risk preferences: An

extension to wider classes of utility functions [J]. Journal of Financial Markets, 2006, 9 (2): 180 –198.

[12] Christensen P O, Feltham G A, Wu M G H. , Cost of Capital in Residual Income for Performance Evaluation [J]. The Accounting Review, 2002, VOL. 77, NO. 1: 1 –23.

[13] Collins D. W. , E. Maydew, I. Weiss. Changes in the Value – Relevance of Earnings and Book Values over the Past Forty Years [J]. Journal of Accounting and Economics, 1997, VOL. 24, NO. 1: 39 –67.

[14] Crotty J, Epstein G. In defence of capital controls [J]. Socialist Register, 2005, 32: 118 –149.

[15] Dean J. Pricing Policies for New Product [J]. Harvard Business Review, 1950, 28 (6): 45 –53.

[16] Dechow, P. , A. Hutton, R. Sloan, An Empirical Assessment of The Residual Income Valuation Model [J]. Journal of Accounting and Economics, 1999 (26): 1 –34.

[17] Demir, F. Financial liberalization, private investment and portfolio choice: Financialization of real sectors in emerging markets [J]. Journal of Development Economics, 2009, 88 (2), 314 –324.

[18] Drobetz, W. , and Wanzenried, G. , What Determines the Speed of Adjustment to the Target Capital Structure [J]. Applied Financial Economics, 2006, 16 (13): 941 –958.

[19] Du, J. , C Li, Y. Wang. A Comparative Study of Shadow Banking Activities of Non – financial Firms in Transition Economies. China Economic Review, 2017, (46), pp. 35 – pp. 49.

[20] Durand D. Cost of Debt and Equity Funds for Business: Trends and Problems of Measurement [R]. New York: The National Bureau of Economic Research, 1952: 215 –262.

[21] Edwards, E. O. , and Bell P. W. The Theory of Measurement of Business Income. Berkley: University of California Press. 1961.

[22] E. T. Penrose. The Theory of the Growth of the Firm [M]. Oxford, UK: University Press, 1959.

[23] F. Black, M. Scholes. , The Pricing of Options and Corporate Liabilities [J]. Journal of Political Economy, 1973, VOL. 46, NO. 54: 637 –659.

[24] Feltham, G. , Ohlson, J. Valuation and Clean Surplus Accounting

for Operating and Financial Activities [J]. Contemporary Accounting Research, 1995 (11) No. 2 (Spring): 689 –731.

[25] Feltham, G., Ohlson, J. Uncertainty Resolution and The Theory of Depreciation Measurement [J]. Journal of Accounting Research, 1996 (34) No. 2 (Autumn): 209 –234.

[26] Feltham G. A. and J. A. Ohlson. Residual earnings valuation with risk and stochastic interest rates. Journal: Accounting Review. 1999: 165 –183.

[27] F. Modigliani, M. H. Miller. The Cost of Capital, Corporation Finance and the Theory of Investment [J]. The American Economic Review, 1958, VOL. 70, NO. 6: 261 –297.

[28] F. Modigliani, M. H. Miller. Dividend Policy, Growth and the Valuation of Shares [J]. Journal of Business, 1961, VOL. 64, NO. 26: 411 –433.

[29] Francis, J., Olsson, P., Oswald, J. Comparing Accuracy and Explainability of Dividend, Free Cash Flow and Abnormal Earnings Equity Value Estimates [J]. Journal of Accounting Research, 2000, VOL. 38, NO. 1: 45 –70.

[30] Frankel R., Lee C., Accounting Valuation, Market Expectation and Cross – sectional Stock [J]. The Accounting Review, 1998, VOL. 25, NO. 1: 283 –319.

[31] Garman, M. B. and Ohlson, J. Information and the Sequential Valuation of Assets in Arbitrage – Free Economics. Journal of Accounting Research. 1980 (V18): 420 –440.

[32] Gerald A. Feltham, James. A. Ohlson, Valuation and Clean Surplus Accounting for Operating and Financial Activities [J]. Contemporary Accounting Research, 1995, VOL. 24, NO. 2: 689 –731.

[33] Gomes J, Livdan D. Optimal Diversification: Reconciling Theory and Evidence [J]. The Journal of Finance. 2004, 59 (2): 29 –45.

[34] Gordon, M. J. Optimal Investment and Financing Policy. The Journal of Finance 1963 (18): 264 –272.

[35] Gort M., S. Klepper. Time Pathe in the Diffusion of Product Innovations [J]. The Economic Journal, 1982, 92 (367): 630 –653.

[36] H. I. Ansoff. A Model for Diversification [J]. Management Science, 1958, 4 (4): 392 –414.

[37] Jensen M C, Meckling W H. Theory of the Firm: Managerial Behav-

ior, Agency Costs and Ownership Structure [J]. Journal of Financial Economics, 1976, 3 (4): 305 – 360.

[38] Jiang G H, Lee C M C, Yue H. Tunneling through intercorporate loans: The China experience [J]. Journal of Financial Economics, 2010, 98 (1): 1 – 20.

[39] Maksimovic V., G. Phillips. Do conglomerate firms allocate resources inefficiently? [J]. Journal of Finance. 2002 (57): 721 – 767.

[40] Khanna T., J W Rivkin. Ties That Bind Business Groups: Evidence from an Emerging Economy [M]. Mimeo Cambridge, MA: Harvard University, 2000.

[41] Krippner, G. The financialization of the American economy. Socio – economic Review, 2005, 3 (2), 173 – 208.

[42] Mark Flanney, Kasturi P. Rangan, Partial adjustment toward target capital structure [J]. Journal of Financial Economics, 2006, 79 (3): 469 – 506.

[43] Mayers, Stewart C., "The Capital Structure Puzzle", Journal of Finance 39, Jul 1984, Vol. 39 Issue 3, p. 575 – 592.

[44] Mayers, Stewart C And N, S, Majluf. Corporate Financing and Investment Decisions When Firms Have Information That Investors Do not Have, Journal of Financial Economics, June, 1984, vol. 13 Issue2, p187 – 221. 34.

[45] Modigliani F. Miller M. The Cost of Capital, Corporation Finance, and the Theory of Investment [J]. American Economic Review, 1958, 48 (3): 261 – 297.

[46] Morel M. Endogenous Parameter Time Series Estimation of Ohlson Model, Journal of Business Finance & Accounting [J]. 2003, VOL. 30, NO. 9: 41 – 62.

[47] Myers S C. Capital Structure Puzzle [J]. Journal of Finance, 1984, 39 (3): 575 – 92.

[48] Myers, J. N., Implementing Residual Income Valuation with Linear Information Dynamics [J]. The Accounting Review, 1999, VOL. 74, NO. 1: 1 – 28.

[49] Myers, J. Implementing Residual Income Valuation with Linear Information Dynamics. The Accounting Review. 1999 (74): 1 – 23.

[50] Ohlson, J. Ungarbled Earnings and Dividends: An Analysis and Ex-

tension of Beaver, Lambert and Morse Valuation Model. Journal of Accounting and Economics. 1989 (July): 109 – 116.

[51] Ohlson, James A. Earnings. Book Values and Dividends in Equity Valuation [J]. Contemporary Accounting Research, 1995 (11) No. 2 (Spring): 661 – 687.

[52] Ohlson, J. A Synthesis of Security Valuation Theory and the Role of Dividends, Cash Flows and Earnings. Contemporary Accounting Research. 1990 (V7): 648 – 676.

[53] Orhangazi, Financialisation and capital accumulation in the non – financial corporate sector: A theoretical and empirical investigation on the US economy: 1973 – 2003? Cambridge Journal of Economics, 2008, 32 (6), 863 – 886.

[54] Palley, Thomas I. Financialization: What It Is and Why It Matters. IMK Working Papers, No. 525. The Economics Institute, 2008.

[55] Peasnell, K. V. Some Formal Connections between Economic Values and Yields and Accounting Numbers. Journal of Business Finance and Accounting. 1982 (October): 361 – 381.

[56] Penman S. H., Sougiannis T., A comparison of Dividend, Cash Flow and Earnings Approaches to Equity Valuation [J]. Contemporary Accounting Research, 1998, VOL. 72, NO. 1: 343 – 383.

[57] Peter F. Chen, Guochang Zhang. Segment profitability, Misvaluation, and Corporate Divestment. The accounting review, Vol. 82, No. 1 2007: 1 – 26.

[58] Plenborg T., Firm Valuation: Comparing the Residual Income and Discounted Cash Flow Approaches [J]. Scandinavian Journal of Management, 2001, VOL. 52, NO. 2: 303 – 321.

[59] Raymond Vernon. "International Investment and International Trade in the Product Cycle" [J]. The Quarterly Journal of Economics, 1966, 80 (2): 190 – 207.

[60] R. P. Rumelt. Strategy, Structure, and Economic Performance [M]. Harvard University Press: Boston, MA, 1974.

[61] Shin H S, Zhao L. Firms as Surrogate Intermediaries: Evidence from Emerging Economies [J]. Princeton, Working Paper, 2013.

[62] Soku Byoun, Information Content of Unsolicited Credit Ratings and

Rating Agency's Incentive: A Theory [J]. International Review of Economics & Finance, 2014 (3): 338 – 349.

[63] Spence, A. M. , Market Signaling: Informational Transfer in Hiring and Related Screening Processes [M]. Cambridge: Harvard University Press, 1974.

[64] Stark A W, Thomas H M. On. The Empirical Relationship Between Market Value and Residual Income in the UK [J]. Management Accounting Research, 1998, VOL. 9, NO. 4: 445 – 460.

[65] Stewart C. Myers, Interaction of Corporate Financing and Investment Decision Implication for Capital Budgeting [J]. Journal of Financing, 1974, VOL. 29, N0. 2: 1 – 25.

[66] Stockhammer, E. Financialization and the slowdown of accumulation, Cambridge Journal of Economics, 2004, 28 (5): 719 – 741.

[67] Tangenes T. , The Stochastic Parameter Approach to Residual Income Valuation [J]. Discussion Paper, 2001, VOL. 28, NO. 4: 1 – 23.

[68] Timothy A . Luehrman, Using APV: A Better Tool for Valuation Operation [J]. Harvard Business Review, 1997, VOL. 22, NO. 6: 21 – 34.

[69] Tori, D. , and Onaran. The Effects of Financialisation and Financial Development on Investment: Evidence From Firm – level Data in Europe [R]. Working Paper, 2017.

[70] 阿斯沃思·达蒙德理. 价值评估——证券分析, 投资评估与公司理财 [M]. 张志强, 等, 译. 北京: 北京大学出版社, 2003: 129 – 133.

[71] 敖诗文, 高雅. 基于剩余收益模型的创新应用及估值有效性检验——以医药行业上市公司为例 [J]. 财经问题研究, 2014 (S1): 137 – 140.

[72] 财政部注册会计师考试委员会办公室. 财务成本管理 [M]. 北京: 经济科学出版社, 2003: 5 – 46.

[73] 蔡则祥. 加快建立我国社会信用体系问题研究 [J]. 经济问题, 2004 (8): 1 – 3.

[74] 曹庆仁, 宋学峰. 关于企业价值的理论探析 [J]. 经济问题, 1999 (7): 18 – 21.

[75] 曹昫. 股票回报: 非线性与线性剩余收益模型 [D]. 上海: 上海交通大学, 2010.

［76］陈娜．基于剩余收益模型的我国上市公司内在价值和股票价格关系的研究［D］．青岛：中国海洋大学，2009.

［77］陈继平．国美电器价值评估案例分析［D］．武汉：华中科技大学，2010.

［78］陈小悦，刘钊．A 股盈余报告的有用性研究——来自上海、深圳股市的实证证据［J］．经济研究，1999（6）：21－28.

［79］陈信元，陈冬华，朱红军．净资产、剩余收益与市场定价：会计信息的价值相关性［J］．金融研究，2002（4）：59－70.

［80］陈水凝．我国股票发行市场若干问题研究［D］．成都：西南财经大学，2004.

［81］陈彦斌，周业安．行为资产定价理论综述［J］．经济研究，2004（6）：117－127.

［82］陈旭东．公司估值理论与 Ohlson（1995）、Feltham－Ohlson（1995）估价模型的实证检验［D］．成都：四川大学，2004.

［83］陈作华．企业价值评估理论在我国的适用性研究［D］．青岛：中国海洋大学，2005.

［84］陆宇峰．净资产倍率和市盈率的投资决策有用性——基于费森—奥尔森估值模型的实证研究［D］．上海：上海财经大学，1999.

［85］程小可，卿小权，佟岩．基于会计信息的权益估值研究：线形信息动态过程视野［J］．会计研究，2008（3）：23－30.

［86］程小可，卿小权．剩余收益估值理论研究评述［J］．经济学动态，2008（2）：100－105.

［87］成思危．虚拟经济与金融危机［J］．管理科学学报，1999（1）：4－9.

［88］成思危．虚拟经济的基本理论及研究方法［J］．管理评论，2009，21（1）：3－18.

［89］初航．对英国对外直接投资的分析［D］．长春：吉林大学，2008.

［90］戴赜，彭俞超，马思超．从微观视角理解经济“脱实向虚”——企业金融化相关研究述评［J］．外国经济与管理，2018，40（11）：31－43.

［91］戴德明，何广涛．公司价值评估：奥尔森模式及其启示［J］．商丘师范学院学报，2003（19）：66－70.

［92］党建忠，陈军，褚俊红．基于 Feltham—Ohlson 模型的中国上市

公司股票价格影响因素检验［J］．统计研究，2004（4）：57－61.

［93］邓光军，曾勇，唐小我．新兴技术初创企业价值的实物期权定价分析［J］．系统工程，2004（2）：74－81.

［94］杜勇，张欢，陈建英．金融化对实体企业未来主业发展的影响：促进还是抑制［J］．中国工业经济，2017（12）：113－131.

［95］方芳，周道传，李由．资本市场中企业价值评估方法［J］．经济理论与经济管理，2003（2）：39－44.

［96］封建强．上海证券市场收益率分布的对称性研究［J］．统计研究，2001（7）：29－33.

［97］冯春丽，李正伦．企业价值评估与投资决策［M］．广州：中山大学出版社，2004：34－59.

［98］甘柳，罗鹏飞，杨招军．运营滞后与信用担保互换下的项目投资决策模型［J］．中国管理科学，2018，26（3）：22－32.

［99］高铁梅．计量经济分析方法与建模——EVIEWS 应用及实例［M］．北京：清华大学出版社，2005.

［100］高梦颖．基于剩余收益模型的企业价值评估应用研究——以森马服饰（002563）为例［J］．生产力研究，2018（2）：143－147，160.

［101］葛蕾．资本市场监管面临的问题与对策［J］．合作经济与科技，2008（7）：4－47.

［102］郭济敏．股票市场泡沫研究［D］．厦门：厦门大学，2003：34－45.

［103］郭凯明，余靖雯，龚六堂．人口转变、企业家精神与经济增长［J］．经济学（季刊），2016，15（3）：989－1010.

［104］郭祎，庆贺．中国非金融企业金融化的异质性研究——兼议金融发展与美英日等国的“逆向而行”［J］．产经评论，2018，9（4）：84－98.

［105］郭艳霞，徐文学．基于会计信息的企业内在价值评估方法——Feltham－Ohlson 模型的拓展分析［J］．财会通讯（综合版），2004（16）：29－31.

［106］郝东洋，张天西．基于会计信息的剩余收益估值研究：模型演化及改进展望［J］．现代管理科学，2011（1）：13－15.

［107］何国亮．对亏损及周期性企业公司价值评估方法的探讨［D］．成都：西南交通大学，2004.

［108］胡建波．剩余收益模型的改进探析［D］．南昌：江西财经大

学，2010.

[109] 洪艺珣，王志强. 国外资本结构动态权衡理论实证研究脉络梳理与未来展望 [J]. 外国经济与管理，2011，33 (5)：57 – 65.

[110] 胡奕明，王雪婷，张瑾. 金融资产配置动机："蓄水池"或"替代"？——来自中国上市公司的证据 [J]. 经济研究，2017 (1)：181 – 194.

[111] 黄寒娟. 高新技术企业价值评估方法的研究 [D]. 北京：对外经济贸易大学，2005.

[112] 黄娟娟，黎晓妹. 论我国资本市场的发展现状及对经济的意义 [J]. 现代商贸工业，2008 (5)：10 – 11.

[113] 黄群慧. 论新时期中国实体经济的发展 [J]. 中国工业经济，2017 (9)：5 – 24.

[114] 黄朔，赵银川. 剩余收益模型在上市公司价值评估中的应用研究 [J]. 前沿，2010 (23)：104 – 108.

[115] 黄维. 基于竞争力的我国上市银行内在价值研究 [D]. 杭州：浙江工业大学，2008.

[116] 黄贤环，吴秋生，王瑶. 金融资产配置与企业财务风险："未雨绸缪"还是"舍本逐末" [J]. 财经研究，2018，44 (12)：100 – 125.

[117] 贾丽娜，扈文秀，章伟果. 基金"拥挤交易"对A股股价泡沫的影响研究 [J]. 运筹与管理，2015，24 (5)：237 – 244.

[118] 蒋大兴. 金融"脱实向虚"之规制逻辑——以上市公司并购重组规制为例 [J]. 现代法学，2018，40 (5)：79 – 94.

[119] 李宝仁，王振蓉. 我国上市公司盈利能力与资本结构的实证分析 [J]. 数量经济技术经济研究，2003 (4)：152 – 155.

[120] 李春好，李巍，李孟姣，等. 目标导向多参考点属性价值模型及评价方法 [J]. 中国管理科学，2017，25 (7)：163 – 175.

[121] 李法贵. 螺旋式上升：会计理论发展中的哲学思考 [J]. 当代财经，2004 (8)：107 – 108，121.

[122] 李钢. 我国上市公司净资产收益率分布实证分析——以电子通讯行业为例 [J]. 经济学（季刊），2005 (S1)：159 – 172.

[123] 李美娟，陈国宏，陈勃，等. 基于方法集化的动态组合评价方法研究 [J]. 中国管理科学，2013，21 (2)：132 – 136.

[124] 李娜，贾博，江志斌，等. 考虑顾客体验的排队系统研究 [J]. 工业工程与管理，2012，17 (3)：36 – 40，46.

[125] 李麟，李骥. 企业价值评估与价值增长 [M]. 北京：民主与

建设出版社，2001.

［126］李其泽．基于财务信息的股票市场相对泡沫测度模型及实证研究［D］．武汉：中南财经政法大学，2007.

［127］李强，杨丽娟，股票价值评价方法探讨［J］．科学时报，2004（3）：34－38.

［128］李寿喜．中国上市公司会计信息与股票定价相关性的实证研究［D］．上海：上海复旦大学，2004.

［129］李星．Feltham－Ohlson 模型适用性的实证研究［D］．上海：上海交通大学，2010.

［130］李雪琼．非流通股缺乏市场流通性折扣研究［D］．北京：北京交通大学，2006.

［131］李焰．期权定价理论在企业价值评估中的应用［J］．财贸经济，2001（5）：33－37.

［132］李延喜，李宁，黄世平．评价企业战略价值的现金增加值模型［J］．中国软科学，2003（5）：78－82.

［133］李哲．价格模型与收益模型［D］．北京：清华大学，2007.

［134］廖俭．剩余收益估值模型与自由现金流估值模型比较研究［J］．财会通讯，2013（18）：120－122.

［135］廖义刚．环境不确定性、多元化经营与权益资本成本［J］．财经理论与实践，2015，36（1）：78－83.

［136］林海宁，马群．基于改进的剩余收益模型的实证分析［J］．时代金融，2017（3）：165－175.

［137］林勇，郭林军．有效市场假设与分形市场假设［J］．预测，2002（2）：34－38.

［138］李珠瑞，马溪骏，彭张林．基于离差最大化的组合评价方法研究［J］．中国管理科学，2013，21（1）：174－179.

［139］刘贯春，刘媛媛，闵敏．经济金融化与资本结构动态调整［J］．管理科学学报，2019，22（3）：71－89.

［140］刘桂丹．股价泡沫的影响因素研究［D］．西安：西北大学，2008.

［141］刘煌松，杨溢．股票内在价值评估模型文献评述［J］．现代经济探讨，2003（9）：35－37.

［142］刘熀松．低效率股市投资理论及制度创新［D］．上海：上海复旦大学，2004.

［143］刘煌松．股票内在投资价值理论与中国股市泡沫问题［J］．经济研究，2005（2）：45－53.

［144］刘丽珑．企业价值评估的相关问题研究［D］．厦门：厦门大学，2007.

［145］刘倩，董钦志．我国资本市场的现状、问题及发展建议分析［J］．山东人大工作，2009（3）：24－25.

［146］刘军．基于股票市价与会计信息指标的多元线性回归股票定模型研究［D］．成都：西南财经大学，2008.

［147］刘珺，盛宏清，马岩．企业部门参与影子银行业务机制及社会福利损失模型分析［J］．金融研究，2014（5）：96－109.

［148］刘攀，周若媚．AEPD、AST 和 ALD 分布下金融资产收益率典型事实描述与 VaR 度量［J］．中国管理科学，2015，23（2）：21－28.

［149］刘树成，沈沛．中国资本市场前沿——理论研究论文集［C］．北京：社会科学文献出版社，2000.

［150］刘伟，曹瑜强．机构投资者驱动实体经济“脱实向虚”了吗［J］．财贸经济，2018，39（12）：80－94.

［151］刘晓欣，张艺鹏．中国经济“脱实向虚”倾向的理论与实证研究——基于虚拟经济与实体经济产业关联的视角［J］．上海经济研究，2019（2）：33－45.

［152］刘颖．公允价值计量的价值相关性研究［D］．上海：上海交通大学，2009.

［153］陆宇峰．净资产倍率和市盈率的投资决策有用性——基于费森—奥尔森估值模型的实证研究［D］．上海：上海财经大学，1999.

［154］卢华．中国股票市场制度变迁与投资者行为研究［D］．上海：复旦大学，2003.

［155］卢丽．企业估值评估模型比较研究［D］．济南：山东大学，2007.

［156］罗跃飞．证券行业创新时期证券营业部模式转型初探［D］．四川：西南财经大学，2013.

［157］马维胜．剩余收益模型及其在中国的应用［D］．武汉：华中科技大学，2007.

［158］聂萍．股票估值模型述评［J］．财经理论与实践，2003（7）：72－75 .

［159］明薛野，张之旺．价值评估与我国财务管理［J］．地质技术经

济管理，1999（4）：66－68.

［160］彭俞超，黄志刚．经济“脱实向虚”的成因与治理：理解十九大金融体制改革［J］．世界经济，2018，41（9）：3－25.

［161］钱致昕．我国分行业上市公司股票投资价值研究［D］．南京：南京师范大学，2006.

［162］卿小权．剩余收益估值模型的实证研究［D］．北京：北京化工大学，2009.

［163］卿小权，程小可．基于剩余收益的权益估值模型的市场错误定价研究［J］．科学决策，2011（10）：39－51.

［164］申隆．中国股票市场制度下的投资者行为研究［D］．西安：西北大学，2007.

［165］盛明泉，汪顺，商玉萍．金融资产配置与实体企业全要素生产率：“产融相长”还是“脱实向虚”［J］．财贸研究，2018，29（10）：87－97，110.

［166］史静．基于现金流量折现法的企业价值评估研究［D］．北京：北京交通大学，2009.

［167］斯蒂芬·罗斯．公司理财［M］．吴世农，沈艺峰，等译．北京：机械工业出版社，2000：205－208.

［168］宋军，陆旸．非货币金融资产和经营收益率的U形关系——来自我国上市非金融公司的金融化证据［J］．金融研究，2015（6）：111－127.

［169］宋平、汤光华．基于应计会计信息的股票估价模型及评价［J］．现代管理科学，2006（1）：118－119.

［170］宋仁霞．“经济金融化”的评价方法研究［J］．湖南财经高等专科学校学报，2008（5）：38－40.

［171］苏布拉马尼亚姆．财务报表分析［M］．宋小明，改编．北京：中国人民大学出版社，2014.

［172］苏丹宁．会计稳健性、剩余收益模型与公司价值辩证关系探讨［J］．财会通讯（综合版），2008（2）.

［173］孙银英．我国上市公司资本结构现状及优化［J］．山西财经大学学报，2008（S2）：80，83.

［174］孙菊生，周建波．会计信息在证券市场中的作用——信息观、计价模型观和计量观［J］．当代财经，2003（4）：109－110.

［175］唐建新．高新技术资产转让价格评估方法初探［J］．科学进步

与对策，2001（2）：131－133.

［176］唐建新．资产评估［M］．湖北：武汉大学出版社，2002（9）：278－280.

［177］唐有瑜．会计选择与权益资本价值的关系研究综述［J］．当代财经，2002（1）：75－79.

［178］汤云为，陆建桥．论证券市场中的会计研究：发现与启示［J］．经济研究，1998（7）：50－59.

［179］田志龙，李玉清．一种基于账面价值和未来收益的公司财富评估方法［J］．会计研究，1997（5）：47－49.

［180］田志龙，李玉清．历史成本原则对于公司估价的意义［J］．会计研究，1997（9）：6－8.

［181］万君康．论产品生命周期理论的发展及应用［J］．武汉商学院学报，1999（1）：16－18.

［182］王芳．经济金融化与经济结构调整［J］．金融研究，2004（8）：120－128.

［183］王丰，宣国良．经济利润及折现现金流在企业价值评估中的应用研究［J］．当代经济科学，2001（5）：82－85.

［184］王红建，曹瑜强，杨庆，等．实体企业金融化促进还是抑制了企业创新——基于中国制造业上市公司的经验研究［J］．南开管理评论，2017，20（1）：155－166.

［185］王刚．试论价值、价格与资产评估值［J］．中国资产评估，2001（5）：27－28.

［186］王海燕，李小燕，程小可．基于剩余收益的权益估值理论研究述评［J］．山西财经大学学报，2010，32（S2）：199－202.

［187］王立夏．三种不同信息动态剩余收益模型的比较研究［J］．工业工程与管理，2011（8）：94－101.

［188］王立夏，张天西．风险因子调整的三阶段剩余收益模型的应用研究——基于中国资本市场1999—2010年截面数据分析［J］．经济问题，2012（11）：80－83.

［189］王立夏．风险调整的剩余收益模型的理论与实证研究［D］．上海：上海交通大学，2012.

［190］王立夏，张天西．RIM－σ^2模型：理论与实证［J］．工业工程与管理，2013，18（3）：97－101.

［191］王立夏．基于产品生命周期的多阶段剩余收益项目决策模型

[J]. 中国管理科学, 2019, 27 (6): 158-166.

[192] 王立夏. 基于双风险因子调整的剩余收益经营与投资最优决策模型 [J]. 运筹与管理, 2019, 28 (6): 53-60.

[193] 王琳. 剩余收益估价模型的改进及应用 [J]. 统计与决策, 2014 (2): 75-77.

[194] 王少豪. 新技术企业价值评估 [M]. 北京: 中信企业出版社, 2002: 75-78.

[195] 王少豪. 企业价值评估: 观点、方法与实务 [M]. 北京: 中国水利水电出版社, 2005: 43-153.

[196] 王天东, 陈丕琼, 卢文渊. 剩余收益估值模型的适用性——以沪深金融业上市公司为例 [J]. 宁夏大学学报 (人文社会科学版), 2011, 33 (2): 121-125.

[197] 王永钦, 刘紫寒, 李嫦, 等. 识别中国非金融企业的影子银行活动——来自合并资产负债表的证据 [J]. 管理世界, 2015 (12): 24-40.

[198] 王跃堂、孙铮、陈世敏. 会计改革与会计信息质量——来自中国证券市场的经验证据 [J]. 会计研究, 2001 (7): 16-26.

[199] 汪海粟. 企业价值评估 [M]. 上海: 复旦大学出版社, 2005: 263-283.

[200] 汪平. 财务估价论 [M]. 上海财经大学出版社, 2000: 21-78.

[201] 伍德里奇. 计量经济学导论现代观点 [M]. 北京: 中国人民大学出版社, 2002.

[202] 伍海华, 李道叶, 翟峰. 资本市场复杂性 [M]. 北京: 经济科学出版社, 2003.

[203] 吴虹雁. 农业上市公司价值评估与价值创造研究 [D], 南京: 南京农业大学, 2008.

[204] 武力超, 乔鑫皓, 陈玉春, 等. 资本结构对企业绩效影响的新证据——基于产品市场竞争程度的研究 [J]. 金融论坛, 2016, 21 (8): 62-80.

[205] 伍秀华. 企业多元化投资风险分析与探讨 [J]. 财经界 (学术版), 2016 (17): 110, 112.

[206] 武艳辉. 浅议实证会计研究 [J], 金融会计, 2001 (3): 4-6, 3.

[207] 魏丽丽. 我国行业资本结构特征及优化措施 [D]. 天津: 天

津财经大学，2009.

[208] 夏琼．科技型中小企业投资价值评估模型研究 [D]．合肥：合肥工业大学，2006.

[209] 谢家智，王文涛，江源．制造业金融化、政府控制与技术创新 [J]．经济学动态，2014 (11)：78－88.

[210] 谢林涛、徐恒峰．建立多层次资本市场促进经济快速发展 [J]．郑州航空工业管理学院学报，2005 (4)：125－127.

[211] 谢志华，粟立钟．出资者的投资偏好：风险与投向 [J]．财务与会计，2015 (6)：66－69.

[212] 徐伟宣，刘正林．风险资本多阶段投资决策分析 [J]．中国管理科学，2002 (2)：1－5.

[213] 徐婕．三阶段股票定价模型研究 [D]．上海：复旦大学，2008.

[214] 许民利，张子刚．增长期权思想及其在企业价值评估中的应用 [J]．价值工程，2001 (4)：10－14.

[215] 解维敏．"脱虚向实"与建设创新型国家：践行十九大报告精神 [J]．世界经济，2018，41 (8)：3－25.

[216] 晏钢，董手胜．公司股价方法与发展战略决策 [M]．北京，经济管理出版社，2003：42－74.

[217] 闫先东，朱迪星．货币政策与企业投融资行为：基于最新文献的述评 [J]．金融评论，2018，10 (3)：94－111，125.

[218] 颜志刚．企业价值评估中的自由现金流量分析 [J]．韶关学院学报，2001 (5)：26－29.

[219] 羊利锋，雷星晖．实物期权在投资项目评估中的运用 [J]．决策借鉴，2001 (3)：29－33.

[220] 杨薪燕．宏观经济波动对企业资本结构影响的实证 [J]．统计与决策，2020，36 (2)：156－159.

[221] 杨洋．中国制造业脱实向虚倾向研究 [D]．长春：东北师范大学，2019.

[222] 杨玉波．资本结构问题中财务杠杆的作用 [J]．商业研究，2002 (15)：85－87.

[223] 于东智．引入风险因素的 RIM：相关命题与数学演绎 [J]．中国煤炭经济学院学报，2000 (2)：35－37，53.

[224] 于东智．利用财务会计信息对公司权益进行估价的模型 [J].

烟台大学学报（哲学社会科学版），2000（4）：435－438.

［225］于海涛．资本市场规划出炉：2020年完成“新兴加转轨”［N］．21世纪经济报道，2008－01－25.

［226］于洋，王辉，杜永怡．我国实物期权研究的回顾与思考［J］．科研管理，2003（4）：116－121.

［227］余帆帆．新会计准则对基于会计数据估值的影响［D］．杭州：浙江大学，2009.

［228］袁明哲．一个评估企业价值的实用模型［J］．数量经济技术经济研究，2005（1）：127－137.

［229］袁喆．基于纹理分解—合成重建的视频编码研究［D］．上海：上海交通大学，2010.

［230］张波．中国资本市场发展报告出炉［J］．中国科技财富，2008（3）：68－73.

［231］张成思，张步昙．中国实业投资率下降之谜：经济金融化视角［J］．经济研究，2016（12）：32－46.

［232］张成思，张步昙．再论金融与实体经济：经济金融化视角［J］．经济学动态，2015（6）：56－66.

［233］张东旭，汪猛，徐经长．股票期权激励与资本结构决策［J］．科研管理，2019，40（6）：175－183.

［234］张焕波，孙晓涛，郭迎锋．我国经济脱实向虚问题的评估、原因与对策［J］．全球化，2018（10）：104－117，135.

［235］章蕙．实证会计理论方法评述［J］．中国农业银行武汉培训学院学报，2011（6）：68－69.

［236］张景奇，孟卫东．不同盈利信息的可持续性及其对价值相关性影响的实证分析［J］．经济管理，2005（18）：4－11，8.

［237］张景奇，孟卫东，陆静．股利贴现模型、自由现金流量贴现模型及剩余收益模型对股票价格与价值不同解释力的比较分析——来自中国证券市场的实证数据［J］．经济评论，2006（6）：92－98.

［238］张景奇，孟卫东，陆静．我国企业盈余可持续性影响因素研究——基于EBO模型的我国上市公司实证数据［J］．管理评论，2010，22（3）：122－128.

［239］张留禄．货币市场与资本市场的互动对经济发展的影响［J］．郑州大学学报，2005（3）：76－79.

［240］张启銮，刘倩倩．剩余收益模型在中国房地产业的应用改进研

究［J］. 会计之友（下旬刊），2009（2）：64－67.

［241］张启满. 基于经济附加值的企业价值管理研究［D］. 贵阳：贵州大学，2009.

［242］张人骥，刘浩，胡晓斌. 充分利用会计信息的企业价值评估模型［J］. 财经研究，2002（7）：68－74.

［243］张蕊. 新时期企业财务业绩评价指标体系研究［J］. 财会月刊，2002（7）：14－15.

［244］张森林. 中国林产工业博弈资本市场［J］. 中国林业产业，2011（7）：24－27.

［245］张先治. 论以现金流量为基础的价值评估［J］. 求是学刊，2000（6）：40－45 .

［246］张义伟. 会计信息与市场定价：基于 Ohlson 模型的实证研究［D］. 南京：南京财经大学，2006.

［247］张忠慧，张爽. 企业投资结构研究［J］. 中国管理信息化，2015，18（6）：128－129.

［248］仲为国，李兰，路江涌，等. 企业进入创新活跃期：来自中国企业创新动向指数的报告——2016·中国企业家成长与发展专题调查报告［J］. 管理世界，2016（6）：67－78.

［249］赵邦宏. 企业价值评估方法研究：问题、对策与准则［D］. 北京：中国农业大学，2003.

［250］赵春光. 会计信息价值相关性的变迁［J］. 经济管理，2003（2）：52－60.

［251］赵建永. 中国证券市场中股票价格偏离价值的实证分析［D］. 成都：西南财经大学，2009.

［252］赵蒲，孙爱英，赵蒲. 市场时机与资本结构：一个基于行为公司财务理论的模型［J］. 经济管理，2004（6）：42－47.

［253］赵强，苏一纯. 企业价值评估中股权缺乏流通性减值折扣研究［J］. 中国资产评估，2002（1）：25－28.

［254］赵宇龙. 会计盈余披露的信息含量——来自上海股市的经验证据［J］. 经济研究，1998（7）：41－49.

［255］赵志君. 股票价格对内在价值得偏离度分析［J］. 经济研究，2003（10）：66－74.

［256］周建波. 会计信息与股票价格之间关系研究：研究方法和经验证据［D］. 南昌：江西财经大学，2001.

［257］周睿婷．会计稳健性与剩余收益估值模型的实证研究［D］．北京：北京化工大学，2010.

［258］周焯华，张宗益．上市公司股票的内在价值及其成长性探讨［J］．重庆大学学报，2001（4）：121－124.

［259］周忠宝，刘佩，喻怀宁，等．考虑交易成本的多阶段投资组合评价方法研究［J］．中国管理科学，2015，23（5）：1－6.

［260］朱平芳．计量经济学［M］．上海：上海财经大学出版社，2004．

［261］朱锡庆，黄权国．企业价值评估方法综述［J］．财经问题研究，2004（8）：58－61.

图书在版编目（CIP）数据

剩余收益模型的理论与运用研究／王立夏著．--北京：中国财政经济出版社，2021．12
国家社科基金后期资助项目
ISBN 978－7－5223－0933－0

Ⅰ．①剩…　Ⅱ．①王…　Ⅲ．①剩余收益制－经济模型－研究　Ⅳ．①F275．4

中国版本图书馆 CIP 数据核字（2021）第 231241 号

责任编辑：胡　博　　责任印制：刘春年
封面设计：卜建辰　　责任校对：徐艳丽

剩余收益模型的理论与运用研究
SHENGYU SHOUYI MOXING DE LILUN YU YUNYONG YANJIU
中国财政经济出版社 出版
URL：http：//www．cfeph．cn
E－mail：cfeph@ cfeph．cn

社址：北京市海淀区阜成路甲 28 号　邮政编码：100142
营销中心电话：010－88191522
天猫网店：中国财政经济出版社旗舰店
网址：https：//zgczjjcbs．tmall．com
北京财经印刷厂印刷　各地新华书店经销
成品尺寸：165mm×238mm　16 开　12.75 印张　215 000 字
2021 年 12 月第 1 版　2021 年 12 月北京第 1 次印刷
定价：68．00 元
ISBN 978－7－5223－0933－0
（图书出现印装问题，本社负责调换，电话：010－88190548）
本社质量投诉电话：010－88190744
打击盗版举报热线：010－88191661　QQ：2242791300